ANDREAS KAUFMANN
KARIN SCHNABL

VERGABERECHT IN DER PRAXIS

Grundlagen & Praxisbeispiele

PRAXISHANDBUCH

für Unternehmer
öffentliche Auftraggeber
Gemeinden
Architekten
Bauwesen
Juristen
Unternehmensberater
Steuerberater
Studierende

nwV neuer wissenschaftlicher Verlag
dbV VERLAG
Verlag für die Technische Universität Graz

Autoren:

Univ.-Lekt. Mag. Dr. Andreas Kaufmann
Rechtsanwalt, Lehrbeauftragter der Karl Franzens Universität Graz für Vergaberecht und Bauvertragsrecht

Mag. Karin Schnabl
Referentin der Fachabteilung Verfassungsdienst und Zentrale Rechtsdienste des Amtes der Stmk. Landesregierung, Legistin für Vergaberecht und rechtliche Beratung in Vergabeverfahren, Vortragende im In- und Ausland

1. Auflage Juni 2004

ISBN 3-7041-0340-3
dbv-Verlag für die Technische Universität Graz
8010 Graz, Geidorfgürtel 20, Tel (0316) 38 30 33; Fax (0316) 38 30 43
1040 Wien, Argentinierstraße 42/6, Tel (01) 535 61 03-0; Fax (01) 535 61 03-25
Internet: www.dbv.at, email: office@dbv.at

Druck und Herstellung
dbv-Druck-, Beratungs- und Verlagsgesellschaft mbH, Graz

Vorwort

Öffentliche Aufträge sind aus wirtschaftlicher Sicht von enormer Bedeutung. Das öffentliche Auftragsvolumen beträgt allein in Österreich mehr als € 30 Mrd pro Jahr. Im europäischen Wirtschaftsraum gesamt mehr als € 750 Mrd.

Das Vergaberecht hat sich aus der Verschränkung von Gemeinschaftsrecht, Verfassungsrecht, Zivilrecht, ÖNORMEN sowie der Vielzahl an dazu ergangener Judikatur zu einer sehr komplexen wie auch dynamischen Rechtsmaterie entwickelt. Das Vergaberecht befindet sich ständig in Rechtsfortbildung. Für die Rechtsanwender, insbesondere öffentliche Auftraggeber und Unternehmer werden dadurch nicht nur die Rechtsunsicherheiten, sondern auch die Anforderungen an die Durchführung eines Vergabeverfahrens immer größer. Die Beiziehung eines Rechtsbeistandes ist beinahe schon unerlässlich, will man ein korrektes Vergabeverfahren durchführen und im Nachhinein weitreichende Konsequenzen, insbesondere im Zusammenhang mit Nachprüfungsverfahren und Schadenersatzforderungen verhindern.

Ziel dieses Buches ist es, sämtlichen mit dem Vergaberecht in Berührung kommenden Praktikern einen leicht lesbaren und verständlichen Leitfaden durch die Vorschriften des BVergG 2002 und die Nachprüfungsgesetze der Länder zu bieten. Eine Vielzahl von praktischen Beispielen, Tabellen, Checklisten sowie hilfreichen Anregungen und Tipps sollen das Vergabeverfahren vom Ablauf her bis hin zum Rechtsschutz, leicht nachvollziehbar veranschaulichen. Wir haben dabei sowohl das legistische Wissen von *Mag. Karin Schnabl* als auch die praktischen anwaltlichen Erfahrungen von *Dr. Andreas Kaufmann* eingebracht.

Um den Lesefluss zu erleichtern war es der Wunsch des Verlages auf Einzelzitate zu verzichten. Wir haben daher die für die Erstellung dieses Werkes verwendete Literatur und Judikatur zusammengefasst in einem Anhang festgehalten.

Wir bedanken uns an dieser Stelle herzlich bei den Mitarbeiterinnen der Rechtsanwaltskanzlei Kaufmann & Pratl, *Michaela Winter, Mag. Andrea Magyar* sowie *Nicole Steinmetz* für Ihre Mitarbeit und ihre hilfreichen Korrekturarbeiten.

Von meiner Seite *(Dr. Andreas Kaufmann)* gilt noch der besondere Dank meinem Kanzleipartner *RA Mag. Johannes Pratl,* der mir in der gesamten Zeit der Erstellung dieses Buches eine großartige Stütze gewesen ist.

Graz, im Juni 2004

Die Autoren

Inhaltsverzeichnis

Seite

Kapitel 1 Der Staat als Kunde

Kapitel 2 Welche Auftragsvergaben fallen unter das Vergaberecht – Geltungsbereich

Seite

Kapitel 1 Der Staat als Kunde

1,1 Wirtschaftliche Bedeutung öffentlicher Aufträge

Öffentliche Aufträge sind aus wirtschaftlicher Sicht von enormer Bedeutung. Die öffentlichen Beschaffungsmärkte der Europäischen Union umfassen bereits mehr als € 750 Mrd pro Jahr. Das öffentliche Auftragsvolumen allein in Österreich beträgt mehr als € 30 Mrd. Entsprechend der großen wirtschaftlichen Bedeutung stellt das öffentliche Auftragswesen einen Kernbereich der Binnenmarktpolitik der Europäischen Union dar.

1,2 Sinn und Zweck des Vergaberechts

Öffentliche Aufraggeber verfügen am Markt im Vergleich zu privaten Auftraggebern und Auftragnehmern in vielen Bereichen über eine starke Machtposition, in dem sie de facto über ein „Nachfragemonopol" bzw „Nachfrageoligopol" verfügen. Für die Leistungsabfragen kommen öffentliche Gelder zum Einsatz, für deren rationelle und effiziente Verwendung der Staat gegenüber dem Steuerzahler verantwortlich ist.

Das Vergaberecht soll einen Ausgleich dieser Marktungleichgewichte schaffen, sowie eine ökonomische Auftragsvergabe und einen fairen Wettbewerb sicherstellen.

Für Unternehmer bzw Bieter soll durch die Vergaberechtsregeln sichergestellt werden, dass öffentliche Aufträge nach sach- und leistungsbezogenen Kriterien mit Chancengleichheit sowie objektiv nachprüfbar vergeben werden. Kosten für öffentliche Auftraggeber sollen reduziert und die Entwicklung von konkurrenzfähigen Unternehmen gefördert werden.

Das Bundesvergabegesetz regelt insbesondere die Grundsätze des Vergabeverfahrens, die Ausschreibung, die Anbotserstellung, das Zuschlagsverfahren sowie den Rechtsschutz. Von den Anboten, die nach dem Ausscheiden anderer übrig bleiben, ist der Zuschlag dem technisch und wirtschaftlich günstigsten Anbot (Bestbieterprinzip), in bestimmten Fällen dem Billigstbieter zu erteilen.

1,3 Rechtsquellen

1,3.1 Vorgabe und Maßstab – der EG-Vertrag und die EU-Vergaberichtlinien

Der EG-Vertrag enthält zwar keine ausdrücklichen Regelungen über das öffentliche Auftragswesen, dennoch stützt sich der Europäische Gerichtshof (EuGH) in seiner Rechtsprechung immer wieder auf die Grundfreiheiten und das allgemeine Diskriminierungsverbot.

Auf Grund des EG-V wurden von der Gemeinschaft auch sechs Vergaberichtlinien erlassen.

Es handelt sich dabei um folgende Richtlinien:

- Baukoordinierungsrichtlinie – RL 93/37/EWG des Rates vom 14.6.1993 über die Koordinierung der Verfahren zur Vergabe öffentlicher Bauaufträge idF RL 97/52/EG (ABl 1993 L 199/54 idF ABl 1997 L 328/1);
- Lieferkoordinierungsrichtlinie – RL 93/36/EWG des Rates vom 14.6.1993 über die Koordinierung der Verfahren zur Vergabe öffentlicher Lieferaufträge idF RL 97/52/EG (ABl 1993 L 199/1 idF ABl 1997 L 328/1);
- Dienstleistungsrichtlinie – RL 92/50/EWG des Rates vom 18.6.1992 über die Koordinierung der Verfahren zur Vergabe öffentlicher Dienstleistungsaufträge idF RL 97/52/EG (ABl 1992 L 209/1 idF ABl 1997 L 328/1);
- Sektorenrichtlinie – RL 93/38/EWG des Rates vom 14.6.1993 zur Koordinierung der Auftragsvergabe durch Auftraggeber im Bereich der Wasser-, Energie- und Verkehrsversorgung sowie im Telekommunikationssektor idF RL 98/4/EG (ABl 1993 L 199/84 idF ABl 1998 L 101/1);
- Allgemeine Rechtsmittelrichtlinie – RL 89/665/EWG des Rates vom 21.12.1989 zur Koordinierung der Rechts- und Verwaltungsvorschriften für die Anwendung der Nachprüfungsverfahren im Rahmen der Vergabe von öffentlichen Liefer- und Bauaufträge ABl 1989 L 395/33;
- Sektorenrechtsmittelrichtlinie – RL 92/13/EWG des Rates vom 25.2.1992 zur Koordinierung der Rechts- und Verwaltungsvorschriften für die Anwendung der Gemeinschaftsvorschriften über die Auftragsvergabe durch Auftraggeber im Bereich der Wasser-, Energie- und Verkehrsversorgung sowie im Telekommunikationssektor ABl 1992 L 76/14.

Die Anwendbarkeit der Vergaberichtlinien hängt allerdings vom Überschreiten gewisser geschätzter Auftragswerte ab, die in den Richtlinien je nach Auftragsart festgelegt werden.

Die Bedeutung der Vergaberichtlinien für das österreichische Vergaberecht ist eine Mehrfache. Sie dienen etwa als Vorlage für die österreichischen Vergabegesetze, die sich zum Teil wörtlich am Richtlinientext orientieren. Aber auch bei Zweifelsfragen in der Auslegung der österreichischen Vergabegesetze werden die Richtlinienbestimmungen herangezogen, da der Grundsatz der richtlinienkonformen Auslegung gilt. Kommt es hingegen zu Umsetzungsverzögerungen auf nationaler Seite und divergiert daher die österreichische Rechtslage, sind die oben genannten Richtlinien als unmittelbar anwendbares Recht zu beachten, wenn sie hinreichend genau bestimmt sind.

Es müssen daher neben den österreichischen Vergabegesetzen auch immer die korrespondierenden Richtlinienbestimmungen im Blickfeld bleiben!

Beispiel:

Im sog „Ökopunktefall" hatte sich ein Bieter darauf berufen, dass das Bundesvergabegesetz die Rechtsmittelrichtlinie nicht richtig umsetzt, weil nur die Zuschlagserteilung, nicht aber die Zuschlagsentscheidung mitzuteilen war.

Der EuGH erklärte die österreichische Rechtslage für gemeinschaftsrechtswidrig. Bis zur ordnungsgemäßen Umsetzung mussten öffentliche Auftraggeber die Verpflichtung unmittelbar auf Grund der Richtlinien beachten, da sie sonst auf Schadenersatz aus dem Titel der Staatshaftung geklagt hätten werden können.

(EuGH 18.10.1999, Rs C-81/98, Alcatel Austria/BM f Wissenschaft und Verkehr).

1,3.2 Kompetenzgrundlage

Die Kompetenzrechtslage auf dem Gebiet des öffentlichen Auftragswesens wurde durch eine Änderung der Bundesverfassung neu geregelt und bereinigt. Gemäß Art 14b B-VG ist die Gesetzgebung in den Angelegenheiten des öffentlichen Auftragswesens nunmehr Bundessache, sodass die Grundlage für ein einheitliches materielles Vergaberecht für den Bund, die Länder, die Gemeinden und Gemeindeverbände sowie die sonstigen öffentlichen Auftraggeber geschaffen wurde.

Nicht geändert wurde die Gesetzgebungskompetenz in Bezug auf Angelegenheiten der Nachprüfung. Hier ist die Kompetenz nach wie vor geteilt zwischen Bund und Ländern, weshalb die Länder eigene Vergabe-Nachprüfungsgesetze erlassen haben. Die Zuständigkeit für die Vollziehung des öffentlichen Auftragswesens entspricht der bisherigen Aufteilung.

Die neue Kompetenzlage ist mit 1.1.2003 in Kraft getreten.

1,3.3 Bundesvergabegesetz

Mit BGBl I 99/2002 wurde ein neues Bundesgesetz über die Vergabe von Aufträgen erlassen – das Bundesvergabegesetz 2002 (BVergG).

Achtung! *Das BVergG gilt nunmehr grundsätzlich ab jedem **„1-Cent-Auftrag"**!*

Bei Vergaben im Bereich unterhalb der EU-Schwellenwerte gilt aber ein vereinfachtes Vergaberegime.

Auf Bundesebene sind zum BVergG folgende Verordnungen erlassen worden:

- BGBl II 323/2002 über die Festlegung des **Publikationsmediums** für Bekanntmachungen gemäß dem Bundesvergabegesetz
- BGBl II 335/2003 über die im Anwendungsbereich des Bundesvergabegesetzes 2002 zu verwendenden Standardformulare für Bekanntmachungen von Aufträgen (Leistungen) – **Standardformularverordnung** 2003
- BGBl II 324/2002 betreffend die **Gebühren** für die Inanspruchnahme des Bundesvergabeamtes

1,3.4 Vergabe-Nachprüfungsgesetze der Länder

Die Länder waren auf Grund Art 14b Abs 3 B-VG bis 30.6.2003 aufgerufen, ihre Landesgesetze an die neue Kompetenzverteilung anzupassen und Vergabe-Nachprüfungsgesetze zu erlassen. Mit In-Kraft-Treten des Nachprüfungsgesetzes trat auch das BVergG für den jeweiligen Landesbereich in Kraft.

Folgende Gesetze sind auf Grund der Kompetenzänderung erlassen worden:

- Burgenländisches Vergabe-Nachprüfungsgesetz – VNPG, LGBl 34/2003
- Kärntner-Vergaberechtsschutzgesetz – K-VergRG, LGBl 17/2003
- Niederösterreichisches Vergabe-Nachprüfungsgesetz, LGBl 7200-0
- Oberösterreichisches Vergabenachprüfungsgesetz, LGBl 153/2002
- Salzburger Vergabe-Kontrollgesetz 2002 – S.VKG, LGBl 103/2002
- Steiermärkisches Vergabe-Nachprüfungsgesetz – VergNaG, LGBl 43/2003
- Tiroler Vergabenachprüfungsgesetz 2002, LGBl 123/2002
- Gesetz über die Vergabe öffentlicher Aufträge (Vorarlberger-Vergabenachprüfungsgesetz), LGBl 1/2003
- Wiener Vergaberechtsschutzgesetz – WVRG, LGBl 25/2003

Kapitel 2 Welche Auftragsvergaben fallen unter das Vergaberecht – Geltungsbereich

2,1 Wer unterliegt dem Vergaberecht?

2,1.1 Allgemeines

Öffentlicher Auftraggeber ist jede Person, die beabsichtigt einen Auftrag zur Erbringung von Leistungen gegen Entgelt zu erteilen. Mit dem Zuschlag kommt ein zivilrechtlicher Vertrag zustande.

Versuche, bestimmte private dritte Personen als Auftraggeber „vorzuschieben", scheitern nach dem Vergaberecht. Es wird darauf abgestellt, wer letztlich faktisch als Auftraggeber zu betrachten ist.

Die Hilfsorgane, die der Auftraggeber zur Abwicklung des Vergabeverfahrens beizieht, wie etwa Zivilingenieure, Rechtsanwälte, Unternehmensberater oder Makler sind daher nur als Gehilfen des Auftraggebers anzusehen.

Beispiel:

So qualifizierte etwa der OGH (1 Ob 201/99 m) die Einschaltung eines Architekten bei der Vergabe von Bauleistungen dann als Umgehungsgeschäft, wenn der Architekt nach den konkreten Verträgen zwar neben den Planungsleistungen auch die Bauleistungen in eigener Person schuldete (Totalunternehmer), in Wahrheit aber der öffentliche Auftraggeber alle bau- und vergaberechtlich relevanten Entscheidungen traf und daher faktisch als Bauherr anzusehen war.

Die Frage, wer als öffentlicher Auftraggeber anzusehen ist, ist von zentraler Bedeutung. Leider lässt sich diese Frage oftmals nicht mit der gewünschten Sicherheit beantworten.

Nach „altem Vergaberecht" (§ 109 Abs 1 Z 4 BVergG aF) war es auf Bundesebene noch möglich, ein Gutachten über den persönlichen Anwendungsbereich des Vergaberechtes bei der Bundesvergabekontrollkommission (B-VKK) einzuholen. Nach dem nunmehr neu in Kraft getretenen BVergG 2002 (in Kraft seit 1.9.2002) ist die Bundesvergabekontrollkommission (B-VKK) für die Erstellung derartiger Gutachten nicht mehr zuständig.

Die Einholung einer „sicheren Auskunft" über die Auftraggebereigenschaft ist daher nun nicht mehr möglich.

Bei Streitfragen ist letztlich allein der EuGH zur klärenden Interpretation hinsichtlich der Auslegung des Auftraggeberbegriffes berufen. Der EuGH versteht den Begriff des öffentlichen Auftraggebers nicht in einem streng institutionellen, sondern in einem funktionellen Sinn. Es ist demnach zB nicht ausschlaggebend, ob der betreffende Auftraggeber förmlich in die staatliche Verwaltung eingegliedert ist, sondern ob er nach Maßgabe bestimmter Kriterien (zB Ernennung der Organe durch die öffentliche Hand, finanzielle Beherrschung, Beaufsichtigung durch staatliche Organe) eine gewisse „Staatsnähe“ aufweist.

2,1.2 Klassischer Bereich

An diesem funktionellen Verständnis des Auftraggeberbegriffes hat sich letztlich auch der österreichische Gesetzgeber orientiert. Im BVergG 2002 ist der Auftraggeberbegriff nunmehr in § 7 festgelegt.

§ 7 Abs 1 lautet:

„Dieses Bundesgesetz gilt für die Vergabeverfahren von öffentlichen Auftraggebern, das sind

Z 1: der Bund, die Länder, die Gemeinden und Gemeindeverbände

Z 2: Einrichtungen, die

a) zu dem besonderen Zweck gegründet wurden, im Allgemeininteresse liegende Aufgaben zu erfüllen, die nicht gewerblicher Art sind, und

b) zumindest teilrechtsfähig sind und

c) überwiegend von Auftraggebern gemäß Z 1 oder anderen Einrichtungen im Sinne der Z 2 finanziert werden oder die hinsichtlich ihrer Leitung der Aufsicht durch letztere unterliegen oder deren Verwaltungs-, Leitungs- oder Aufsichtsorgan mehrheitlich aus Mitgliedern besteht, die von Auftraggebern gemäß Z 1 oder anderen Einrichtungen im Sinne der Z 2 ernannt worden sind

Z 3: Verbände, die aus einem oder mehreren Auftraggebern gemäß Z 1 oder 2 bestehen“

Unstrittig sind freilich Bund, Länder und Gemeinden als öffentliche Auftraggeber einzustufen. Daher unterliegen deren Auftragsvergaben grundsätzlich den vergaberechtlichen Vorschriften.

Fraglich ist jedoch oftmals, wann ein Unternehmen als „Einrichtung des öffentlichen Rechts“ iSd § 7 Abs 1 Z 2 BVergG zu qualifizieren ist und folglich die Bestimmungen des Vergaberechts heranzuziehen sind.

Der EuGH schreibt vor, dass sämtliche Kriterien, welche nunmehr in § 7 Abs 1 Z 2 lit a) – c) genannt sind, **kumulativ** – dh alle – erfüllt sein müssen, damit eine öffentliche Auftraggebereigenschaft anzunehmen ist.

Die wichtigsten der genannten Kriterien stellen sich inhaltlich wie folgt dar:

1. „Im Allgemeininteresse liegende Aufgaben":

Dies ist ein den EU-Vergaberichtlinien entnommenes Merkmal, das in Österreich am ehesten mit den Begriffen „öffentliches Interesse" bzw „Gemeinwohl" beschrieben werden könnte.

Es handelt sich hierbei vor allem um Kernbereiche staatlicher Tätigkeiten, die traditionellerweise von staatlichen Einrichtungen durchgeführt werden.

Dazu zählen etwa:

- Betrieb von Spitälern
- Altersheime
- Kindergärten
- Museen
- Sportanlagen
- Bildungseinrichtungen
- Friedhof- und Bestattungswesen
- Betreiben einer Universität
- Österreichische Nationalbank

Beispiel:
Der EuGH (Rs C-360/96 – Arnhem) hat beispielsweise das Abholen und die Behandlung von Haushaltsabfällen als eine im Allgemeininteresse gelegene Aufgabe qualifiziert, weil es sich dabei um eine Aktivität handelt, die der Staat traditionellerweise selbst erfüllen oder bei der er einen entscheidenden Einfluss behalten möchte. Dass der Mülltransport und die Müllbeseitigung auch von privaten Unternehmen durchgeführt werden kann, schadet der Einstufung der Tätigkeit als im Allgemeininteresse gelegen nicht.

2. „Einrichtungen nicht gewerblicher Art"

Entgegen dem vielleicht irreführenden Gesetzeswortlaut ist dieses Kriterium nicht anhand der Gewerbeordnung zu prüfen. Es ist auch nicht mit dem Begriff des „Allgemeininteresses" zu vermengen, sondern als selbstständiges Tatbestandsmerkmal zu prüfen.

Das Kriterium der „Nichtgewerblichkeit" ist auf den Gesamtcharakter des Unternehmens bezogen. Es ist darauf zu achten, ob eine „Einflussnahme auf die Unternehmensgebarung nach staatsspezifischen Kriterien" erfolgt.

Eine derartige Einflussnahme wird auch dann angenommen, wenn der Staat bloß mittelbar durch die Einrichtung bevorzugender Rahmenbedingungen, die Stellung eines Unternehmens gegenüber potentiellen Mitbewerbern auf dem Markt verbessert.

Die Frage der „Gewerblichkeit" einer Tätigkeit ist gemeinschaftsrechtlich und nicht etwa nach Maßgabe innerstaatlicher, gewerberechtlicher Terminologien zu interpretieren.

Die Richtlinientexte sprechen von Einrichtungen, *„die einen anderen als industriellen oder kommerziellen Charakter aufweisen"*. Das sind Unternehmen, in denen aufgrund ihres mangelnden industriellen oder kommerziellen Charakters unternehmerische Fehlentscheidungen beim Einkauf von Waren oder Dienstleistungen nicht unmittelbar vom Markt „bestraft" werden, weil hinter diesen Einrichtungen das finanzielle und rechtliche Auffangnetz der öffentlichen Hand steht, oder sie auf dem für sie relevanten Markt ein Monopol aufweisen.

Für den EuGH ist zur Beurteilung der Frage, ob eine gewerbliche Tätigkeit vorliegt oder nicht, ua besonders bedeutsam, ob die Einrichtung nach Leistungs-, Effizienz- und Wirtschaftlichkeitskriterien arbeitet. Für die Wahrnehmung von Aufgaben gewerblicher Art spricht insbesondere wenn kein Mechanismus zum Ausgleich etwaiger finanzieller Verluste durch die öffentliche Hand vorgesehen ist und die Einrichtung daher selbst das wirtschaftliche Risiko ihrer Tätigkeit trägt.

Beispiel:
So hat der EuGH etwa in der Rechtssache C-223/99 verbunden mit C-260/99 interessanterweise entschieden, dass der Messe Mailand keine öffentliche Auftraggebereigenschaft zukommt, weil in deren Satzung ua vorgesehen war, dass *„die Geschäftsführung an Leistungs-, Effizienz- und Wirtschaftlichkeitskriterien auszurichten ist"* und somit eine Verpflichtung zur Einhaltung marktwirtschaftlicher Gebarungsgrundsätze sowie ein selbstständiges Tragen der wirtschaftlichen Risiken gegeben sei. (EuGH v 10.5.2001)

3. „Beherrschungskriterien"

Eine **„überwiegende Finanzierung"** liegt grundsätzlich vor, wenn mehr als 50% aller Mittel staatlich finanziert werden. Wird diese Finanzierungsgrenze überschritten, fallen sämtliche Beschaffungsvorgänge des betreffenden Budgetjahres in den Anwendungsbereich des Vergaberechtes.

Das Kriterium **„Aufsicht hinsichtlich der Leitung"** ist erfüllt, wenn die Verbindung mit der öffentlichen Hand gleichwertig ist zu jener, die besteht, wenn durch den Staat die überwiegende Finanzierung erfolgt oder mehr als die Hälfte der Mitglieder der Leitungsorgane ernannt werden. Entscheidend ist, dass es der öffentlichen Hand möglich ist, die Entscheidungen der betreffenden Einrichtung in Hinsicht auf Auftragsvergaben zu beeinflussen.

Hierbei sind etwa folgende Faktoren abzuwägen: eigenständiger Entscheidungsspielraum der Einrichtung, Aufsichtsrechte durch die öffentliche Hand, Befugnisse, den Rechtsträger aufzulösen, Leitungsorgane ihres Amtes zu entheben sowie das Geschäftsführungsprofil zu bestimmen etc.

4. Zum Urteil Mannesmann/Strohal, EuGH 15.1.1998, Rs C-44/99

In dieser Entscheidung geht der EuGH sehr ausführlich auf die Einstufung eines Unternehmens, nämlich der österreichischen Staatsdruckerei, als öffentlicher Auftraggeber ein und nimmt dabei zu wichtigen Streitfragen Stellung.

Der Entscheidung lag folgender Sachverhalt zugrunde:

Die Staatsdruckerei wurde mit Bundesgesetz (BGBl 340/1981) als *eigener Wirtschaftskörper* mit Rechtspersönlichkeit gebildet. Zu ihren gesetzlichen Aufgaben zählen sogenannte *„Pflichtaufträge*, wie zB die Herstellungen von Pässen, Führerscheinen und Personalausweisen, die besonderen Geheimhaltungs- bzw Sicherheitsvorschriften unterliegen. Für die *„Pflichtaufträge*" hat die Staatsdruckerei ein gesetzliches Exklusivrecht. Daneben räumt ihr das Gesetz auch die Möglichkeit ein, wie ein privater Verlag, Druckprodukte herzustellen und diese zu vertreiben sowie Beteiligungen an Unternehmen zu erwerben.

1995 erwarb die Staatsdruckerei die Strohal-Gesellschaft mbH, die im selben Jahr eine fast 100%-ige Tochtergesellschaft, die Strohal-Rotationsdruck GmbH gründete.

Für diese Enkelgesellschaft der Staatsdruckerei sollte ein neues Druckzentrum gebaut werden.

Der EuGH hatte unter anderem die Frage, ob die Staatsdruckerei bzw die Strohal-Rotationsdruck GmbH als öffentliche Auftraggeberin einzustufen ist, zu beurteilen.

Der EuGH prüfte die Tatbestandsmerkmale einer *„Einrichtung des öffentlichen Rechts"* anhand des Staatsdruckereigesetzes. Danach wurde die Staatsdruckerei unter anderem zu dem Zweck gegründet, die oben erwähnten *Pflichtaufträge* ausschließlich zu erfüllen.

Der EuGH erkannte in dieser **ursprünglichen Zweckbestimmung** zur Erledigung von im Allgemeininteresse gelegenen Aufgaben nicht gewerblicher Art das zentrale Tatbestandselement zur Einordnung einer Einrichtung als öffentlicher Auftraggeber.

Dabei wurde als unerheblich angesehen, dass die Staatsdruckerei neben diesem gesetzlichen Exklusivauftrag auch noch wie ein privater Verlag andere Tätigkeiten ausübt. Es ist auch unerheblich, ob diese anderen Tätigkeiten überwiegen, solange diese Einrichtung weiterhin die Aufgaben wahrnimmt, die sie als besondere Pflicht zu erfüllen hat.

Im Ergebnis führt daher ein bloß geringer Anteil nicht kommerzieller Tätigkeit (hier 10% bis 15%) dazu, dass die betreffende Einrichtung insgesamt als öffentlicher Auftraggeber einzustufen ist und alle Aufträge – also auch diejenigen im rein kommerziellen Geschäftsbereich – ausschreiben muss.

Man spricht in diesem Zusammenhang davon, dass der nicht-gewerbliche Geschäftsbereich den gewerblichen Geschäftsbereich infiziert **(Infektionstheorie)**.

Gleichzeitig stellt der EuGH in dieser Entscheidung auch klar, dass selbst eine zu 100% im Eigentum eines öffentlichen Auftraggebers stehende Tochtergesellschaft dann kein öffentlicher Auftraggeber ist, wenn diese Tochtergesellschaft zu rein kommerziellen Zwecken gegründet wurde.

Tipp *Es empfiehlt sich daher bei der Ausgliederung von Tochtergesellschaften, den kommerziellen Zweck der Tochtergesellschaft bereits in dem Gründungsakt (Gesetz, Satzung, Gesellschaftsvertrag, Statuten etc) ausdrücklich aufzunehmen und alle nicht kommerziellen Tätigkeiten auszuscheiden.*

2,1.3 Bereich der Sektoren

Die Eigenschaft als Sektorenauftraggeber bestimmt sich – im Unterschied zum klassischen Bereich – rein tätigkeitsbezogen. Es können daher auch private Unternehmen als Sektorenauftraggeber den Vergabebestimmungen unterliegen. Ebenso ist es möglich, dass eine Institution bei einer Ausschreibung als „klassischer" öffentlicher Auftraggeber tätig wird, bei einer anderen Ausschreibung als Sektorenauftraggeber (sog Doppelnatur von Auftraggebern).

Bei privaten Unternehmen gilt das BVergG allerdings nur dann, wenn sie eine der im Folgenden genannten Tätigkeiten auf der Grundlage von besonderen oder ausschließlichen Rechten ausüben, die ihnen von einer zuständigen Behörde gewährt wurden. Die Einbeziehung solcher Unternehmen soll als Korrektiv wirken, da auch sie auf Grund ihrer besonderen Stellung in einem „geschützten" Bereich tätig werden und unter Umständen nicht immer nach rein marktwirtschaftlichen Kriterien vorgehen. Unter *„ausschließlichen Rechten"* versteht das BVergG Rechte, *„die sich aus einer von der zuständigen Behörde erteilten Genehmigung ergeben, wonach die Ausübung einer bestimmten Tätigkeit einem oder mehreren Auftraggeber(n) vorbehalten wird"* (§ 20 Z 8 BVergG).

Die Unterscheidung und rechtliche Einordnung ist von entscheidender Bedeutung, da jeweils andere Vorschriften des BVergG zur Anwendung kommen. Ein Sektorenauftraggeber unterliegt einem erleichterten Vergaberegime und kann etwa nach freiem Ermessen Aufträge im Wege des Verhandlungsverfahrens vergeben oder hat die freie Wahl zwischen dem Billigst- und Bestbieterprinzip.

Für alle Auftraggeber gilt, dass sie dann als Sektorenauftraggeber zu qualifizieren sind, wenn sie eine der in § 120 Abs 2 BVergG aufgezählten Tätigkeiten durchführen, das sind:

- Die Bereitstellung oder das Betreiben fester Netze zur Versorgung der Öffentlichkeit im Zusammenhang mit der Erzeugung, Beförderung oder der Verteilung von
  - Trinkwasser oder
  - Strom oder
  - Gas oder
  - Wärme oder
  - die Versorgung dieser Netze mit Trinkwasser, Strom, Gas oder Wärme;
- die Nutzung eines geographisch abgegrenzten Gebietes zum Zwecke der
  - Suche oder Förderung von Erdöl, Erdgas, Kohle oder anderen Festbrennstoffen, oder
  - Versorgung von Beförderungsunternehmen im Luft-, See oder Binnenschiffsverkehr mit Flughäfen, Häfen oder anderen Verkehrseinrichtungen;
- die Bereitstellung oder das Betreiben von Netzen zur Versorgung der Öffentlichkeit im Bereich des Verkehrs auf der Schiene, mit automatischen Systemen, mit der Straßenbahn, mit Bus, mit Oberleitungsbussen oder mit Kabel.

2,2 Welche Aufträge unterliegen dem Vergaberecht?

2,2.1 Allgemeines

Das BVergG 2002 gilt für die Verfahren zur Beschaffung von Leistungen, das sind

- Lieferaufträge,
- Bauaufträge, Baukonzessionsverträge,
- Dienstleistungsaufträge, Dienstleistungskonzessionsverträge,
- sowie die Durchführung von Wettbewerben.

In den sachlichen Anwendungsbereich des BVergG fallen **nur entgeltliche Aufträge!** Dieses Merkmal haben alle Auftragsarten gemeinsam. Der Begriff „Entgeltlichkeit“ beschränkt sich jedoch nicht auf die Zahlung von Geld, sondern umfasst auch alle sonstigen in Geld bewertbaren Leistungen.

Grundsätzlich unterliegen alle Beschaffungen von Leistungen, die von einem öffentlichen Auftraggeber vergeben werden, **unabhängig vom Auftragswert**, dem Bundesvergabegesetz 2002, sofern nicht eine der unter *Kapitel 4* aufgezählten Ausnahmen vorliegt.

Achtung! ***Das BVergG 2002 gilt somit grundsätzlich ab dem „1-Cent-Auftrag“!***

Nicht erfasst vom Vergaberecht sind die Vergabe von Förderungen oder die Verwertung oder der Verkauf von Rechten und Gegenständen eines öffentlichen Auftraggebers.

Die Unterscheidung in eine der Auftragsarten (Liefer-, Bau-, Dienstleistungsaufträge) ist sorgfältig zu treffen *(vgl dazu Tz 2,2.2; 2,2.3; 2,2.4)*. Sie ist entscheidend für die anzuwendenden Vorschriften, insbesondere für die Schwellenwertberechnungen, die Wahl des Vergabeverfahrens, sowie die 20%-Losregelvergabe.

Die falsche Einordnung eines Auftrages in eine Auftragsart kann das Vergabeverfahren mit Rechtswidrigkeit belasten, sofern damit inhaltliche Unterschiede verbunden sind. Es ist aber nicht die Bezeichnung der Auftragsart entscheidend, sondern es kommt auf den tatsächlichen Inhalt des Auftrages an!

Beispiel:

Für Bauaufträge ist es zulässig, bis zu einem geschätzten Auftragswert von € 120.000,— ein nicht offenes Verfahren ohne Bekanntmachung durchzuführen, sofern dem Auftraggeber genügend geeignete Unternehmen bekannt sind, um einen freien und lauteren Wettbewerb sicherzustellen.
Bei Liefer- und Dienstleistungsaufträgen ist diese Verfahrensart jedoch nur bis zu einem geschätzten Auftragswert bis € 60.000,— zulässig.

Je nach Auftragsart kommen unterschiedliche Bestimmungen des BVergG zur Anwendung:

- Für Bau- und Lieferaufträge, sowie Dienstleistungsaufträge nach Anhang III des BVergG 2002 gilt das Gesetz in vollem Umfang.
- Dienstleistungen nach Anhang IV des BVergG unterliegen einem erleichterten Vergaberegime.
- Für Dienstleistungskonzessionsverträge gelten ebenso nur wenige Bestimmungen des Gesetzes; das Regime ist sehr gelockert.
- Sonderregelungen bestehen auch für Baukonzessionsverträge.

2,2.2 Lieferaufträge

Lieferaufträge sind entgeltliche Aufträge, deren Vertragsgegenstand der Kauf, das Leasing, die Miete, die Pacht oder der Ratenkauf, mit oder ohne Kaufoption, von Waren einschließlich von Nebenarbeiten, wie dem Verlegen oder der Installation ist (§ 2 BVergG).

Auch Dienstleistungen können daher Bestandteil eines Lieferauftrages sein, ohne den besonderen Bestimmungen über Dienstleistungsaufträge zu unterliegen. Dies gilt aber nur dann, wenn die Dienstleistungen wertmäßig nicht ins Gewicht fallen. Davon wird dann nicht mehr die Rede sein können, wenn sie 50% oder mehr des Auftragswertes ausmachen.

Dass eine Ware in das Eigentum des öffentlichen Auftraggebers übergeht, ist nicht notwendige Voraussetzung für das Vorliegen eines Lieferauftrages.

2,2.3 Bauaufträge

Bauaufträge sind alle entgeltlichen Aufträge, die

- die Ausführung oder die gleichzeitige Ausführung und Planung von Bauvorhaben im Zusammenhang mit einer der in Anhang I genannten Tätigkeiten, oder
- die Ausführung eines Bauwerkes, oder
- die Erbringung einer Bauleistung durch Dritte gemäß den vom öffentlichen Auftraggeber genannten Erfordernissen, gleichgültig mit welchen Mitteln dies erfolgt,

als Vertragsgegenstand haben.

Zu den Bauleistungen zählen alle für ein funktionsfähiges Bauwerk erforderlichen Leistungen. Das Ergebnis eines Bauwerkes ist ein funktionsfähiges Ganzes, das seinem Wesen nach eine technische und wirtschaftliche Funktion erfüllt. Es stellt die Gesamtheit von Hoch- und Tiefbauarbeiten dar.

Beispiel:

- Das Errichten eines Gebäudes, einer Straße oder einer Brücke, aber auch das Verlegen einer Asphaltdecke;
- die Verglasung aller Fenster eines Hauses;
- die Herstellung eines Maschendrahtzaunes, der der Grundstücksform angepasst an Metallpfosten angebracht ist, die in den Erdboden eingelassen werden;
- der spätere Einbau einer Klimaanlage in einem Gebäude.

Der Begriff Bauvorhaben umfasst nicht nur die Errichtung eines Bauwerkes, sondern darüber hinaus auch Umbauten, Instandsetzungen und Reparaturen.

Bauträger-, Mietkauf- oder Leasingverträge, bei denen der Auftraggeber nicht selbst Bauherr ist, sondern für seine Zwecke und nach seinen Vorstellungen bauen lässt, werden ebenfalls vom Anwendungsbereich des BVergG 2002 umfasst (*„Bauleistung durch Dritte nach den vom Auftraggeber genannten Erfordernissen ...")*. Eine „Flucht" aus dem Vergaberecht ist daher in diesem Bereich kaum möglich, wenn der öffentliche Auftraggeber auf den Bau und seine Gestaltung Einfluss nehmen möchte.

Die Frage, ob nur der Vertrag zwischen dem öffentlichen Auftraggeber und dem privaten Bauträger, oder auch die vom Bauträger in der Folge geschlossenen Verträge dem BVergG unterliegen, ist allerdings umstritten.

Achtung! *Miet- oder Kaufverträge über Grundstücke oder bereits vorhandene Gebäude unterliegen nicht dem Vergaberecht!*

Auch Baukonzessionsverträge fallen unter den Anwendungsbereich des BVergG. Darunter sind Verträge zu verstehen, deren Vertragsgegenstand von Bauaufträgen insoweit abweicht, als die Gegenleistung für die Arbeiten ausschließlich in dem Recht zur Nutzung des Bauwerkes oder in diesem Recht zuzüglich der Zahlung eines Preises besteht.

Beispiel:
Wird nicht nur die Errichtung einer Freizeiteinrichtung, sondern auch deren Betrieb ausgeschrieben, könnte es sich um eine Baukonzession handeln, wenn die Gegenleistung für die Errichtung im Recht zur Einhebung von Eintrittsgeldern etc besteht.

2,2.3.1 Was ist der NACE/ÖNACE

Die für Bauaufträge maßgeblichen Berufsbilder sind in Anhang I des BVergG aufgezählt. Er richtet sich nach der Klasse 50 (Baugewerbe) der Allgemeinen Systematik der Wirtschaftszweige in der Europäischen Union (NACE). Der NACE ist in der EU-Verordnung 3037/90 (ABl L 293/1 vom 24.10.1990) festgelegt.

Für die innerstaatliche Umsetzung (ÖNACE) gilt zur Zeit die „Grundsystematik der Güter – ÖCPA 1996“, herausgegeben vom Österreichischen Statistischen Zentralamt (ÖSTAT).

Der NACE/ÖNACE gliedert das Baugewerbe in vier Untergruppen:

- Rohbaugewerbe/Hochbau
- Tiefbau
- Bauinstallation
- Hausbaugewerbe/Ausbaugewerbe

Beispiel:
In die Untergruppe 502.5 (Straßenbau) fallen zB Bodenmarkierungsarbeiten an einer Autobahn. Damit sind sie eindeutig als Bauauftrag und nicht als Liefer- oder Dienstleistungsauftrag zu qualifizieren.

2,2.3.2 Public Private Partnership (PPP)

Von diesem Begriff werden alle öffentlich-privaten Partnerschaften erfasst, bei denen es eine private Kapitalbeteiligung an der Finanzierung und Verwaltung öffentlicher Infrastrukturen und Leistungen des öffentlichen Sektors gibt. Die öffentliche Hand und der Private stehen sich in einem Kooperationsverhältnis gegenüber; beide sind an dem Modell beteiligt.

Die Vorteile derartiger Kooperationsformen liegen einerseits in der Möglichkeit der Übertragung von Risken auf den Betreiber, aber auch in der Nutzung von privatem Know-how.

Davon zu unterscheiden sind all jene Fälle, in denen es zu einer materiellen oder formellen Privatisierung kommt. Im ersten Fall verzichtet der Staat vollständig auf die Aufgabenwahrnehmung; im zweiten Fall werden die Aufgaben zwar in privatrechtlicher Handlungs- oder Organisationsform weitergeführt, verbleiben aber ausschließlich unter staatlichem Einfluss.

Zu unterscheiden sind folgende PPP-Modelle:

- Die Gründung einer gemischtwirtschaftlichen Gesellschaft bei gleichzeitiger Auftragsvergabe oder der Verkauf von Gesellschaftsanteilen von bereits beauftragten Tochtergesellschaften*.
- Beim sogenannten Konzessionsmodell** kommt es zur Konzessionierung eines Privaten durch die öffentliche Hand. Der Private refinanziert sich durch die Nutzung. Er erhält das Entgelt von Dritten.
- Beim sogenannten Betreibermodell** erfolgt die Privatfinanzierung und der Betrieb der öffentlichen Infrastruktur durch Private; dies wird von der öffentlichen Hand vergütet.
- Die Beleihung Privater mit Hoheitsrechten, wenn die Privaten in Kooperation mit einem öffentlichen Träger handeln.

*** ad Gründung einer gemischtwirtschaftlichen Unternehmung**

Die Suche und Auswahl von privaten Partnern für die Gründung einer gemischtwirtschaftlichen Gesellschaft unterliegt grundsätzlich nicht dem Vergaberecht, sofern bei wirtschaftlicher Betrachtung kein Beschaffungsvorgang vorgenommen wird.

Ob bei der Auftragserteilung an eine neu gegründete Gesellschaft eine Bindung an das BVergG 2002 besteht, hängt davon ab, ob es sich um eine Inhouse-Vergabe handelt, die gemäß § 6 Abs 1 Z 6 BVergG vom Gesetz ausgenommen ist. Ist das nicht der Fall, ist ein Auftrag an die Gesellschaft nur im Rahmen des BVergG möglich.

Dasselbe wird wohl gelten, wenn der öffentliche Auftraggeber Anteile einer bestehenden Tochtergesellschaft verkauft, die er nach den Grundsätzen der Inhouse-Vergabe ohne Ausschreibung beauftragt hatte.

**** ad Konzessions- und Betreibermodelle**

Konzessions- und Betreibermodelle dienen der Finanzierung und dem Betrieb der öffentlichen Infrastruktur, indem sich ein Privater verpflichtet, eine Infrastrukturanlage zu planen, zu finanzieren und zu betreiben. Der Unterschied der beiden Modelle liegt im Wesentlichen darin, dass beim Konzessionsmodell der Nutzer die Leistung vergütet. Beim Betreibermodell erhält der Private das Entgelt vom öffentlichen Auftraggeber.

Konzessionsmodelle unterliegen häufig den Vorschriften des BVergG über Baukonzessionsaufträge, wenn sie die Errichtung eines Bauwerkes als Vertrags-Hauptgegenstand haben.

Betreibermodelle sind in den meisten Fällen als Bauaufträge iSd § 3 Abs 1 Z 3 BVergG („Erbringung einer Bauleistung durch Dritte gemäß den vom öffentlichen Auftraggeber genannten Erfordernissen, gleichgültig mit welchen Mitteln“) zu qualifizieren. Strittig, aber wohl zu verneinen ist, ob der Auftragnehmer in der Folge die Aufträge, die er an Dritte weitervergeben möchte, ausschreiben muss. Vom Wortlaut der Vergaberichtlinien erfasst ist nämlich nur der Auftrag an den Betreiber selbst. Vergibt dieser dann Aufträge im eigenen Namen und auf eigene Rechnung, scheint die Anwendung des BVergG nicht vorgeschrieben.

2,2.4 Dienstleistungsaufträge

Dienstleistungsaufträge sind entgeltliche Aufträge, deren Vertragsgegenstand Dienstleistungen im Sinne der Anhänge III und IV des BVergG sind.

Dienstleistungen nach Anhang III des BVergG sind sog **prioritäre Dienstleistungen**, sie unterliegen einem strengen Vergaberegime. Dienstleistungen nach Anhang IV des BVergG sind sog **nicht prioritäre Dienstleistungen**, sie sind wirtschaftlich nicht so bedeutsam und haben weniger Potential für grenzüberschreitenden Wettbewerb. Sie unterliegen daher gelockerten gesetzlichen Vorgaben.

Die prioritären und nicht prioritären Leistungen sind jeweils in Tabellen aufgezählt. Die verbindliche Kategorisierung erfolgt jedoch nach den sog CPC-Codes. In den CPC-Codes sind die Dienstleistungen verbal umschrieben.

Zu den **prioritären Dienstleistungen** zählen:

- Instandhaltung und Reparatur von Geräten, Fahrzeugen etc,
- Landtransporte, wie Taxidienstleistungen oder Bustransporte,
- Finanzdienstleistungen einschließlich Versicherungsleistungen und Leistungen von Pensionskassen,
- Datenverarbeitung und verbundene Tätigkeiten wie Softwareimplantierungsleistungen, Softwareberatungsleistungen, Datenbankleistungen, Rechenzentrumsleistungen,
- Unternehmensberatung und verbundene Tätigkeiten, wie Personalberatungsdienstleistungen, PR-Dienstleistungen, allgemeine Managementberatungsleistungen,
- Architektur-, technische Beratungs- und Planungsdienstleistungen, wie Stadt- und Landschaftsplanungsdienstleistungen, Vermessungsdienstleistungen, geologische Dienstleistungen, technische und architektonische Beratungs- und Planungsdienstleistungen,
- Werbedienstleistungen, wie Werbeagenturleistungen, der Ankauf von Werbeflächen, Werberaum und Zeit,
- Gebäudereinigung und Hausverwaltung,
- Abfall- und Abwasserbeseitigung.

Ausgenommen von den angeführten Finanzdienstleistungen sind Transaktionen im Zusammenhang mit Wertpapiertransaktionen oder sonstigen Finanzinstrumenten und Kredit- und Darlehensaufnahmen, die im Zusammenhang mit dem sog **Public Debt Management** stehen. Diese Darlehensaufnahmen beeinflussen nach den Maastricht-Kriterien den Schuldenstand des öffentlichen Auftraggebers.

Darlehensaufnahmen für **Betriebe mit marktbestimmter Tätigkeit**, die nicht dem öffentlichen Schuldenstand gemäß den Maastricht-Kriterien anzulasten sind, und Darlehensaufnahmen von selbstständigen Rechtsträgern unterliegen hingegen dem BVergG.

Zu den **nicht-prioritären Dienstleistungen** zählen:

- Gaststätten und Beherbergungsgewerbe,
- Eisenbahnen,
- Neben- und Hilfstätigkeiten des Verkehrs,
- Rechtsberatung, wie Anwalts- oder Notarsleistungen,
- Arbeits- und Arbeitskräftevermittlung,
- Auskunfts- und Schutzdienste,
- Unterrichts- und Berufsausbildung,
- Gesundheits-, Veterinär- und Sozialwesen,
- Erholung, Kultur und Sport,
- Sonstige Dienstleistungen.

In der Kategorie 27 – Sonstige Dienstleistungen, werden alle Dienstleistungen erfasst, die nicht in der CPC-Liste aufgezählt werden. Sie ist somit ein Auffangtatbestand für alle Dienstleistungen, die keiner anderen Kategorie angehören.

Die Frage, ob eine konkrete Dienstleistung in den Anhang III oder in den Anhang IV fällt, ist sehr sorgfältig zu prüfen und von großer Bedeutung. Sie bewirkt nämlich eine unterschiedliche Strenge der anzuwendenden vergaberechtlichen Regelungen. Enthält eine Dienstleistung sowohl Elemente einer prioritären als auch einer nicht-prioritären Leistung, erfolgt die Einordnung nach dem wertmäßigen Überwiegen der jeweiligen Dienstleistungsanteile (Überwiegensregel).

Beispiel:
Das Erstellen eines Werbekonzeptes ist nach Kategorie 13, Anhang III – *Werbung* eine prioritäre Dienstleistung. Im Oberschwellenbereich sind daher grundsätzlich sämtliche Vorschriften des BVergG anzuwenden. Das Drehen eines Werbefilms fällt aber in die Kategorie 26 des Anhanges IV – Erholung, *Kultur* und Sport und ist somit eine nicht-prioritäre Dienstleistung. Im Unterschwellenbereich sind nur die Bestimmungen des 1., 5. und 6. Teiles sowie die Bestimmungen des 1. Hauptstückes des 2. Teiles und die §§ 23, 44, 45, 75, 85 und 99 bis 101 BVergG anwendbar.

2,2.4.1 Dienstleistungskonzessionsverträge

Das BVergG enthält keine Legaldefinition des Begriffes Dienstleistungskonzession; aus dem Wortlaut des Gesetzes und der Judikatur ergeben sich aber die wesentlichen Elemente:

- Dem Konzessionsnehmer wird ein Nutzungsrecht eingeräumt.
- Er erhält sein Entgelt nicht oder nur zum Teil direkt vom Auftraggeber, sondern unmittelbar auf Grund der Nutzung der Dienstleistung durch Dritte. Dh, private Dienstleistungsempfänger bezahlen gänzlich oder zumindest teilweise die Leistung.
- Der Konzessionsnehmer trägt die Verantwortung für die Erbringung und Nutzung der Dienstleistung. Er trägt das wirtschaftliche Risiko. Fehlt dieses Risiko, so liegt keine Dienstleistungskonzession vor.
- Aus den vorhergehenden Punkten ergibt sich, dass der Empfänger der Dienstleistung nicht wie sonst der öffentliche Auftraggeber ist, sondern ein Dritter, der am Vertrag zwischen dem öffentlichen Auftraggeber und dem Konzessionsnehmer nicht beteiligt ist.

Derartige Dienstleistungskonzessionsverträge waren nach der alten Rechtslage explizit von der Anwendbarkeit des Vergaberechts ausgenommen. Durch eine Entscheidung des EuGH in der Rechtssache *Telaustria (Rs C-324/99)*, wurde aber festgehalten, dass auch bei solchen Vergaben – selbst wenn sie nicht dem Anwendungsbereich der Vergaberichtlinien unterliegen – die Grundsätze der Gleichbehandlung der Bieter und der Transparenz zu beachten sind.

Beispiel:
Im gegenständlichen Fall hatte die damalige Telekom AG die gesetzliche Verpflichtung Teilnehmerverzeichnisse zu drucken. Sie übertrug diese Verpflichtung ohne vorhergehende formelle Ausschreibung an einen Auftragnehmer. Er bekam dafür das Recht, aus diesen „offiziellen" Teilnehmerverzeichnissen Einnahmen, zB durch Werbung, zu erzielen. Wie hoch seine Einnahmen waren, war nicht festgelegt, sondern lag im wirtschaftlichen Risiko des Auftragnehmers. Der EuGH erachtete die Vorgangsweise als gemeinschaftsrechtswidrig. Auch wenn solche Dienstleistungskonzessionsverträge nicht vom Anwendungsbereich der Vergaberichtlinien erfasst wären, haben die Auftraggeber, die sie schließen, doch die Grundregeln des EG-Vertrages im Allgemeinen und das Verbot der Diskriminierung aus Gründen der Staatsangehörigkeit im Besonderen zu beachten. Das schließe eine Verpflichtung zur Transparenz ein. Der Auftraggeber müsse daher zugunsten potentieller Bieter einen angemessenen Grad von Öffentlichkeit herstellen.

Der Gesetzgeber hat sich auf Grund dieser Entscheidung entschlossen, für Dienstleistungskonzessionen ein vereinfachtes und sowohl für den Unter- als auch Oberschwellenbereich identisches Vergaberegime vorzusehen.

Für die Vergabe von Verträgen über Dienstleistungskonzessionen gelten demnach nur die Bestimmungen des 1. Teiles des Gesetzes sowie die allgemeinen Grundsätze. Weiters ist § 44 BVergG über die Bekanntmachung von Vergabeverfahren im Unterschwellenbereich anwendbar. Es ist eine angemessene Transparenz sicherzustellen.

Für die Vergabe von Verträgen über Dienstleistungskonzessionen im Bereich der Wasser-, Energie- und Verkehrsversorgung gelten dieselben Verpflichtungen.

Achtung! *Keine Anwendung findet nach der derzeitigen Rechtslage der vergabespezifische Rechtsschutz, sowohl im Vollziehungsbereich des Bundes als auch der Länder. Streitigkeiten über Dienstleistungskonzessionsverträge sind daher nach wie vor, vor den ordentlichen Gerichten auszutragen.*

2,2.5 Schwellenwerte

2,2.5.1 Bedeutung der Schwellenwerte

Die EU-Vergaberichtlinien finden nur oberhalb der festgelegten Schwellenwerte (sog „Oberschwellenbereich") Anwendung. Nur im Oberschwellenbereich sind Vergaben EU-weit bekannt zu machen.

Achtung! *Die Unterlassung einer EU-weiten Bekanntmachung belastet das gesamte Vergabeverfahren mit Rechtswidrigkeit!*

Die Schwellenwerte sind weiters in jenem Punkt von Bedeutung, ob eine Auftragsvergabe dem Vollanwendungsbereich oder nur einem Teilanwendungsbereich des Vergaberechtes unterliegt.

Die Bedeutung war vor allem vor dem BVergG 2002 groß. Nur oberhalb des Schwellenwertes war das Vergaberecht voll anwendbar.

Unterhalb des Schwellenwertes war vor allem auch das Rechtsschutzsystem sehr eingeschränkt. Die Anrufung von Vergabekontrollbehörden war nicht möglich. Es stand nur die Rechtsdurchsetzung bei den Zivilgerichten offen. Ausnahmen bestanden nur im Bereich einzelner Länder, wie Steiermark und Kärnten.

Nunmehr verfolgte der Gesetzgeber mit dem BVergG 2002 gerade die Absicht, eine möglichst homogene Regelung für den Ober- und Unterschwellenbereich zu verankern. Die wichtigsten Bestimmungen des Vergabegesetzes, wie insbesondere Definitionen, Verfahrensarten, Teilnahmebestimmungen, Bestimmungen betreffend Anbot und Ausschreibung sind daher nunmehr für beide Bereiche ident.

Auch das vergabespezifische Rechtsschutzsystem wurde nunmehr auf den gesamten Unterschwellenbereich erstreckt.

Erleichterungen bestehen nunmehr im Unterschwellenbereich im Prinzip vor allem in der Wahl des Verfahrens, wie beispielsweise der Direktvergabe und in verkürzten Fristen.

2,2.5.2 Übersicht über die Schwellenwerte

1. Im Allgemeinen:

Bauaufträge	€ 5 Mio
Baukonzessionsverträge	€ 5 Mio
Lieferaufträge	€ 200.000,—
Dienstleistungsaufträge	€ 200.000,—
Dienstleistungskonzessionsverträge	€ 200.000,—
Durchführung von sonstigen Wettbewerben, die zu einem Dienstleistungsauftrag führen sollen	€ 200.000,—

2. Ist der öffentliche Auftraggeber eine zentrale Beschaffungsstelle iSd Anhanges V BVergG (zB Bundeskanzleramt, Bundesministerien), gelten nachstehende Schwellenwerte:

Bei Bauaufträgen und Baukonzessionsverträgen	€ 5 Mio
Bei den sonstigen Aufträgen	SZR 130.000

3. Im Sektorenbereich (Wasser-, Energie- und Verkehrsversorgung) gelten nachstehende Schwellenwerte:

Bei Bauaufträgen und Baukonzessionsverträgen	€ 5 Mio
Bei den sonstigen Aufträgen	€ 400.000,—

2,2.5.3 Was bedeutet „SZR“?

„SZR“ ist die Abkürzung für „Sonderziehungsrechte“. Der Gegenwert der SZR-Schwellenwerte in Euro und in den nationale Währungen wird beginnend seit 1.1.1996 alle zwei Jahre revidiert. Die Berechnung der Gegenwerte erfolgt auf der Grundlage der durchschnittlichen Tageskurse der beteiligten Währungen zueinander innerhalb der 24 Monate. Diese Gegenwerte sollten jeweils Anfang November im Amtsblatt der Europäischen Gemeinschaften veröffentlicht werden.

Die jeweils geltenden Gegenwerte werden mit Verordnung kundgemacht. Derzeit richtet sich die Umrechnung nach der „Schwellenwerteverordnung“ BGBl II 54/2004.

Demnach entsprechen derzeit: **SZR 130.000 = € 154.014,—**

2,2.5.4 Geschätzter Auftragswert

Maßstab für den Schwellenwert ist der geschätzte Auftragswert ohne Umsatzsteuer. Der geschätzte Auftragswert ist jener Wert, den ein umsichtiger und sachkundiger öffentlicher Auftraggeber bei der Anschaffung der jeweiligen Leistung veranschlagen würde. Ist der Auftraggeber hiezu nicht im Stande, so hat er sachkundige Dritte beizuziehen.

Im Streitfall kommt es daher nicht auf den vom öffentlichen Auftraggeber angegebenen Auftragswert, sondern auf den nach objektiven Gesichtspunkten zu ermittelnden Auftragswert an.

- **Maßgeblicher Zeitpunkt?**

Maßgeblicher Zeitpunkt für die Berechnung des geschätzten Auftragswertes ist die Einleitung des konkreten Vergabeverfahrens.

- **Wann ist ein Vergabeverfahren eingeleitet?**

Eingeleitet im Sinne der Definition gemäß § 20 Z 38 BVergG 2002 ist ein Vergabeverfahren dann, wenn eine den Beginn des Vergabeverfahrens dokumentierende vergaberelevante Handlung des Auftraggebers dessen Sphäre verlässt.

Dies ist etwa die Absendung einer Vergabebekanntmachung oder bei Vergabeverfahren ohne vorherige Bekanntmachung, das Setzen der ersten nach außen wirksamen Handlung des Auftraggebers in Form der Kontaktaufnahme mit Unternehmen, die der Auftraggeber für die Teilnahme am Vergabeverfahren gewinnen will.

Nur etwa bloße erste informelle Erkundigungen des Auftraggebers bei Unternehmen, das Einsetzen eines Projektteams oder die Planung des Ablaufes eines Vergabeverfahrens sind noch nicht als verfahrenseinleitende Handlungen anzusehen. Eben so wenig ist die unverbindliche Vorinformation als verfahrenseinleitend zu betrachten.

2,2.6 Abgrenzung Liefer- und Bauauftrag

Diese Abgrenzung bereitet grundsätzlich keine Schwierigkeiten. Die für Bauaufträge maßgeblichen Berufsbilder sind ausdrücklich in Anhang I zum BVergG angeführt.

Beispiel:
In der E des B-VKK vom 24.3.2002, S-4/03 ging es um die Frage, ob die Vergabe der Teilsanierung der mess- und regeltechnischen Anlage (Heizung, Lüftung, Warmwasser) mit dem Aufbau eines neuen offenen Leitsystems für eine Universität einen Bau-, Liefer- oder Dienstleistungsauftrag darstellt. Der erkennende Senat stellte fest, dass es sich nicht mehr um dasselbe System, sondern um eine neue Grundkonzeption mit einer neuen Technologie handle und die ausgeschriebene Leistung nur einen rund 25%-igen Teil der erforderlichen Gesamtleistung darstelle. Da es sich somit nach Ansicht der B-VKK um einen Gesamtaustausch und Neuerrichtung der Mess- und Regeltechnik handelte, ging dieser vom Vorliegen eines Bauauftrages aus.

2,2.7 Abgrenzung Liefer- und Dienstleistungsauftrag

Hier gilt die Überwiegensregel nach finanziellem Wert (§§ 4, 5 BVergG). Der Auftrag ist insgesamt als Dienstleistungsauftrag zu qualifizieren, wenn der finanzielle Wert, der vom Auftrag erfassten Dienstleistung höher ist als der finanzielle Wert aller zu liefernden Waren. Anderenfalls gilt ein derartiger Auftrag als Lieferauftrag.

Beispiel 1:
So hat der EuGH in der Rechtssache Teckal (Rs C-107/98) den *Betrieb einer Heizungsanlage* als Lieferauftrag qualifiziert, weil die Lieferung von Brennstoffen die Betriebs- und Wartungskosten um mehr als das Doppelte überschritten hat. (EuGH v 18.11.1999)

Beispiel 2:
Die Lieferung und Installation eines *„elektronischen Bibliothekenverbundsystems“* wurde vom Bundesvergabeamt (BVA 1.12.1999, F-33/97-24) als Dienstleistungsauftrag qualifiziert, weil die Applikationssoftware spezifische Anpassungen erforderte, die den Rahmen einer üblichen Installation sprengten.

Beispiel 3:
Der *Werklieferungsvertrag*, bei dem eine unvertretbare Sache aus einem vom Lieferanten beizustellenden Stoff angefertigt wird, wird (in Deutschland) als Lieferauftrag qualifiziert.

2,2.8 Abgrenzung Dienstleistungs- und Bauauftrag

Für diese Abgrenzung gibt es keine allgemeine Regel. Offensichtlich findet jedoch auch diesbezüglich das „Überwiegensprinzip“ Anwendung.

Beispiel:
Auftragsgegenstand ist die Behandlung von Abwasser, wobei sich der Auftragnehmer auch verpflichtet, bestimmte Anlagen im Hinblick auf dessen Ableitung zu errichten. In der Rechtssache Geelhoed (Rs C-20/01 und C-28/01) wurde hierzu festgehalten, dass die Durchführung dieser Arbeiten gegenüber dem Hauptgegenstand des Auftrages, der Abwasserbehandlung, nur untergeordneten Charakter aufweist und somit von einem Dienstleistungsauftrag gem Kategorie 16 des Anhanges III BVergG auszugehen ist.

Eine gesetzliche **Sonderregel** besteht dann, wenn die **Planung eines Bauvorhabens gleichzeitig mit seiner Ausführung zusammenfällt** (§ 3 Abs 1 Z 1 BVergG).

Diesfalls hat der Auftraggeber ein **Wahlrecht**, ob er die Planungsleistung getrennt vom Bauauftrag und damit nach den Regeln der Dienstleistungsaufträge (prioritäre Dienstleistungen gemäß Kategorie 12, Anhang III BVergG)

oder

gemeinsam mit dem Bauauftrag und damit in einer den Regeln für Bauaufträge unterliegenden Ausschreibung gemeinsam mit den Bauleistungen vergibt.

Die Ausübung des Wahlrechtes des Auftraggebers setzt eine „*zeitliche Nähe*“ voraus.

Beispiel 1:	
Geschätzter Auftragswert der Bauleistung:	€ 4 Mio
Geschätzter Auftragswert der Planungsleistung:	€ 400.000,—
Lösung:	
Die Bauleistung liegt für sich gesehen im Unterschwellenbereich. Bau- und Planungsleistung liegen insgesamt betrachtet ebenfalls im Unterschwellenbereich. Die Planungsleistung liegt hingegen für sich betrachtet im Oberschwellenbereich für Dienstleistungsaufträge. Das Wahlrecht dürfte dem Auftraggeber jedoch auch in diesem Fall zustehen. Bei gemeinsamer Vergabe liegt daher auch in Bezug auf die Planungsleistung ein Unterschwellenauftrag für Bauleistungen vor.	

Beispiel 2:	
Geschätzter Auftragswert der Bauleistung:	€ 6 Mio
Geschätzter Auftragswert der Planungsleistung:	€ 100.000,—
Lösung:	
Im umgekehrten Fall, wenn also die Bauleistung über dem Schwellenwert für Bauaufträge, die Planungsleistung aber unter dem Schwellenwert von Dienstleistungsaufträgen liegt, ist der Auftraggeber nicht gezwungen, die Planungsleistung gemeinsam mit der Bauleistung auszuschreiben. Er kann die Planungsleistung getrennt und damit als Unterschwellenauftrag behandeln.	

In der bisherigen österreichischen Baupraxis wird die Planungsleistung regelmäßig von der Bauleistung getrennt ausgeschrieben.

Die Durchführung der **örtlichen Bauaufsicht** und die **Oberleitung der Bauausführungsphase** sind nach einer Entscheidung der Bundesvergabekontrollkommission (B-VKK) als **prioritäre Dienstleistungen** im Sinne der Kategorie 12 des Anhanges III BVergG zu qualifizieren.

Beispiel:
Auftrag zur Reparatur an einem Gebäude oder einer sonstigen baulichen Anlage.
Lösung:
Grundsätzlich zählen Reparaturaufträge gem Kategorie 1 des Anhanges III BVergG zu den prioritären Dienstleistungen. Nunmehr wird jedoch vertreten, dass Instandhaltungs- und Reparaturarbeiten an Hoch- und Tiefbauten generell nicht als Dienstleistungen, sondern als Bauaufträge zu qualifizieren sind. Auf die Bezeichnung eines Auftrages kommt es nicht an. Vielmehr ist zu prüfen, was tatsächlich der Auftragsumfang gewesen ist.

Achtung! Leistungen, die weder den Gegenstand eines Lieferauftrages noch eines Bauauftrages bilden, werden automatisch als Dienstleistungen und zwar als nicht-prioritäre Dienstleistungen gem Kategorie 27 des Anhanges IV BVergG qualifiziert (*„Auffangtatbestand“*).

2,2.9 Verbot des Splittens von Aufträgen

Für die Berechnung der Schwellenwerte gilt der Grundsatz, dass diese nicht mit der Absicht erfolgen darf, die Anwendung des BVergG zu umgehen. Es ist daher unzulässig, aus sachlichen bzw technischen Überlegungen zusammengehörige, also gleichartige Aufträge zu splitten, um die Schwellenwerte zu unterschreiten.

Beispiel:
Auftrag zur Erstellung von Werbeprospekten einer Gemeinde für Sommer- und Wintersaison.

Da im Prinzip derselbe Adressatenkreis angesprochen ist, ist dieser Auftrag als Gesamtauftrag (prioritäre Dienstleistung gem Kategorie 13 des Anhanges III BVergG) zu betrachten und es wäre daher jedwedes Aufsplitten der Leistungsvergaben rechtswidrig.

Beispiel:
Eine getrennte Vergabe von Planungsleistungen und örtlicher Bauaufsicht ist hingegen sachlich grundsätzlich gerechtfertigt, sodass die Schwellenwerte getrennt berechnet werden können.

2,2.10 Losregel

Der Grundsatz, dass Ausschreibungen nicht dem Anwendungsbereich des Vergaberechts entzogen werden dürfen, spiegelt sich auch in der sogenannten Losregel wieder (§ 16 Abs 6 und § 16 Abs 7 BVergG).

Werden Liefer-, Bau- oder Dienstleistungsaufträge in mehreren Losen ausgeschrieben, so berechnet sich der Schwellenwert nach dem kumulierten Wert aller Einzellose. Übersteigt dieser kumulierte Wert den entsprechenden Schwellenwert, so unterliegt grundsätzlich die Vergabe aller Lose dem Vergaberecht.

Eine **Ausnahme** besteht bei **Dienstleistungs- und Bauaufträgen** (nicht aber bei Lieferaufträgen!) nur insofern, als der Auftragswert einzelner Lose,

- bei Dienstleistungsaufträgen weniger als € 80.000,— bzw
- bei Bauaufträgen weniger als € 1 Mio. beträgt und
- der kumulierte Auftragswert dieser einzelnen Kleinlose 20% des kumulierten Wertes aller Lose nicht übersteigt.

Bei gleichzeitigem Zutreffen dieser Voraussetzungen können derartige „*Kleinlose*“ nach den Bestimmungen für die Vergabe von Aufträgen im Unterschwellenbereich gem § 17 BVergG vergeben werden.

Das nachstehende Beispiel für die Vergabe eines Dienstleistungsauftrages möge die Problematik veranschaulichen:

Beispiel:

Los 1	€	10.000,—
Los 2	€	90.000,—
Los 3	€	30.000,—
Los 4	€	70.000,—
Los 5	€	100.000,—
Summe aller Lose	**€**	**300.000,—**

Lösung:

Der kumulierte Wert der Einzellose übersteigt klar den Schwellenwert von € 200.000,—. Der kumulierte Auftragswert iHv 20% des Wertes aller Lose beträgt € 60.000,—.

Die Lose 1 und 3 könnten nach den Vorschriften für den Unterschwellenbereich vergeben werden, weil diese jeweils nicht € 80.000,— übersteigen und zusammen (€ 40.000,—) nicht 20% des kumulierten Wertes aller Lose (€ 60.000,—) erreichen.

Das Los 4 muss jedenfalls nach dem Vollanwendungsbereich des BVergG vergeben werden. Es liegt zwar unter € 80.000,— macht jedoch mit € 70.000,— bereits mehr als 20% des Gesamtwertes aller Lose (€ 60.000,—) aus.

Die Lose 2 und 5 überschreiten ohnedies die Grenze von € 80.000,— und unterliegen folglich dem Vollanwendungsbereich.

2,3 Ausnahmen vom Geltungsbereich

Das BVergG enthält in § 6 eine Auflistung von Ausnahmen vom Geltungsbereich des Gesetzes.

Achtung! *Die Ausnahmen aus dem Geltungsbereich sind taxativ, dh abschließend aufgezählt. Sie sind eng auszulegen!*

Im Wesentlichen sind folgende Ausnahmen von praktischer Bedeutung:

- **Erwerb oder Miete von oder Recht an Grundstücken oder vorhandenen Gebäuden oder anderem unbeweglichen Vermögen:** Ausgenommen vom Anwendungsbereich sind aber nur echte Mietverträge. Hingegen fallen Immobilienleasingverträge, wo nach den Vorgaben des öffentlichen Auftraggebers gebaut wird, unter das BVergG. Es liegt in diesem Fall eine Bauleistung bzw allenfalls eine Finanzdienstleistung vor.

Achtung! *Zu beachten ist auch hier das Umgehungsverbot! Die Errichtung eines Amtsgebäudes oä durch einen Privaten und dessen Kauf durch einen öffentlichen Auftraggeber unterliegen dem BVergG, da es als einheitlicher Vorgang anzusehen ist.*

- **Aufträge auf Grund eines Dienstleistungsmonopols**: Dienstleistungsaufträge, die von einem öffentlichen Auftraggeber an einen anderen öffentlichen Auftraggeber, der über ein ausschließliches Recht verfügt, vergeben werden, sind vom BVergG ausgenommen. Das ausschließliche Recht muss auf Grund von Rechts- oder Verwaltungsvorschriften erfolgen, dh durch Gesetz oder Verordnung. Es darf dadurch nicht gegen den EG-Vertrag verstoßen werden.

Beispiel:
Denkbar sind Aufträge an gesetzlich eingerichtete oder durch Gesetz vorbestimmte Gesellschaften, die selbst öffentliche Auftraggeber sind, zB Dienstleistungsaufträge von Gemeinden an Abwasserverbände oder von Bund, Länder oder Gemeinden an Verkehrsverbundorganisationen.

- **Inhouse-Vergaben:** Vergeben ein oder mehrere öffentliche Auftraggeber einen Auftrag an ein Unternehmen, das von ihm bzw ihnen beherrscht wird und das seine Leistungen im Wesentlichen für den oder die Auftraggeber erbringt, so unterliegt dieser nicht dem BVergG.

  Grundgedanke der Regelung ist, dass organisatorische Einheiten, die ausgegliedert wurden, unter gewissen Voraussetzungen vergaberechtlich noch wie ein Teil des Auftraggebers behandelt werden.

  Es müssen daher **zwei Voraussetzungen** erfüllt sein:

  - Der Auftraggeber muss über die Einrichtung, an die der Auftrag vergeben werden soll, eine Kontrolle ausüben, wie über eigene Dienststellen **und**
  - die Einrichtung muss ihre Leistung im Wesentlichen für den öffentlichen Auftraggeber ausüben.

  Die Definition, die in das BVergG Eingang gefunden hat, entstammt einer Entscheidung des EuGH, der naturgemäß unpräzise geblieben ist, was die Frage nach dem Grad der Beherrschung bzw dem Ausmaß der Leistungserbringung betrifft.

Beispiel:
Ein öffentlicher Auftraggeber beherrscht einen ausgegliederten Rechtsträger, zB eine ImmobilienverwaltungsGmbH zu 100%, er besitzt also alle Geschäftsanteile. Die Gesellschaft wird ausschließlich für den öffentlichen Auftraggeber tätig.
Lösung:
In diesem Fall liegt funktionell weiterhin eine staatliche Eigenleistung vor. Materiell gesehen erfolgt keine Nachfrage am Markt; die Vergaberegeln sind nicht anwendbar.

Was die Frage betrifft, ob auch bei einer geringeren Beteiligung des öffentlichen Auftraggebers am ausgegliederten Rechtsträger noch eine „Beherrschung“ vorliegt, so kann davon ausgegangen werden, dass der Gesetzgeber jedenfalls eine qualifizierte Form verlangt. Es kommt unter anderem darauf an, ob das Überleben der Einrichtung von der Zuweisung ausreichender finanzieller Ressourcen durch die öffentliche Verwaltung abhängt oder ob das operative Geschäft durch die öffentliche Hand bestimmt wird.

Die Leistung muss – wie erwähnt – im Wesentlichen für die ausgliedernde Körperschaft erbracht werden. Daraus ergibt sich, dass in bestimmtem, aber jedenfalls untergeordneten Ausmaß Leistungen für Dritte erbracht werden können.

Da derartige Konstruktionen einer großen Innovationsfreude unterliegen und der Einfallsreichtum in dieser Hinsicht derzeit kaum zu bremsen ist, kann eine abschließende Einschätzung, ob die Voraussetzungen für eine Inhouse-Vergabe vorliegen, immer nur im konkreten Einzelfall unter Einbeziehung des Gesellschaftsvertrages, aber auch der faktischen Gegebenheiten erfolgen.

Eine Umgehung der Ausschreibungspflicht durch das Inhouse-Privileg ist unzulässig. Eine Umgehung könnte insbesonders dann angenommen werden, wenn der Private einen Gewinnanteil am Unternehmen erhält, oder es in kurzem zeitlichen Rahmen zu einer Subvergabe an das Unternehmen kommt, das hinter dem privaten Partner steht. In diesem Fall wäre die Vergabe ein Umgehungsgeschäft und der Vergabevorgang unterliegt dementsprechend den Vergabevorschriften.

Anmerkung

Die Europäische Kommission achtet sehr streng darauf, ob durch derartige Konstruktionen die Absicht besteht bzw bestanden hat, das Vergaberecht „auszuhebeln“. Derzeit sind diesbezüglich Vertragsverletzungsverfahren gegen die Republik Österreich beim EuGH anhängig.

- **Verträge im Zusammenhang mit Wertpapiertransaktionen oder dem sog Public Debt Management:** Ausgenommen vom Vergaberecht sind Kredite, die von der öffentlichen Hand zur Schuldentilgung aufgenommen werden (sog öffentliche Kreditpolitik). Kredite für Betriebe mit marktbestimmter Tätigkeit, die nicht dem öffentlichen Schuldenstand gemäß den Maastricht-Kriterien anzulasten sind, ebenso wie Finanzberatungsdienstleistungen oder Finanzleasingleistungen, unterliegen jedoch dem BVergG.
- **Arbeitsverträge:** Die Ausnahme gilt jedoch nicht für Werkverträge, bei denen der beauftragte Unternehmer auf eigene Rechnung und eigenes Risiko tätig wird.
- **Forschungs- und Entwicklungsdienstleistungen:** Die Ausnahme kommt dann zum Tragen, wenn die Ergebnisse der Dienstleistung nicht ausschließlich im Eigentum des Auftraggebers für seinen Gebrauch und

bei Ausübung seiner Tätigkeit sind und die Dienstleistung nicht ausschließlich von ihm vergütet wird.

Nicht erfasst sind daher wohl Forschungs- und Entwicklungsaufträge, die aus allgemeinen politischen und wirtschaftlichen Zielsetzungen erfolgen und daher nicht konkret auftragsbezogen sind. In den Geltungsbereich des Gesetzes fällt demnach aber sehr wohl die sog Auftragsforschung, wenn der Auftraggeber die Ergebnisse zur Erfüllung einer ihm obliegenden Aufgaben benötigt, sodass auch nur er eine Interesse daran hat und daher nur er die Leistung vergütet.

- **Beschaffung von Wasser:** Ausgenommen sind Aufträge von öffentlichen Wasserversorgungsunternehmen, die zur Beschaffung von Wasser vergeben werden. Die Ausnahme betrifft Sektorenauftraggeber.
- **Aufträge von Energie- oder Fernwärmeversorgungsunternehmen** für die Lieferung von Energie oder Wärme oder für die Lieferung von Brennstoffen für die Energie- oder Wärmeerzeugung.

Kapitel 3 Zivilrechtliche Aspekte eines Vergabeverfahrens

3,1 Vertragsabschluss – Allgemeine Voraussetzungen

In zivilrechtlicher Hinsicht kommt ein Vertrag durch die übereinstimmenden Willenserklärungen (zumindest) zweier Personen zustande. Diese Willenserklärungen werden als **Anbot und Annahme** bezeichnet.

3,1.1 Anbot

Die einleitende Willenserklärung wird **Anbot**, Angebot oder Offerte genannt. Ein Anbot ist ein Vorschlag, einen Vertrag bestimmten Inhaltes abzuschließen.

Ein zur Annahme geeignetes Anbot liegt unter zwei Voraussetzungen vor: Es muss inhaltlich ausreichend bestimmt sein und es muss einen endgültigen Bindungswillen des Anbieters zum Ausdruck bringen.

- **Bestimmtheit**
  Bestimmtheit liegt vor, wenn das Anbot die wesentlichen Punkte des abzuschließenden Vertrages enthält, sodass der Vertrag durch die bloße Zustimmung des Annehmenden geschlossen werden kann. Mindestanforderungen an die Bestimmtheit eines Angebotes sind etwa, dass darin zumindest Ware und Preis bestimmt sind.
- **Bindungswille**
  Weiters muss das Anbot den Bindungswillen des Antragstellers zum Ausdruck bringen. Der Bindungswille fehlt etwa, wenn jemand nur zu Verhandlungen einladen will, in Verhandlungen Vorschläge unterbreitet, die erst zu diskutieren sind oder nur die Absicht erklärt, einen bestimmten Vertrag abschließen zu wollen. Ebenso handelt es sich bei der Übersendung von Preislisten, Katalogen und Mustern, sowie beim Ausstellen von Waren in einem Schaufenster um kein gültiges Anbot, sondern lediglich um eine sogenannte **Aufforderung an andere, ein Anbot zu erstellen**.

3,1.2 Annahme

Die zweite Willenserklärung ist eine Äußerung des anderen Teils darüber, ob er mit dem vorgeschlagenen Anbot einverstanden ist. Die zustimmende Erklärung wird als Annahme bezeichnet.

Mit der Annahme wird das Anbot von beiden Parteien übereinstimmend zur rechtsgeschäftlichen Norm erhoben. Mit der Annahme kommt der Vertrag zustande.

3,2 Die Ausschreibung – zivilrechtliche Bedeutung

§ 20 Z 6 BVergG:

„Die Ausschreibung ist die an eine bestimmte oder unbestimmte Zahl von Unternehmern gerichtete Erklärung des Auftraggebers, in der er festlegt, welche Leistung er zu welchen Bestimmungen erhalten möchte".

Die Ausschreibung ist rechtlich gesehen als **Aufforderung zur Anbotsstellung** zu verstehen.

Die sich am Vergabeverfahren beteiligenden Bieter erstellen in der Folge das Anbot, mit welchem diese erklären, eine bestimmte Leistung gegen Entgelt unter Einhaltung festgelegter Bedingungen erbringen zu wollen.

3,3 Der Zuschlag – zivilrechtliche Bedeutung

§ 102 Abs 1 BVergG:

„Der Zuschlag ist durch Auftragsschreiben, Bestellschein oder Schlussbrief zu erteilen. Der Auftraggeber kann vom Auftragnehmer eine unterfertigte Auftragsbestätigung (Gegenschlussbrief) verlangen".

Der Zuschlag (Zuschlagserteilung) ist schließlich die an den Bieter abgegebene schriftliche Erklärung, dessen Anbot anzunehmen. Die Zuschlagserteilung entspricht der zivilrechtlichen Annahmeerklärung.

Demgegenüber stellt die Zuschlagsentscheidung lediglich eine Wissenserklärung des Auftraggebers dar. Sie ist daher nicht geeignet eine vertragliche Bindungswirkung zu entfalten und jederzeit abänderbar.

Der Vertragsabschluss erfolgt im Vergabeverfahren also dadurch, dass das Anbot vom Bieter und die Annahme vom Auftraggeber erklärt wird. Da mit dem Zustandekommen des Leistungsvertrages das Vergabeverfahren endet, findet es genau genommen im Vorstadium des Vertragsabschlusses statt. Es handelt sich somit um den Bereich eines vorvertraglichen Schuldverhältnisses.

Achtung! *Bei folgenden Verfahren bzw Leistungen sind mangels Anwendbarkeit des § 102 BVergG keine expliziten Festlegungen hinsichtlich der Form des Vertragsabschlusses erforderlich:*

- *Direktvergaben*
- *Dienstleistungen gem Anhang IV*
- *Dienstleistungskonzessionen*
- *Wettbewerbe*
- *Rahmenvereinbarungen*
- *Im Sektorenbereich im Unterschwellenbereich*

In diesen Fällen kommen die allgemeinen Regeln des Zivilrechts hinsichtlich des Vertragsabschlusses zum Tragen.

3,4 Wem ist der Zuschlag zu erteilen?

Von den Anboten, die nicht auszuscheiden sind, ist der Zuschlag dem technisch und wirtschaftlich günstigsten Anbot gemäß den in der Ausschreibung festgelegten Kriterien zu erteilen **(Bestbieterprinzip)** oder bei einer nach dem „neuen" Vergaberecht nunmehr unter bestimmten Voraussetzungen auch zulässigen Billigstbieterausschreibung, dem Anbot mit dem niedrigsten Preis **(Billigstbieterprinzip)**.

Grundsätzlich soll der öffentliche Auftraggeber nach dem Bestbieterprinzip den „wirtschaftlichsten Einkauf" tätigen. Nunmehr ist es unter gewissen Voraussetzungen auch zulässig, den Preis als einziges Zuschlagskriterium heranzuziehen und zwar dann, wenn nur gleichwertige Leistungen anzubieten sind und sichergestellt ist, dass die angebotenen Leistungen beispielsweise die gleiche Qualität, die gleiche Lebensdauer, aber auch gleiche Erhaltungs- und Betriebskosten haben. Es dürfen keine Folgekosten auftreten.

Die Gründe für die Vergabeentscheidung sind schriftlich, zweckmäßigerweise in der Niederschrift über die Anbotsprüfung festzuhalten *(vgl dazu Tz 4,9.5)*.

3,5 Trennung von Zuschlagsentscheidung und Zuschlagserteilung

3,5.1 Das Problem

Ein großes praktisches Problem bestand immer dann, wenn sich „übergangene Bieter" zu Unrecht benachteiligt fühlten, weil sie die Auffassung vertraten, dass sie Bestbieter wären und somit ihnen der Zuschlag hätte erteilt werden müssen. Ihnen wurde nämlich in der Regel die intern getroffene Zuschlagsentscheidung, wem der Auftrag erteilt werden solle, nicht mitgeteilt und sofort der Zuschlag erteilt. Nach erfolgter Zuschlagserteilung konnte jedoch die Zuschlagsentscheidung des Auftraggebers selbst nicht mehr bekämpft werden. Allenfalls übergangene Bieter waren auf Schadenersatzansprüche (Vertrauensschaden, Erfüllungsschaden) beschränkt.

Die auftraggeberinterne Zuschlagsentscheidung, als die wichtigste Entscheidung des Auftraggebers, war somit – entgegen den Bestimmungen der EU-Rechtsmittelrichtlinie – einer nachprüfenden Kontrolle entzogen.

3,5.2 Die Judikaturwende

Dieser Missstand wurde erstmals in der Entscheidung *Ökopunkte* (Rs C-81/98) durch den EuGH behoben.

Beispiel:

In der Entscheidung „*Ökopunkte*" ging es um ein Ausschreibungsverfahren für die Lieferung, Montage und Inbetriebnahme aller Hard- und Softwarekomponenten für ein „Ökopunkte-System" (elektronisches System zur Abbuchung der von Lkw bei Transitfahrten zu verwendenden Ökopunkte). Nachdem drei übergangene Bieter aus der Presse vom Zuschlag des Auftrages erfahren hatten, beantragten diese die Aufhebung der Zuschlagserteilung, die Aufhebung des Vertrages und die Untersagung der Durchführung des bereits geschlossenen Vertrages durch einstweilige Verfügung.

Das BVA wies die Anträge auf Erlassung einer einstweiligen Verfügung mit der Begründung, dass nach bereits erfolgtem Zuschlag keine einstweiligen Verfügungen mehr erlassen werden können, mit Bescheid zurück.

Es folgte ein Schlagabtausch zwischen dem Auftraggeber, den Bietern, sowie dem Bundesvergabeamt und den Verfassungsgerichtshof, der darin gipfelte, dass das Bundesvergabeamt dem EuGH um Vorabentscheidung ersuchte.

Der EuGH gelangte zum Schluss, dass eine dem Vertragsabschluss vorangehende Entscheidung des Auftraggebers darüber, mit welchem Bieter er einen Vertrag schließt, in jedem Fall einem Nachprüfungsverfahren zugänglich zu machen ist. Die damals geltende österreichische Rechtslage und Vergabepraxis, nach der die Entscheidung, wem der Zuschlag erteilt wird, auftraggeberintern gefasst wird und nach außen nicht in Erscheinung tritt, wurde als rechtswidrig qualifiziert.

(EuGH 28.10.1999, Rs C-81/98 – Alcatel, Ökopunkte)

In dieser Entscheidung wurde also erstmals festgelegt, dass der Auftraggeber sämtlichen Bietern seine beabsichtigte Zuschlagserteilung schriftlich unter Angabe der Gründe bekannt zu geben hat und vor Ablauf einer angemessenen Stillhaltefrist den Auftrag nicht vergeben kann, dies bei sonstiger Nichtigkeit.

Während dieser Zeit haben die übergangenen Bieter die Möglichkeit, die beabsichtigte Zuschlagsentscheidung zu bekämpfen. Um zu gewährleisten, dass unumkehrbare Tatsachen geschaffen werden, muss daher der Nachprüfungsantrag mit einem Antrag auf Erlassung einer einstweiligen Verfügung verbunden werden.

3,5.3 § 100 BVergG – Stillhaltefrist

Diese Regelung wurde in der Folge durch die Novelle des BVergG 2000 in § 53a BVergG umgesetzt.

Mit dem BVergG 2002 erfuhr die vorgeschriebene Zweistufigkeit des Zuschlagsverfahrens eine ausdrückliche Regelung in § 100 BVergG *(vgl näher dazu 4,8.6)*.

Grundlegend ist demnach eine strikte zeitliche Trennung zwischen Zuschlagsentscheidung und Zuschlagserteilung. Der Auftraggeber hat zunächst den Bietern gleichzeitig, unverzüglich und nachweislich elektronisch oder mittels Telefax mitzuteilen, welchem Bieter der Zuschlag erteilt werden soll. Der Zugang dieser Mitteilung bei allen Bietern löst sodann grundsätzlich eine Stillhaltefrist von 14 Tagen aus, innerhalb der ein Zuschlag bei sonstiger Nichtigkeit nicht erteilt werden darf.

Achtung! *Es ist zwingend vorgesehen, dass die Bekanntgabe der Zuschlagsentscheidung per Telefax oder e-mail erfolgen muss. Eine briefliche, wenn auch eingeschriebene oder persönliche Verständigung reicht nicht aus.*

Nach den Vergabekontrollbehörden muss nunmehr auch dem Bestbieter das Ergebnis der Zuschlagsentscheidung mitgeteilt werden, andernfalls die Zuschlagsentscheidung nicht rechtswirksam wird.

Achtung! *In bestimmten Ausnahmefällen verkürzt sich die Stillhaltefrist auf sieben Tage:*

- *bei einem beschleunigten Verfahren wegen Dringlichkeit*
- *bei sonstigen Verhandlungsverfahren ohne Bekanntmachung im Unterschwellenbereich, dazu gehören*
  - *geistig-schöpferische Dienstleistungen bis € 60.000,—*
  - *Bauaufträge bis € 80.000,—*
  - *Liefer- und Dienstleistungsaufträge bis € 40.000,—*
- *bei einem nicht offenen Verfahren ohne Bekanntmachung im Unterschwellenbereich*

Bei elektronischen Auktionen verkürzt sich die Frist auf drei Arbeitstage.

Die nicht berücksichtigten Bieter haben grundsätzlich sieben Tage Zeit, die Bekanntgabe der Gründe für die Zuschlagsentscheidung sowie die Merkmale und Vorteile des erfolgreichen Angebotes zu verlangen. Im Dringlichkeitsverfahren verkürzt sich diese Frist auf drei Tage, bei elektronischen Auktionen müssen dies die übergangenen Bieter unverzüglich nach Ende der Auktion verlangen.

Der Auftraggeber hat die Begründung der Zuschlagsentscheidung unverzüglich, bei rechtzeitigen Anträgen, spätestens drei Tage vor Ablauf der Stillhaltefrist bekannt zu geben. Bei einer elektronischen Auktion verkürzt sich der Zeitraum auf einen Tag!

Das BVA kann bis zur Zuschlagserteilung zur Nichtigerklärung rechtswidriger Entscheidungen des Auftraggebers angerufen werden. Der anfechtende Bieter hat den Auftraggeber unverzüglich unter Angabe von Gründen von der beabsichtigten Einleitung eines Nachprüfungsverfahrens nachweislich zu verständigen.

Da dem Antrag auf Nachprüfung keine aufschiebende Wirkung für das betreffende Vergabeverfahren zukommt, sollte der nicht erfolgreiche Bieter zweckmäßigerweise noch rechtzeitig vor Ablauf der Stillhaltefrist auch einen gesonderten Antrag auf einstweilige Verfügung stellen, sodass dem Auftraggeber bis zur Entscheidung des BVA über die Nichtigerklärung verboten wird, den Zuschlag zu erteilen.

3,5.4 Ausnahmen

Die Bestimmung des § 100 BVergG gilt zwar grundsätzlich für alle Verfahrensarten, also auch für Vergaben im Unterschwellenbereich, jedoch mit folgenden Ausnahmebereichen:

- bei Direktvergaben,
- wenn ein Verhandlungsverfahren ohne öffentliche Bekanntmachung nach erfolglosem offenen oder nicht offenen Verfahren durchgeführt wird,
- wenn ein Verhandlungsverfahren ohne öffentliche Bekanntmachung mit nur einem Bieter durchgeführt wird,
- wenn ein Verhandlungsverfahren ohne öffentliche Bekanntmachung nur mit dem Gewinner eines Wettbewerbes durchgeführt wird,
- wenn im Unterschwellenbereich ein Verhandlungsverfahren ohne öffentliche Bekanntmachung hinsichtlich bestimmter Leistungen, und zwar für börsennotierte Waren und bei Gelegenheitskäufen sowie Lieferungen aufgrund einer besonders günstigen Gelegenheit, durchgeführt wird,
- wenn im Unterschwellenbereich ein Verhandlungsverfahren ohne öffentliche Bekanntmachung hinsichtlich geistig-schöpferischer Dienstleistungen nur mit einem Bieter durchgeführt wird,
- sowie bei Dienstleistungskonzessionen.

3,5.5 Sanktionen

Ein Verstoß gegen die Bestimmungen des § 100 BVergG ist mit der Nichtigkeit des Zuschlages sanktioniert. Die zivilrechtliche Ungültigkeit des abgeschlossenen Vertrages ist von allen Behörden oder Gerichten von Amts wegen wahrzunehmen.

Als Folge der Nichtigkeit bzw Ungültigkeit, ist der Vertrag rückabzuwickeln. Der Auftragnehmer hat keinen Anspruch auf Entgelt, sondern nur auf eine Entschädigung nach bereicherungsrechtlichen Grundsätzen.

Für den Auftragnehmer würde sich die Nichtigkeitssanktion vor allem etwa bei langfristigen Verträgen, wie etwa bei Dienstleistungs-, Wartungs- oder Leasingverträgen etc negativ auswirken.

Aber auch für den Auftraggeber wäre der Abschluss derartiger mit Nichtigkeitssanktion bedrohten Verträgen nicht ohne Risiko: Bei Versicherungsverträgen wäre der Versicherer leistungsfrei, bei Kreditverträgen wäre der Kreditbetrag sofort zurückzuzahlen.

3,6 ÖNORMEN als Vertragsbestandteil

In den meisten Wirtschaftsbereichen, insbesondere etwa auch im Bereich der Bauwirtschaft hat es sich seit langem bewährt und durchgesetzt, die Vielzahl von im Prinzip gleichartigen Leistungsvorgängen nach „allgemein anerkannten" Vertragsmustern abzuschließen. Zu diesem Zweck schafft das Österreichische Normungsinstitut sog ÖNORMEN. Zu deren Erarbeitung bedient es sich verschiedener Fachnormenausschüsse, in denen Stellen der Hoheits- und Privatwirtschaftsverwaltung des Bundes und der Länder, einschließlich bestehender selbstständiger Wirtschaftskörper, sowie Vertreter der Wissenschaft und die am Normenwesen interessierten Standesvertretungen als Interessenvertretungen der Erzeuger und Verbraucher mitwirken.

3,6.1 Rechtsnatur und Geltungskraft der ÖNORMEN

Bei ÖNORMEN handelt es sich weder um die von einer der Vertragsparteien aufgestellten „Allgemeinen Geschäftsbedingungen" (AGB) noch um das Ergebnis von Vertragsverhandlungen, sondern um „kollektiv gestaltete Vertragsbedingungen", die von dritter Seite herausgegeben werden.

Achtung! *ÖNORMEN können grundsätzlich nur dann zum verbindlichen Vertragsinhalt werden, wenn dies ausdrücklich im Vertrag vereinbart wird. Eine stillschweigende Vereinbarung scheidet daher grundsätzlich aus.*

Wird eine solche Norm allerdings von einem der Vertragsteile (zumeist vom Auftraggeber) alleine oder zusammen mit ergänzenden oder zusätzlichen Bedingungen verwendet, so gelten sie als „Allgemeine Geschäftsbedingungen" (AGB) und unterliegen insbesondere der Inhaltskontrolle der §§ 864a und 879 Abs 3 ABGB.

Da an der Ausarbeitung der ÖNORMEN Vertreter aller am Vertragswerk interessierten Kreise mitwirken, ist eine Ausgewogenheit der Rechte und Pflichten der Vertragspartner weitgehend sichergestellt. Sie werden daher als sog „qualifiziert konsensualisierte Allgemeine Geschäftsbedingungen" bezeichnet. Eine einseitige Risikoverschiebung zu Lasten einer Vertragspartei ist grundsätzlich schon deswegen nicht zu befürchten, weil die betroffene Interessenvertretung dem Inhalt einer solchen ÖNORM nicht zustimmen würde. Aus diesem Grund ist die Möglichkeit einer richterlichen Überprüfung zwar nicht ausgeschlossen, eine Ablehnung solcher Bedingungen aber eher als unwahrscheinlich anzunehmen.

Tipp

Es empfiehlt sich, dass die jeweils für einen Auftrag einschlägigen ÖNORMEN zum Vertragsinhalt gemacht und bereits in die Bedingungen der Ausschreibungsunterlagen aufgenommen werden. Dies geschieht in der Praxis auch in aller Regel.

3,7 Rahmenvereinbarung

Die Rahmenvereinbarung als neues Beschaffungsinstrumentarium im Vergaberecht soll es Auftraggebern ermöglichen, Leistungen von sich schnell entwickelnden bzw verändernden Märkten zu den jeweils besten aktuellen Bedingungen abzurufen *(vgl näher Tz 4,3.3.7)*.

Definition gem § 20 Z 27 BVergG:

„Rahmenvereinbarung ist eine Vereinbarung ohne Abnahmeverpflichtung zwischen einem oder mehreren Auftraggebern und einem oder mehreren Unternehmen, die zum Ziel hat, die Bedingungen für die Aufträge, die während eines bestimmten Zeitraums vergeben werden sollen, festzulegen, insbesondere in Bezug auf den in Aussicht genommenen Preis und gegebenenfalls die in Aussicht genommene Menge“.

Wichtig!

Als Auftraggeber gehen Sie durch den Abschluss einer Rahmenvereinbarung keine Abnahmeverpflichtung ein.

Der Auftraggeber schließt in der Regel eine Rahmenvereinbarung nicht mit einem einzigen, sondern mit mehreren Unternehmen ab. Es kann keinem Unternehmer, der Partei einer Rahmenvereinbarung ist, ein Anspruch auf einen bestimmten Teil des Gesamtauftrages eingeräumt werden, weil unklar ist, welches Unternehmen nach Durchführung einer nachfolgenden zweiten Wettbewerbsrunde den Zuschlag erhalten wird. Bei einer Rahmenvereinbarung liegt grundsätzlich kein Bindungswille der Parteien, insbesondere nicht des Auftraggebers vor. Allerdings hat der Auftraggeber schon deshalb ein Interesse daran, dass die geschlossenen Rahmenvereinbarungen aufrecht bleiben, weil zu deren Abschluss nicht unerhebliche Aufwendungen getätigt werden müssen und diese letztlich dem Auftraggeber große zeitliche Vorteile in der Zukunft bieten.

Achtung!

Gemäß § 29 BVergG ist die Vergabe von Aufträgen im Wege einer Rahmenvereinbarung nur im Unterschwellenbereich zulässig!

3,7.1 Zum Ablauf

Gemäß § 119 BVergG hat die Vergabe im Wege einer Rahmenvereinbarung in zwei Stufen stattzufinden.

In der **ersten Stufe** wird eine Rahmenvereinbarung nach Durchführung eines „regulären", allerdings fiktiven Vergabeverfahrens mit einem oder mit mehreren Unternehmen abgeschlossen.

In der **zweiten Stufe** kann, sofern die Rahmenvereinbarung selbst alle Elemente einer regulären Ausschreibung enthält, eine Leistung unmittelbar von jenem Unternehmen bezogen werden, das im Wettbewerb um die Teilnahme an der Rahmenvereinbarung das „beste" Angebot gelegt hat. Der Auftraggeber hat jedoch auch die Möglichkeit, einen weiteren Wettbewerb zwischen den Parteien der Rahmenvereinbarung zu veranstalten, um ein nachgebessertes (aktuelleres) Angebot zu erhalten. Es ist dabei auch zulässig, dass in dieser zweiten Phase Unternehmen technisch neuere Produkte anbieten.

Achtung! *§ 119 Abs 2 BVergG sieht eine zwingende Publikationsverpflichtung vor, weshalb Verfahren ohne Bekanntmachung (Verhandlungsverfahren, nicht offene Verfahren, Direktvergabe) nicht für den Abschluss einer Rahmenvereinbarung zur Verfügung stehen.*

3,8 Rahmenvertrag

Ein Rahmenvertrag bietet Auftraggebern, auch bei einem zeitlich und quantitativ nicht genau vorhersehbaren Bedarf an Leistungen, rasche und kostengünstige Beschaffungsmöglichkeiten.

Achtung! *Die Ausschreibung von Rahmenverträgen setzt voraus, dass bereits Erfahrungs- oder Schätzwerte über die voraussichtlich anfallenden Bestellmengen bei den Teilleistungen oder wenigstens bei den Leistungsgruppen vorhanden sind.*

Im Gegensatz zur Rahmenvereinbarung enthält der Rahmenvertrag bereits alle für den Abschluss eines Vertrages erforderlichen Vereinbarungen und entfaltet daher Bindungswirkung zwischen den Parteien, insbesondere eine Abnahmeverpflichtung des Auftraggebers zu festen Konditionen.

Rahmenverträge nehmen daher auch keine Sonderstellung unter den öffentlichen Aufträgen ein. Sie sind folglich nach den allgemeinen Regeln zu behandeln und nach den jeweils anwendbaren Vorschriften des Vergaberechts auszuschreiben.

Achtung! *Im Gegensatz zur Rahmenvereinbarung ist es grundsätzlich nicht möglich, einen Rahmenvertrag mit mehreren Unternehmen abzuschließen. Der Auftraggeber ist grundsätzlich verpflichtet, alle Bestellungen, die unter den Vertrag fallen, beim beauftragten Unternehmen abzurufen.*

3,9 Optionen

Optionen ermöglichen Auftraggebern bestimmte Leistungsteile optional, dh nach den eigenen Bedürfnissen, abzurufen. Optionen eröffnen somit einen größeren Spielraum bei der Gestaltung der Ausschreibungsunterlagen.

Achtung!

Bei der Berechnung des geschätzten Auftragswertes sind jedenfalls alle Optionen mit zu berücksichtigen.

Für die Optionen müssen bei Bedarf auch spezielle Zuschlagskriterien in der Ausschreibung vorgesehen sein.

Die Voraussetzungen, unter denen ein Abruf von Optionen wahrscheinlich ist, sollten in der Ausschreibung bereits näher beschrieben sein. Dies ermöglicht den Bietern eine realistischere Abschätzung, wie wahrscheinlich der Abruf einer Option ist. Unkalkulierbare Risiken dürfen nicht überwälzt werden.

Die Inanspruchnahme eines vereinbarten Optionsrechtes stellt kein neues Vergabeverfahren und somit keine freihändige Vergabe dar. Die Nachbestellung aufgrund eines Optionsrechtes ist dem seinerzeitigen Vergabeverfahren zuzurechnen.

Kapitel 4 Ablauf des Vergabeverfahrens

4,1 Übersicht

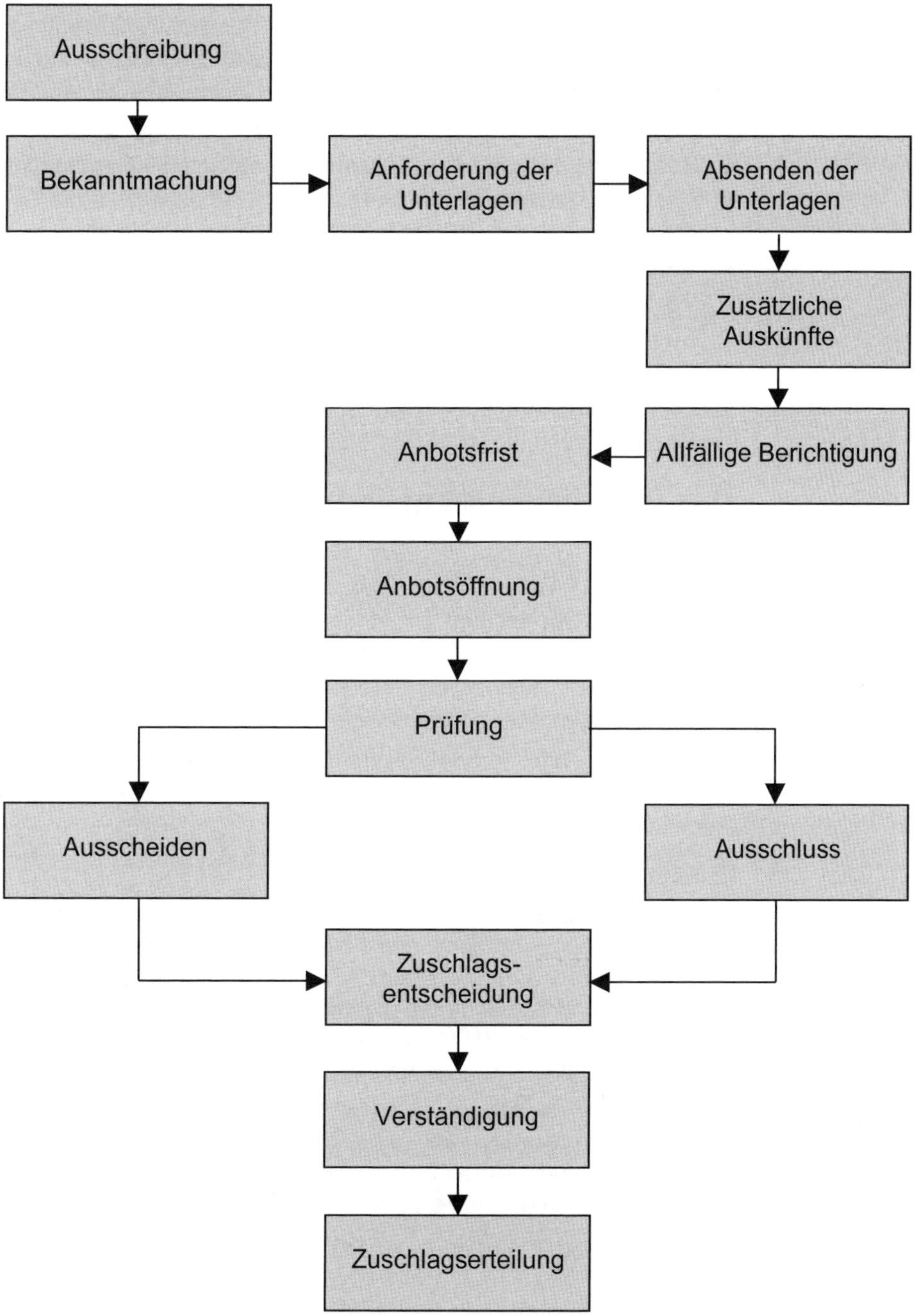

4,2 Grundsätze des Vergabeverfahrens

Für den gesamten Ablauf eines Vergabeverfahrens gelten durchgehend bestimmte Grundsätze.

Das BVergG formuliert zum Teil auch die vergaberechtlichen Grundsätze neu. Vor allem bezieht es die jüngsten Entwicklungen des Gemeinschaftsrechtes und die innerstaatliche Vergabespruchpraxis mit ein.

§ 21 BVergG enthält eine **umfassende**, das heißt alle Auftragsarten erfassende Regelung über die Vergabegrundsätze und zwar zusammengefasst wie folgt:

- Beachtung der gemeinschaftsrechtlichen Grundfreiheiten
- Beachtung des gemeinschaftsrechtlichen Diskriminierungsverbotes
- Freier und lauterer Wettbewerb
- Gleichbehandlung aller Bewerber und Bieter
- Vergabe an befugte, leistungsfähige und zuverlässige Unternehmer
- Vergabe zu angemessenen Preisen
- Ernsthafte Absicht, die Leistung auch tatsächlich zu vergeben
- Vertraulichkeit
- Umweltgerechtheit der Leistung *(Ist-Bestimmung)*
- Soziale Gesichtspunkte *(Kann-Bestimmung)*

4,2.1 Das Diskriminierungsverbot

Der EG-Vertrag enthält als eine „kardinale" Vorschrift das Verbot der Diskriminierung aus Gründen der Staatsangehörigkeit. Darunter fallen auch alle sogenannten versteckten Diskriminierungen, die zwar nicht formell auf die Staatsangehörigkeit abstellen, aber im Ergebnis dadurch diskriminieren, dass sie eine Unterscheidung an Kriterien knüpfen, die zumindest einzelne Gruppen bevorzugen oder benachteiligen.

Es sind daher alle Vergabebestimmungen und -praktiken zu unterlassen, die unmittelbar an die Staatsangehörigkeit der Teilnehmer unterschiedliche Rechtsfolgen knüpfen.

Beispiel:
Eine dänische Gesellschaft – öffentlicher Auftraggeber – war mit der Ausarbeitung des Vorhabens und als Bauherr mit dem Bau einer Strassen- und Schienenverbindung über den Großen Belt, einer Meerenge zwischen Dänemark und Schweden, beschäftigt. In der Ausschreibung der Bauarbeiten verlangte sie, dass soweit wie möglich dänische Baustoffe und Verbrauchsgüter sowie dänische Arbeitskräfte und Ausrüstungen zu verwenden seien. Der EuGH wurde im Zuge eines Vertragsverletzungsverfahrens mit dem Fall befasst und sah darin einen Verstoß gegen das Diskriminierungsverbot und die Grundfreiheiten. (EuGH vom 22. Juni 1993, Rs C-243/89, Storebaelt)

Es sind aber auch solche Maßnahmen zu unterlassen, die zwar nicht unmittelbar an die Staatsangehörigkeit anknüpfen, aber faktisch Staatsangehörige aus anderen Mitgliedstaaten schwerer belasten oder benachteiligen, die dort regelmäßig gleichartige Dienste erbringen.

Beispiel:
Eine Autobahnmeisterei in Österreich schrieb als ausschreibende Stelle die Lieferung einer Straßenkehrmaschine im offenen Verfahren europaweit aus. Als Zuschlagskriterium wurde festgelegt, dass der Ausschreibungsgegenstand innerhalb eines Umkreises von 300 km um die ausschreibende Stelle besichtigt werden kann. Ein Bieter, der von der vergebenden Stelle, ua deswegen ausgeschieden worden war, weil er die geforderte Besichtigung nicht ermöglicht hatte, stellte dagegen vor dem Bundesvergabeamt einen Antrag auf Nachprüfung. Das Bundesvergabeamt legt diese und andere Fragen dem EuGH zur Vorabentscheidung vor. Der EuGH sah in dem Kriterium ein unzulässiges Zuschlagskriterium, weil es nicht geeignet sei, den Bestbieter zu ermitteln. Der Generalanwalt fügte hinzu, dass es zudem diskriminierend sei. (EuGH vom 19. Juni 2003, Rs 315/01, GAT gegen ÖSAG)

4,2.2 Die gemeinschaftsrechtlichen Grundfreiheiten

Die Vergaberegeln der EU dienen in erster Linie der Verwirklichung des Binnenmarktes und der Sicherung des ungehinderten Verkehrs von Waren, Personen und Dienstleistungen. Der Ansatz der Gemeinschaft ist daher ein grundfreiheitlicher. Es sollen Maßnahmen verhindert werden, die sich diskriminierend oder unverhältnismäßig auf Anbieter aus anderen Mitgliedstaaten auswirken.

Die Grundsätze des freien Waren-, Personen- und Dienstleistungsverkehrs verbieten Beschränkungen und Maßnahmen gleicher Wirkung.

Verboten sind daher alle Maßnahmen, die geeignet sind, den innergemeinschaftlichen Handel unmittelbar oder mittelbar, tatsächlich oder potentiell zu behindern. Unzulässig sind daher alle Beschränkungen, die geeignet sind, die Tätigkeit des Auftragnehmers aus einem anderen Mitgliedstaat zu behindern, zu unterbinden oder weniger attraktiv zu machen.

Beispiel:
Im Rahmen einer Ausschreibung in Irland zum Ausbau der Wasserversorgung der Stadt Dundalk war eine Klausel in den Unterlagen, wonach für Rohre eine Bescheinigung gemäß dem „Irish Standard Mark Licensing Scheme" des irischen Instituts für industrielle Forschung und Normung vorliegen musste. Ein Angebot, das diese Bescheinigung nicht hatte, aber gleichwertige Garantien bieten konnte, wurde nicht geprüft und ohne Begründung zurückgewiesen. Nur ein einziges, in Irland ansässiges Unternehmen, erfüllte die Bedingung.

Der EuGH sah darin einen Verstoß gegen den freien Warenverkehr, da davon alle Maßnahmen betroffen seien, die unmittelbar oder mittelbar das Inverkehrbringen von Erzeugnissen aus anderen Mitgliedstaaten behindern. (EuGH vom 22. September 1988, Rs 45/87, Dundalk)

4,2.3 Freier, lauterer Wettbewerb und Gleichbehandlung

Neben der nunmehr ausdrücklich gebotenen Beachtung der gemeinschaftsrechtlichen Grundfreiheiten und des Diskriminierungsverbotes gelten weiterhin wie bisher die Grundsätze des freien und lauteren Wettbewerbs sowie der Gleichbehandlung aller Bewerber und Bieter sowie der Grundsatz der Vergabe der Aufträge an befugte, leistungsfähige und zuverlässige Unternehmer zu angemessenen Preisen.

Sie ergeben sich aus dem Zweck des Vergabeverfahrens. *Schutzobjekte sind insbesondere* der freie, faire, lautere Wettbewerb und die Gleichbehandlung aller Bieter und Bewerber.

Daran sind alle Entscheidungen, Maßnahmen und Unterlassungen des Auftraggebers zu messen.

4,2.3.1 Freier Wettbewerb

Darunter ist der nicht behinderte, das heißt keinen Zugangs- oder Ausübungsbeschränkungen unterliegende Wettbewerb zu verstehen. Demgemäß wäre es etwa unzulässig, eine Durchführung von Wettbewerben/Ausschreibungen, ohne sachliche Rechtfertigung, auf einzelne Berufsstände zu beschränken, wenn auch andere Unternehmer oder Personen die Berechtigung zur Erbringung der Leistungen besitzen.

4,2.3.2 Fairer und lauterer Wettbewerb

Dies betrifft vor allem das Verhältnis zwischen Auftraggeber und Bietern, aber auch jenes zwischen den Bietern selbst.

In diesem Sinne hat sich der Auftraggeber etwa insbesondere auf sachliche, also durch den Auftragsgegenstand gerechtfertigte Forderungen zu beschränken.

Bieterabsprachen sowie das Ausnützen einer marktbeherrschenden Position oder ungerechtfertigter Beihilfen sind unzulässig und erfordert das Ausscheiden der Anbote der davon betroffenen Bieter.

4,2.3.3 Gleichbehandlung

Der vergaberechtliche Grundsatz der Gleichbehandlung ist die Weiterentwicklung des Diskriminierungsverbotes. Dieser schlägt sich etwa nieder in dem Verbot, Leistungen so zu beschreiben, dass bestimmte Bieter von vorne herein Wettbewerbsvorteile genießen und verbietet etwa auch Leistungen bestimmter Herstellung, Herkunft oder Marken, ohne den Zusatz *„oder gleichwertig“* zu fordern.

Beispiel:
Im Rahmen einer Ausschreibung in Belgien hat ein Bieter in seinem ursprünglichen Anbot den Kraftstoffverbrauch der angebotenen Fahrzeuge mit 54 Litern pro 100 km angegeben. Diesem Anbot war eine Note beigefügt, in der auf eine mögliche Reduzierung des angegebenen Kraftstoffverbrauches hingewiesen wurde, weil die Verbrauchswerte auf Testergebnissen nur mit noch nicht eingefahrenen Fahrzeugen beruhten. Mit eingefahrenen Fahrzeugen sei eine Kraftstoffeinsparung von 5 bis 8% zu erwarten. Nach der Anbotsabgabe reichte der Bieter eine weitere schriftliche Note ein, in der festgehalten wurde, dass nunmehr ein Kraftstoffverbrauch von 45 Litern pro 100 km im Stadtverkehr erzielt werde. Der öffentliche Auftraggeber hat diese nachträglichen Angaben in seiner Zuschlagsentscheidung berücksichtigt. Der EuGH stellte klar, dass es sich bei diesen nachträglichen Angaben um eine Änderung des ursprünglichen Anbotes handelt, weil hinsichtlich des angegebenen Kraftstoffverbrauches eine Abweichung von 17,5% vorliegt, ursprünglich jedoch nur auf eine Abweichung bis höchstens 8% hingewiesen wurde. Der EuGH urteilte, dass der öffentliche Auftraggeber damit den Grundsatz der Gleichbehandlung verletzt hat, weil er eine Änderung der ursprünglichen Anbote eines einzelnen Bieters berücksichtigte und diesen dadurch gegenüber seinen Konkurrenten begünstigte. (EuGH vom 25.04.1996, Rs C-87/94, Kommission/Belgien)

Ein Verstoß gegen das Gleichbehandlungsgebot liegt insbesondere auch immer dann vor, wenn der öffentliche Auftraggeber versucht, Unternehmen bestimmter Regionen zu bevorzugen.

Beispiel:
Im Rahmen eines Vergabeverfahrens in Frankreich wurde bei den Bekanntmachungen in der Rubrik „Gegenstand des Auftrages“ bezüglich der gewünschten technischen Spezifikation auf bestimmte Klassifizierungen der französischen Berufsverbände Bezug genommen. Diese Spezifikationen waren so eigentümlich und abstrakt, dass grundsätzlich nur französische Bewerber ihre Bedeutung ohne weiteres verstehen konnten. Es war somit für französische Bewerber leichter, Anbote einzureichen, die den in der Bekanntmachung des Auftrages angeführten Anforderungen entsprachen. Nach der Auffassung des EuGH stellt dies eine versteckte Diskriminierung, somit eine Beschränkung des freien Dienstleistungsverkehrs und einen Verstoß gegen das Gleichbehandlungsgebot dar. (EuGH vom 26.09.2000, Rs C-225/98, Kommission/Frankreich)

- **Vorarbeiten**

  Der Grundsatz eines fairen und lauteren Vergabeverfahrens wird etwa auch durch das Verbot der Teilnahme von Unternehmen, die an der Erarbeitung der Ausschreibungsunterlagen beteiligt waren, konkretisiert.

  Im Unterschied zu früher stellt nunmehr das BVergG klar, dass nicht jede Beteiligung an Vorarbeiten kategorisch zum Ausschluss eines Unternehmens am Vergabeverfahren führen muss.

  Die an den Vorarbeiten beteiligten Unternehmer sind nur so weit ausgeschlossen, als ein fairer und lauterer Wettbewerb gefährdet ist.

  Nur wenn ein an Vorarbeiten beteiligter Unternehmer einen nicht ausgleichbaren Wettbewerbsvorsprung durch die Vorarbeiten erlangt hat, ist dieser vom Vergabeverfahren ausgeschlossen. Bei Vorarbeiten, die einem Unternehmen bloß einen marginalen Vorteil gewähren (zB längere Kenntnis bestimmter Informationen, nähere Kenntnis der Organisationsstruktur und der Bedürfnisse des Auftraggebers) hat der Auftraggeber die notwendigen Vorkehrungen zu treffen, um diese Wettbewerbsvorteile auszuschließen bzw auszugleichen. Ob der Wettbewerb dennoch gefährdet ist, stellt eine Prognoseentscheidung dar, die vom Auftraggeber zu treffen ist!

Tipp

Wollen Sie als Auftraggeber daher einen Unternehmer, der an den Vorarbeiten beteiligt war, vom darauffolgenden Vergabeverfahren nicht ausschließen müssen, liegt es an Ihnen seinen Wettbewerbsvorteil soweit wie möglich auszugleichen. Sein „Zeitvorsprung" könnte etwa durch Verlängerung der Angebotsfrist über das gesetzliche Mindestmaß hinaus, reduziert werden. Sein „Wissensvorsprung" muss durch umfassende Weitergabe aller Informationen, allenfalls gesonderte Begehungen ausgeglichen werden.

4,2.4 Transparenzgebot

Der Auftraggeber hat zugunsten potentieller Bieter einen angemessenen Grad an Öffentlichkeit sicherzustellen, der den Markt dem Wettbewerb öffnet und die Nachprüfung ermöglicht.

In diesem Sinne bestehen insbesondere eine Vielzahl an Bekanntmachungsvorschriften.

Bei Aufträgen oberhalb der Schwellenwerte sind die Bekanntmachungen unter Verwendung der vom Bundeskanzler vorgegebenen Standardformulare in deutscher Sprache dem Amt für öffentliche Veröffentlichungen der europäischen Gemeinschaften zu übermitteln.

Achtung!

Neu, im Vergleich zur bisherigen Rechtslage, sind die zu verwendenden Standardformulare. Die einzelnen Standardformulare sowie eine Ausfüllhilfe sind unter der Internetadresse: **www.simap.eu.int** zu finden.

Neben der Bekanntmachung im Amtsblatt S der europäischen Gemeinschaften, sind österreichische Auftraggeber verpflichtet, die Bekanntmachung auch noch zumindest in dem per Verordnung festgesetzten Publikationsmedium bekannt zu geben. Dies ist in aller Regel das Amtsblatt der Wiener Zeitung bzw die Amtsblätter der Länder *(siehe ausführlich dazu unter Tz 4,5.1.2).*

Bekanntmachungen unterhalb der EU-Schwellenwerte sind bloß national in den per Verordnung des Bundes bzw der LReg bestimmten Publikationsmedien bekannt zu machen. Eine zusätzliche Bekanntmachung auf der Amtstafel bzw in anderen Medien ist zulässig, ersetzt aber nicht die Publikation in den Amtsblättern!

4,2.5 Ernsthafte Vergabeabsicht

Vergabeverfahren dürfen nur dann durchgeführt werden, wenn die Absicht besteht, die Leistung auch tatsächlich zur Vergabe zu bringen.

Eine Ausschreibung zu Zwecken der Markterhebung oder Interessentensuche ist nicht zulässig.

Ein Vergabeverfahren kann ab Einleitung nur mehr durch Zuschlag oder Widerruf gemäß §§ 104, 105 BVergG beendet werden. Ein ungerechtfertigter Widerruf kann Schadenersatzpflichten nach sich ziehen.

4,2.6 „Vergabefremde“ Aspekte

Einer langen und heftigen Diskussion unterliegt die Frage, ob ein öffentlicher Auftraggeber mit einer Ausschreibung auch andere wirtschaftspolitische Zielsetzungen neben der reinen Bedarfsdeckung verfolgen darf. Mögliche Zielsetzungen sind die Förderung von Klein- und Mittelbetrieben, Lehrlingsförderung, die Förderung umweltgerechter Produktion oder die Gleichbehandlung der Geschlechter.

Aus gemeinschaftsrechtlicher Sicht soll die Koordinierung der Verfahren für die Vergabe öffentlicher Aufträge vor allem gewährleisten, dass öffentliche Mittel durch die Auswahl des günstigsten Angebotes optimal eingesetzt werden. Es soll vor allem ein optimales Preis-Leistungsverhältnis erzielt werden.

Dennoch wurde auch von europäischer Seite betont, dass im Rahmen eines Vergabeverfahrens gewisse Spielräume bestehen, innerhalb derer sog Sekundärzwecke des Vergabeverfahrens Berücksichtigung finden können. Die Europäische Kommission hat zu diesem Zweck zwei interpretierende Mitteilungen veröffentlicht, in denen sie darstellt, in welchem Ausmaß die einzelnen Phasen des Vergabeverfahrens dazu geeignet sind.

Der österreichische Gesetzgeber hat sich – auch auf Grund einer diesbezüglichen Entschließung des Nationalrates aus dem Jahr 2000 – dazu entschlossen, in den allgemeinen Bestimmungen festzulegen, dass auf die Umweltgerechtigkeit der Leistung *Bedacht zu nehmen ist* und *soziale Aspekte berücksichtigt werden können.*

§ 21 Abs 6 BVergG:

„Im Vergabeverfahren ***ist*** *auf die Umweltgerechtheit der Leistung Bedacht zu nehmen. Dies kann insbesondere durch die Berücksichtigung ökologischer Aspekte bei der Beschreibung der Leistung, bei der Festlegung der technischen Spezifikationen oder durch die Festlegung konkreter Zuschlagskriterien mit ökologischem Bezug erfolgen".*

§ 21 Abs 7 BVergG sinngemäß:

Im Vergabeverfahren **können** soziale Aspekte (Beschäftigung von Frauen, Personen im Ausbildungsverhältnis, Langzeitarbeitslose, Behinderte und ältere Arbeitnehmer etc) berücksichtigt werden.

In beiden Fällen werden die Phasen des Vergabeverfahrens angeführt, in denen eine Berücksichtigung möglich ist:

- In erster Linie wird wohl an der korrekten Festlegung des Auftragsgegenstandes anzuknüpfen sein. Eine Bezugnahme auf das Unternehmen oder Handelsbedingungen wird unzulässig sein.

Beispiel:
So kann bei Lieferaufträgen ungebleichtes Recyclingpapier verlangt werden oder bei Dienstleistungsaufträgen eine bestimmte Art und Weise der Auftragsausführung. Es kann vorgeschrieben werden, dass bei der Reinigung nur umweltfreundliche Produkte eingesetzt werden dürfen oder festgelegt werden, nach welchem Verfahren Hausmüll eingesammelt wird.

- **Ausschlussgründe:** Die Vergaberichtlinien treffen abschließende Festlegungen, wann die persönliche Situation eines Bieters zum Ausschluss vom Vergabeverfahren führen kann. Denkbar wäre nur, dass die Nichteinhaltung von Umweltvorlagen als schwere berufliche Verfehlung qualifiziert wird. Dies erfordert aber ein Tätigwerden des nationalen Gesetzgebers.
- **Wirtschaftliche, finanzielle und technische Leistungsfähigkeit:** Die Vergaberichtlinien enthalten auch hier eine abschließende Liste an Kriterien, dh andere Eignungskriterien sind derzeit nicht zulässig!
- **Bewertung der Angebote:** Denkbar wäre es, Umweltschutzkriterien als Zuschlagskriterien vorzusehen. Dies steht in Konflikt mit der Ansicht der Europäischen Kommission, dass die Zuschlagskriterien dem Auftraggeber einen wirtschaftlichen Vorteil verschaffen müssen. Eine Entscheidung des EuGH vom 17.9.2002, Rs- C 513/99, *Finnische Busse*, hat die Prämissen vorgegeben. Demnach sind Umweltschutzkriterien als Zuschlagskriterien dann zulässig, wenn sie
  - unmittelbar mit dem Auftragsgegenstand zusammenhängen
  - dem Auftraggeber keine uneingeschränkte Entscheidungsfreiheit einräumen

- im Leistungsverzeichnis oder in der Ausschreibungsbekanntmachung ausdrücklich genannt sind und
- alle wesentlichen Grundsätze des Gemeinschaftsrechts, vor allem das Diskriminierungsverbot beachtet werden.

Hinsichtlich der Frage, in welchem Umfang Sekundärzwecke, im konkreten Fall Umweltschutzkriterien berücksichtigt werden dürfen, ist vom Bundesvergabeamt ein Vorabentscheidungsersuchen an den EuGH gerichtet worden (EuGH vom 4.12.2003, Rs C-448/01, „Ökostrom“).

Beispiel:

Ein öffentlicher Auftraggeber schrieb einen Auftrag für die Lieferung von Elektrizität im offenen Verfahren aus. Die Bieter hatten anzugeben, sich zu verpflichten, nach Maßgabe der technischen Möglichkeiten elektrische Energie zu liefern, die aus erneuerbaren Energieträgern erzeugt worden ist, bzw zumindest nicht wissentlich durch Kernspaltung erzeugt worden war. Ein Nachweis der Bezugsquellen wurde nicht verlangt. Als Zuschlagskriterien wurden der Nettopreis pro Kilowattstunde mit 55% sowie das Kriterium Energie aus erneuerbaren Energieträgern mit 45% festgelegt.

Der EuGH hielt fest, dass im Sinne der Entscheidung des EuGH *Finnische Busse* Umweltkriterien unter gewissen Umständen zulässig sein können. Was die Höhe der Gewichtung des Zuschlagskriteriums „erneuerbare Energie“ betraf, wies er darauf hin, dass die Wahl des wirtschaftlich günstigsten Angebotes den öffentlichen Auftraggebern die Entscheidung über die Kriterien für die Zuschlagserteilung überlässt, sofern diese Kriterien der Ermittlung des wirtschaftlich günstigsten Angebotes dienen und dem öffentlichen Auftraggeber bei der Vergabe des Auftrags an einen Bieter keine uneingeschränkte Entscheidungsfreiheit einräumen. Weiters müssten alle wesentlichen Grundsätze des Gemeinschaftsrechts beachtet werden.

Die Nutzung erneuerbarer Energiequellen diene, so der EuGH, dem Umweltschutz, da sie zur Verringerung der Emissionen von Treibhausgasen beiträgt, die zu den Hauptursachen der Klimaänderung zählen, zu deren Bekämpfung sich die Europäische Gemeinschaft und ihre Mitgliedstaaten verpflichtet haben.

In Anbetracht der Bedeutung des – mit dem im Ausgangsverfahren in Rede stehenden Kriteriums – verfolgten Zieles, schien dem Gerichtshof dessen Gewichtung mit 45% nicht als mit den für die Vergabe öffentlicher Aufträge geltenden Bestimmungen als unvereinbar. Ob sich das angestrebte Ziel mit der Maßnahme erreichen lässt, ist für die Zulässigkeit als Zuschlagskriterium irrelevant.

Allerdings ist es unzulässig ein Kriterium vorzusehen, das nicht eine effektive Nachprüfung der Richtigkeit der in den Angeboten enthaltenen Angaben erlaubt.

- **Auftragsausführung:** Diese Phase ist derzeit nicht in den Vergaberichtlinien geregelt und es steht daher Auftraggebern grundsätzlich frei, Vertragsklauseln über die Auftragsausführung festzulegen. Klauseln, die die Anpassung der Organisation, der Struktur oder der Politik eines Unternehmens erforderlich machen, könnten sich jedoch als diskriminierend herausstellen und sind daher unzulässig.

Anmerkung *Die Frage der Berücksichtigung von Sekundärzwecken im Vergabeverfahren war eine der großen Hürden im neuen Vergaberichtlinien-Paket. Im Dezember 2003 wurde jedoch im Vermittlungsausschuss nach mehr als zweijährigen Verhandlungen eine Einigung erzielt. Die Richtlinien wurden am 30.4.2004 im Amtsblatt H L 134 kundgemacht. Die Umsetzungsfrist für die neuen Richtlinien beträgt 21 Monate. Es ändert jedoch nichts am geforderten engen Konnex zwischen Auftragsgegenstand und Zuschlagskriterium. Klargestellt wird, dass die Nichteinhaltung der RL über die Gleichbehandlung in Beschäftigung und Beruf als ein Delikt betrachtet werden kann, das die berufliche Zuverlässigkeit des Unternehmers in Frage stellt und zum Ausschluss vom Vergabeverfahren führen kann. Weiters wird ein Vorbehalt bestimmter Aufträge für geschützte Werkstätten vorgesehen.*

4,3 Welche Arten von Vergabeverfahren gibt es und wie wähle ich das Richtige?

4,3.1 Bedeutung der richtigen Verfahrenswahl

Das BVergG sieht vor, dass Aufträge von öffentlichen Auftraggebern im Rahmen eines gewissen Vergabeverfahrens vergeben werden. Wie unter *Tz 4,3.3.1* noch besprochen, sind das offene und nicht offene Verfahren mit Bekanntmachung frei wählbar, dh immer zulässig, alle anderen Vergabeverfahren nur unter bestimmten Voraussetzungen.

Wird ein Vergabeverfahren gewählt, obwohl die Art im konkreten Fall nicht zulässig wäre, zB weil gewisse Auftragswerte überschritten sind, dann belastet die falsche Wahl das Vergabeverfahren mit Rechtswidrigkeit. Sie kann vor den Nachprüfungsinstanzen bekämpft werden.

Eine einmal gewählte Verfahrensart kann aber nicht während des Vergabeverfahrens gewechselt werden. Das Verfahren müsste widerrufen und neu durchgeführt werden.

Anmerkung *Eine unzulässige Verfahrensart wird auch immer wieder von der Europäischen Kommission aufgegriffen. Auf Grund seiner geringen Transparenz wird darauf geachtet, dass das Verhandlungsverfahren ohne Bekanntmachung wirklich nur in den gesetzlich vorgesehen Fällen gewählt wird. Ein Verstoß kann daher zu einem Vertragsverletzungsverfahren und einer Verurteilung durch den EuGH führen.*

4,3.2 Arten der Vergabeverfahren

Das BVergG kennt sechs Vergabearten. Zu den bisher möglichen Vergabeverfahren (offenes, nicht offenes und Verhandlungsverfahren), sind auch neue dazu gekommen.

Eine Vergabe ist daher im Rahmen eines der folgenden Vergabeverfahren möglich:

- Offenes Verfahren
- Nicht offenes Verfahren mit/ohne Bekanntmachung
- Verhandlungsverfahren mit/ohne Bekanntmachung
- Durchführung eines Wettbewerbes
- Rahmenvereinbarung
- Direktvergabe
- Elektronische Auktion

4,3.2.1 Offenes Verfahren

Beim offenen Verfahren wird eine unbestimmte Anzahl von Interessenten durch eine öffentliche Bekanntmachung zur Teilnahme am Vergabeverfahren aufgefordert. Erster Schritt nach außen ist daher immer die Bekanntmachung. Dann können alle interessierten Unternehmer Angebote legen. Jeder Interessent an einer konkreten Ausschreibung hat Anspruch auf Übermittlung der Ausschreibungsunterlagen.

Eine Begrenzung der Teilnehmerzahl ist im offenen Verfahren daher grundsätzlich nicht zulässig.

Die Publikation hat in den in den §§ 37 bis 44 BVergG festgelegten Publikationsorganen zu erfolgen.

Aus den einlangenden Angeboten sind bei einer öffentlichen Angebotsöffnung die zur Vergleichbarkeit der Angebote wichtigsten Inhalte (vgl dazu genauer unter *Tz 4,8.1.4*) zu verlesen. Die Bieter haben einen Anspruch auf Entgegennahme des Angebotes. Die Angebotsöffnung soll unmittelbar nach dem Ende der Angebotsfrist stattfinden; in den Ausschreibungsunterlagen sind Zeit und Ort der Öffnung anzugeben.

Anmerkung *Das Verlesen der Angebote dient nicht der Prüfung der Angebote! Das sind zwei unterschiedliche Schritte im Vergabeverfahren. Unterlassen Sie es daher, bei der Angebotsöffnung „ohnehin nicht zum Zug kommende Anbote“, etwa weil diese offensichtlich unvollständig sind, nicht zu verlesen. Dies kommt leider in der Praxis immer wieder vor! Protokollieren Sie aber offensichtliche Mängel in der Niederschrift zur Angebotsöffnung.*

In der Folge werden die Angebote auf ihre Vollständigkeit und Richtigkeit geprüft, sofern der Bieter die festgelegten Eignungskriterien erfüllt.

Achtung! *Im offenen Verfahren herrscht striktes Verhandlungsverbot! Die Bieter sind nach dem Ablauf der Angebotsfrist grundsätzlich nicht mehr berechtigt ihr Angebot zu verändern, um Wettbewerbsverzerrungen zu vermeiden (Ausnahme: zulässige Behebung von Mängeln bzw zulässige Aufklärungsgespräche, siehe dazu ausführlich unter Tz 4,8.3).*

Nach dem Ausscheiden von Bietern und dem Ausschluss von Angeboten, hat der Auftraggeber die Angebote zu prüfen und zu entscheiden, welches das Bestangebot – in Übereinstimmung mit den in der Ausschreibung festgelegten Zuschlagskriterien – bzw allenfalls das Billigstangebot ist.

Anmerkung *Das Ausscheiden eines Bieters ist keine gesondert anfechtbare Entscheidung. Der Auftraggeber muss es dem Bieter auch nicht mehr – wie nach alter Rechtslage – binnen einer gewissen Frist mitteilen. Das heißt der Bieter erfährt im Regelfall erst bei Bekanntgabe der Zuschlagsentscheidung, dass sein Angebot ausgeschieden wurde. Ob dies gemeinschaftsrechtlich zulässig ist, ist allerdings fraglich.*

4,3.2.2 Nicht offenes Verfahren mit/ohne Bekanntmachung

Das **nicht offene Verfahren mit Bekanntmachung** ist ein zweistufiges Vergabeverfahren.

Auf der ersten Stufe werden durch öffentliche Bekanntmachungen geeignete Bewerber gesucht und zur Abgabe von Teilnahmeanträgen aufgefordert. Die Bewerber legen in ihren Teilnahmeanträgen die in der Bekanntmachung geforderten Eignungsnachweise vor.

Aus den Bewerbern, die rechtzeitig ihre Teilnahmeanträge gestellt haben und als befugt, leistungsfähig und zuverlässig angesehen werden, werden dann – nach vorheriger Festsetzung der Anzahl der einzuladenden Unternehmer, mindestens jedoch fünf – Unternehmer entsprechend ihrer Qualifikation für die zweite Stufe des Vergabeverfahrens ausgewählt und zur Angebotsabgabe eingeladen. Die festgelegte Anzahl muss einen echten Wettbewerb gewährleisten.

Es wird im BVergG keine Höchstzahl an einzuladenden Unternehmen festgelegt; es liegt daher im Ermessen des Auftraggebers ob er eine Höchstzahl festlegt.

Sind mehr Teilnahmeanträge als die vom Auftraggeber festgelegte Zahl von einzulandenden Unternehmen eingelangt, hat er unter den geeigneten (befugten, leistungsfähigen und zuverlässigen) Unternehmern anhand von im vorhinein festgelegten Auswahlkriterien die besten Bewerber auszuwählen. Die Auswahlkriterien dürfen nicht diskriminierend sein und dürfen rein die Qualität des Unternehmens bewerten. Sie müssen in ihrer Bedeutung gereiht, jedoch nicht gewichtet sein.

Nach der Auswahl sind die nicht eingeladenen Bewerber unverzüglich, jedenfalls aber eine Woche nach Abschluss der Auswahl zu verständigen. Die Gründe für die Auswahl sind bekannt zu geben, es sei denn die Bekanntgabe der Informationen widerspricht öffentlichen Interessen oder den berechtigten Geschäftsinteressen der Unternehmen oder würde dem freien und lauteren Wettbewerb schaden.

Langen allerdings weniger Teilnahmeanträge von geeigneten Unternehmen ein als die festgelegte Anzahl, *kann* der Auftraggeber zusätzliche Unternehmer in das Verfahren einbeziehen.

Achtung! *Über die Prüfung der Teilnahmeanträge ist eine Niederschrift zu verfassen, in welcher alle für die Beurteilung der Teilnahmeanträge wesentlichen Umstände festzuhalten sind. Auf Verlangen ist dem Bewerber Einsichtnahme in den seinen Teilnahmeantrag betreffenden Teil der Niederschrift zu gewähren. Nehmen Sie bei der Erstellung der Niederschrift darauf Bedacht!*

Die Eignung der Bieter muss daher spätestens bei Aufforderung zur Angebotsabgabe vorliegen und vom Auftraggeber vor der Einladung geprüft werden.

Im Verfahren gilt striktes Verhandlungsverbot!

Da die Preisgabe der Namen der im Rahmen einer nicht offenen Ausschreibung eingeladenen Firmen an andere Firmen möglicherweise geeignet ist, Bieterabsprachen zu ermöglichen, sieht das BVergG ausdrücklich vor, dass die Anzahl und Namen der eingeladenen Bieter **bis zur Angebotsöffnung** geheim zu halten sind.

Das **nicht offene Verfahren ohne Bekanntmachung** ist nur unter gewissen Umständen zulässig *(siehe dazu unter Tz 4,3.3.2),* da es ein wie jedes Verfahren ohne öffentliche Bekanntmachung intransparentes Verfahren ist. Der öffentliche Auftraggeber lädt ohne vorherige Bekanntmachung Unternehmer ein. Die Anzahl ist entsprechend der Leistung festzulegen; sie darf nicht unter fünf Unternehmer liegen. Voraussetzung ist, dass er über ausreichende Marktübersicht verfügt. Die Auswahl hat in nichtdiskriminierender Weise stattzufinden.

Unternehmer haben im Übrigen keinen Anspruch eingeladen zu werden, der Kreis der Bieter ist jedoch aus Gründen der Gleichbehandlung so oft wie möglich zu wechseln. Sollte daher ein Bieter von Ihnen verlangen eingeladen zu werden, weisen Sie ihn höfflich aber bestimmt darauf hin, bieten Sie aber an, ihn für allfällige kommende Ausschreibungen in Evidenz zu halten.

Anmerkung *Es steht Ihnen daher frei, auch den Bestbieter einer alten Ausschreibung erneut einzuladen. Im Sinne der Grundsätze der Sparsamkeit, Wirtschaftlichkeit und Zweckmäßigkeit kann dies sogar geboten sein, wenn Sie mit seiner Vertragsausführung gute Erfahrungen gemacht haben.*

Das weitere Vergabeverfahren entspricht dem Verfahren mit Bekanntmachung.

Oft wird übersehen, dass die Eignung der Bieter bereits vor Einladung zur Angebotslegung geprüft werden muss. Es dürfen nur solche Unternehmer eingeladen werden, deren Eignung bereits bei der Aufforderung zur Angebotsabgabe vorliegt.

Die Voraussetzungen sind vorab zu prüfen und festzuhalten. Ob dies in Form einer Niederschrift oder eines Aktenvermerkes im Vergabeakt erfolgen muss, lässt das Gesetz offen. Zweckmäßig und ausreichend wird in den meisten Fällen ein Aktenvermerk sein.

Die Einladung zur Angebotsabgabe kann brieflich, elektronisch oder durch Telefax erfolgen.

Im nicht offenen Verfahren ohne Bekanntmachung sind die Anzahl und die Namen der zur Angebotsabgabe eingeladenen Unternehmer **bis zur Bekanntgabe der Zuschlagsentscheidung** geheim zu halten.

4,3.2.3 Verhandlungsverfahren

Auch das Verhandlungsverfahren kann auf zwei Arten durchgeführt werden.

Das **Verhandlungsverfahren mit vorheriger öffentlicher Bekanntmachung** verläuft ähnlich wie das nicht offene Verfahren mit Bekanntmachung. In einer ersten Stufe werden Interessenten öffentlich aufgefordert, Teilnahmeanträge zu stellen. Dies binnen angemessener, in der Bekanntmachung festgelegter Frist. Das Gesetz sieht hiefür sowohl für den Bereich unterhalb – als auch oberhalb der EU-Schwellenwerte Mindestfristen vor *(siehe dazu Tz 7,1)*.

Unternehmen, die auf Grund der Bekanntmachung rechtzeitig Teilnahmeanträge gestellt haben, sind auf ihre Eignung (Befugnis, Leistungsfähigkeit und Zuverlässigkeit) zu prüfen. Dh es ist zunächst zu prüfen, ob der Bewerber die projektrelevanten Eignungsanforderungen erfüllt.

Über die Prüfung der Teilnahmeanträge ist eine Niederschrift zu verfassen, in welcher alle für die Beurteilung der Teilnahmeanträge maßgeblichen Umstände festzuhalten sind. Auf Verlangen ist dem Bewerber Einsichtnahme in den seinen Teilnahmenantrag betreffenden Teil der Niederschrift zu gewähren.

Sind mehr Teilnahmenanträge eingelangt, als die festgelegte Anzahl, hat die Auswahl unter den rechtzeitig eingelangten Teilnahmeanträgen auf Grund von Auswahlkriterien, die vom Auftraggeber in der Reihenfolge ihrer Bedeutung festgelegt wurden, zu erfolgen. Sie dürfen nicht diskriminierend sein und müssen rein unternehmerbezogen angewandt werden. Es geht in diesem Stadium rein um die Qualität der Bewerber, sprich des Unternehmens.

Weder das BVergG noch die Vergaberichtlinien geben ein System vor, wie unter den geeigneten Bewerbern jene auszuwählen sind, die der Auftraggeber zur Angebotslegung auffordern möchte. Nach Ansicht des BVA hat der Auftraggeber daher bei der Auswahl der geeigneten Bewerber grundsätzlich einen Ermessensspielraum und diese Entscheidung ist daher rechtlich nur eingeschränkt überprüfbar. Die Überprüfung wird sich darauf beschränken, ob der Auftraggeber seinen Ermessensspielraum nicht überschritten hat und ob das Ermessen sachlich gehandhabt wurde. Allerdings darf die Auswahlentscheidung nur auf jene Aspekte gestützt werden, die in den in der Bekanntmachung der beabsichtigten Vergabe des Auftrags geforderten Eignungskriterien ihre Deckung finden.

Anmerkung *Ein häufiger Fehler in Vergabeverfahren ist die Vermischung von Auswahl-, Eignungs- und Zuschlagskriterien. Auswahl- und Eignungskriterien sind rein unternehmensbezogen, während Zuschlagskriterien sich nur auf die Qualität des Angebotes beziehen. Eine Vermischung führt zur Rechtswidrigkeit des Vergabeverfahrens! Eine Definition der drei Kriterien findet sich in § 20 Z 19 BVergG. Siehe genauer dazu unter Tz 4,4.4.1.*

Die Anzahl der einzuladenden Unternehmer im Verhandlungsverfahren mit vorheriger Bekanntmachung ist entsprechend der Leistung festzulegen. Bei Existenz einer hinreichenden Anzahl von befugten, leistungsfähigen und zuverlässigen Unternehmen, darf sie nicht unter drei Unternehmern liegen. Die festgelegte Anzahl muss einen echten Wettbewerb gewährleisten und ist im Vorhinein in der Bekanntmachung anzugeben. Auch die Auswahlkriterien sind im Vorhinein bekannt zu machen.

Achtung! *Anzahl und Namen der zur Angebotsabgabe eingeladenen Unternehmer sind bis zur Bekanntgabe der Zuschlagsentscheidung geheim zu halten!*

Was die Teilnehmer im **Verhandlungsverfahren ohne vorherige Bekanntmachung** betrifft, so gelten im Wesentlichen die Ausführungen zum nicht offenen Verfahren ohne Bekanntmachung. Die Einladung zur Angebotsabgabe erfolgt ohne vorherige Bekanntmachung an befugte, leistungsfähige und zuverlässige Unternehmer. Die Voraussetzungen sind vorab zu prüfen und festzuhalten.

Die Anzahl der einzuladenden Unternehmer ist entsprechend der Leistung festzulegen. Ausgenommen jene Fälle, in denen die Leistung nur von einem bestimmten Unternehmer erbracht werden kann oder besondere Dringlichkeit vorliegt, darf sie – bei Existenz einer hinreichenden Anzahl von geeigneten Unternehmern nicht unter drei liegen.

Die Aufforderung zur Angebotsabgabe kann brieflich, elektronisch oder per Telefax erfolgen.

Achtung! *Anzahl und Namen der zur Angebotsabgabe eingeladenen Unternehmer sind bis zur Bekanntgabe der Zuschlagsentscheidung geheim zu halten!*

Was die Durchführung des Verhandlungsverfahrens sowohl mit als auch ohne vorheriger Bekanntmachung betrifft, so trifft das Gesetz kaum genaue Regelungen. Einiges lässt sich aber aus der Judikatur ableiten.

- Informationen, die Auftraggeber oder Bieter in einem Verhandlungsgespräch erlangen, dürfen keinesfalls weitergegeben werden. Dies wäre ein schwerer Verstoß gegen den Wettbewerbsgrundsatz.
- Das Leistungsverzeichnis muss nach hA im Verhandlungsverfahren nicht die Tiefe und Genauigkeit eines Leistungsverzeichnisses im offenen oder nicht offenen Verfahren aufweisen. Es muss allerdings dem Unternehmer die Möglichkeit zu einer vernünftigen Kalkulation gegeben werden.

  Das Verhandlungsverfahren darf aber nicht dazu benützt werden, bewusst Punkte offen zu lassen, die man ohne weiteres hätte beschreiben können. In jenen Fällen, in denen vertragliche Spezifikationen aber vorab nicht exakt festgelegt werden können, weil es sich etwa um geistig-schöpferische Leistungen oder Finanzdienstleistungen handelt, kann bzw muss vom Grundsatz der eindeutigen und vollständigen Leistungsbeschreibung abgegangen werden.
- Aus § 81 BVergG ergibt sich, dass es im Verhandlungsverfahren zulässig ist, dass der Bieter sein erstes Angebot unter gewissen Bedingungen oder Einschränkungen setzt, ohne dass ihm – wie im offenen oder nicht offenen Verfahren – sofort das Ausscheiden droht.
- Im Verhandlungsverfahren ist keine formalisierte Öffnung der Angebote erforderlich. Da beim Verhandlungsverfahren der Wettbewerb zwischen den Bietern während den Verhandlungen andauert, würde eine formalisierte Öffnung der Angebote diesem Wettbewerbsgedanken gänzlich widersprechen.
- Im Zuge der Verhandlungen können vom Auftraggeber mit dem Bieter Angebotsänderungen paktiert werden. In bestimmtem Umfang und sofern es aus sachlichen Gründen notwendig ist, kann der Auftraggeber auch Leistungsbestimmungen der Ausschreibung ändern. Es darf allerdings nicht dazu führen, dass es sich um einen neuen Verhandlungsgegenstand handelt, wo uU andere Bieter Interesse an der Teilnahme gehabt hätten. Grenze des Verhandelbaren wird also dort sein, wo sich der Hauptgegenstand des Angebotes derart verändert, dass – wenn dies vorher bekannt gewesen wäre – wesentlich andere Angebote oder ein stark veränderter Bewerber- oder Bieterkreis zu erwarten wäre. Eine Grenze wird jedenfalls in den festgelegten Eignungs- und Auswahlkriterien liegen. Entsprechen die Kriterien nach der Abänderung nicht mehr dem Auftragsgegenstand, wäre die Auswahl als fehlerhaft zu erachten.
- Im Rahmen der Verhandlungen kann sowohl über Preis und Leistung, sprich über den gesamten Auftragsinhalt verhandelt werden. Das Gemeinschaftsrecht scheint einen relativ weiten Spielraum zu geben („*Beim Verhandlungsverfahren wenden sich die Auftraggeber an die Unternehmer und handeln mit ihnen die Auftragsbedingungen – zB technische, verwaltungstechnische oder finanzielle Konditionen – aus*“), worüber verhandelt werden kann.

Achtung! *Reine Preisverhandlungen sind unzulässig! Preisverhandlungen dürfen nur im Zusammenhang mit anderen nichtpreislichen Veränderungen des Angebotes geführt werden. Verhandlungen über Kostenfaktoren oder Preise dürfen im übrigen nicht dem Grundprinzip des freien und lauteren Wettbewerbs widersprechen. Insbesondere dürfen die Bieter nicht mit dem Ziel des „Preisdrückens" gegeneinander ausgespielt werden. Unzulässig ist es wohl auch, wenn Bieter zur kostenlosen Erbringung von Neben- oder Zusatzleistungen aufgefordert werden. Eine Ausnahme wird bei unangemessen hohen Preisen bestehen, da auf solche Preise gemäß § 21 Abs 1 BVergG der Zuschlag nicht erteilt werden darf.*

- Im Verhandlungsverfahren kann auch über einen Wechsel von Subunternehmern oder andere Ausführungsmodalitäten verhandelt werden. Insbesondere kann im Zuge von Verhandlungen auf Varianten verzichtet werden, die in der Ausschreibung vorgesehen waren.
- Die Verhandlungen müssen nicht kommissionell geführt werden, insbesondere können sie sowohl schriftlich als auch mündlich geführt werden. Bei mündlichen Verhandlungen empfiehlt es sich aber in den meisten Fällen.
- Im Rahmen der Verhandlungen ist streng auf die Einhaltung des Gleichbehandlungsgrundsatzes zu achten. Es dürfen daher Verhandlungen nicht einseitig geführt werden, bzw einem Bieter mehr Informationen verschafft werden.
- Im Rahmen der Verhandlungen besteht ein umfangreiches Schriftlichkeitsgebot, auch wenn es nicht direkt dem BVergG zu entnehmen ist. So müssen Angebotsänderungen, die paktiert werden, klar und unmissverständlich als solche gekennzeichnet werden und sie sind schriftlich festzuhalten. Sie müssen nachweislich von den Bietern zur Kenntnis genommen werden. Es ist empfehlenswert, über die Verhandlungsergebnisse eine Niederschrift anzulegen, die – wenn möglich – nach der Verhandlung von allen Beteiligten zu unterzeichnen ist. Dies kann im Rahmen eines Nachprüfungsverfahrens oder vertraglicher Streitigkeiten sehr bedeutend werden. Aus Beweissicherungsgründen sollten Sie also nicht darauf verzichten oder vergessen!
- Was die Frage betrifft, ob überhaupt verhandelt werden muss, ist ein schlichtes „ja" oder „nein" nicht möglich. Grundsätzlich ist davon auszugehen, dass im Rahmen eines Verhandlungsverfahrens verhandelt werden muss, weil die Bieter in der Regel wohl davon ausgehen, dass Leistungsinhalt und -umfang und damit letztlich auch der Preis noch näher spezifiziert bzw geändert werden. Auch die B-VKK hat eine grundsätzliche Verhandlungspflicht zum alten BVergG judiziert. Das BVA hat allerdings in einer neueren Entscheidung festgehalten, dass dies im BVergG 2002 aufgeweicht wäre, weil in § 96 Abs 2 *„während eines Verhandlungsverfahrens mit einem oder mehreren Bietern über den gesamten Auftragsinhalt verhandelt werden darf"*. Ob die anderen Nachprüfungsbehör-

den dem folgen, ist bislang noch nicht klar. Unzulässig dürfte es aber jedenfalls sein, bei geistig-schöpferischen Leistungen und solchen, die nicht hinreichend genau beschrieben werden können, ohne Durchführung von Bietergesprächen die Angebote der Bieter zu werten. Ohne persönliches Gespräch bzw Verhandlungen kann die Qualität eines solchen Angebotes wohl nicht bewertet werden.

- Eine weitere häufig gestellte Frage ist, ob mit allen oder nur mit einem oder ausgewählten Bietern verhandelt werden muss bzw darf. Wird das Verhandlungsverfahren ab einem bestimmten Zeitpunkt nur mehr mit einer verringerten Anzahl von Bietern weitergeführt, so wird das „short-listing" genannt. Ein derartiges Verfahren könnte mit dem Grundsatz auf Gleichbehandlung kollidieren. Eine Empfehlung der B-VKK (31.1.2002, S-5/02-10) hat „short-listing" unter gewissen Umständen für zulässig erklärt. Insbesonders muss in den Ausschreibungsunterlagen das Short-Listingverfahren transparent dargestellt werden. Eine sachliche gerechtfertigte, nicht diskriminierende „Erst-Auswahl" setzt voraus, dass eine Auswahl durch das festgelegte Bestbieterbewertungsschema erfolgt. Voraussetzung für die Zulässigkeit wird daher sein, dass das Verfahren für die Bieter trotzdem transparent und nachvollziehbar abläuft.

  So wurde auch vom VK Hessen *(22.2.2001, 65d VK 01/2001)* festgehalten, dass *„eine sukzessive Beschränkung auf immer weniger Verhandlungspartner mit dem Ergebnis, dass am Ende nur noch ein Bieter verbleibt, dem Wesen und üblichen Ablauf eines Verhandlungsverfahrens entspricht. Der Verhandlungsprozess muss als solcher freilich diskriminierungsfrei und transparent verlaufen. Die Vergabestelle ist deshalb verpflichtet, den Bietern den vorgesehenen Verfahrensablauf – so weit bekannt – mitzuteilen, davon nicht überraschend oder willkürlich abzuweichen und die Entscheidung über die Auslese der Bieter nach den bekannt gemachten Kriterien zu treffen."*

4,3.2.4 Direktvergabe

Neu geregelt im BVergG, ist die Möglichkeit der Vergabe von Aufträgen im Wege der Direktvergabe. Dabei kann der Auftraggeber formfrei an einen ausgewählten Unternehmer herantreten. § 27 BVergG ist jedoch nur als Ermächtigung zu verstehen, bis zu den angegebenen Werten die Direktvergabe zu wählen. Selbstverständlich kann aber immer ein anderes, zulässiges Verfahren gewählt werden.

Ausdrücklich zulässig ist es, im Rahmen der Direktvergabe auch Vergleichsangebote einzuholen. Manche Auftraggeber sehen das in ihren internen Richtlinien zwingend ab einem bestimmten Auftragswert vor. Über die eingeholten Vergleichsangebote ist eine Dokumentation anzulegen.

Als weitere formale Anforderungen sind bei der Direktvergabe die Gründe für die Wahl der Direktvergabe schriftlich festzuhalten. Es dürfte hier aber reichen, wenn darauf verwiesen wird, dass der geschätzte Auftragswert die betreffenden Betragsgrenzen (€ 20.000,— bzw € 30.000,—) unterschreitet.

Achtung! *Derartige Formvorschriften erscheinen den Auftraggebern oft überflüssig. Im Fall eines Nachprüfungsverfahrens oder auch einer Rechnungshofkontrolle können sie aber eine große Rolle spielen und dokumentieren insbesondere die Sorgfalt der vergebenden Stelle.*

Gemäß § 106 BVergG hat der Auftraggeber einen Vergabevermerk über einen vergebenen Auftrag anzufertigen, sofern der Dokumentationswert wirtschaftlich vertretbar ist. Dabei ist der Gegenstand des Auftrages, der Wert des Auftrages sowie der Name des Auftragnehmers festzuhalten.

Beispiel:
Eine Gemeinde beschafft für den 80. Geburtstag eines Gemeindebürgers einen Geschenkkorb im Wert von € 100,—.
Lösung:
In diesem Fall ist es zulässig den Geschenkkorb direkt und formfrei im Wege der Direktvergabe bei einem ausgewählten Geschäft zu besorgen. Vergleichsangebote können, müssen aber nicht eingeholt werden. Auch ein Vergabevermerk dürfte hier nicht verlangt sein.

Beispiel:
Ein öffentlicher Auftraggeber vergibt einen Auftrag zum Entwurf eines Logos. Geschätzter Auftragswert ist € 22.000,— exkl USt.
Lösung:
Der Auftraggeber könnte die Direktvergabe wählen, da dies bei geistig-schöpferischen Leistungen bis € 30.000,— zulässig ist. Sehr oft bietet sich aber auch in diesen Fällen ein Verhandlungsverfahren ohne Bekanntmachung oder ein geladener Wettbewerb an, da es auf eine Kreativ- und Gestaltungsleistung ankommt. Wählt er dennoch die Direktvergabe, dann hat er die Gründe für die Wahl des Verfahrens schriftlich festzuhalten. In diesem Fall würde ein Hinweis auf den geschätzten Auftragswert ausreichen. Die Entscheidung wem er den Auftrag gibt, braucht er nicht zu begründen. Bei einem derartigen Auftragswert ist aber ein Vergabevermerk gemäß § 106 BVergG anzulegen.

4,3.2.5 Rahmenvereinbarung

Neu eingeführt im Rahmen des BVergG wurde die Möglichkeit Rahmenvereinbarungen zu schließen. Der Auftraggeber soll dadurch in der Lage sein, auf sich schnell entwickelnden bzw verändernden Märkten immer zu den besten und aktuellsten Bedingungen, Leistungen zu beschaffen. Diese Möglichkeit stammt aus dem Sektorenbereich und ist nunmehr auch im klassischen Bereich im Unterschwellenbereich zulässig. Der geschätzte Auftragswert ergibt sich gem § 15 Abs 1 BVergG aus dem geschätzten Gesamtwert aller auf der Basis der Rahmenvereinbarung voraussichtlich zu vergebenden Aufträge.

Nach der Definition des Gesetzes ist eine Rahmenvereinbarung **eine Vereinbarung ohne Abnahmeverpflichtung** zwischen einem oder mehreren Auftraggebern und einem oder mehreren Unternehmen, die zum Ziel hat, die Bedingungen für die Aufträge, die während eines bestimmten Zeitraumes vergeben werden sollen, festzulegen, insbesondere in Bezug auf den in Aussicht genommenen Preis und die gegebenenfalls in Aussicht genommene Menge.

Aus der Definition ergibt sich daher, dass von Seiten der Auftraggeber keine Abnahmeverpflichtung besteht. Es soll keine Bindung für den Auftraggeber bestehen, falls die an der Rahmenvereinbarung beteiligten Unternehmer ein (nicht nachweisbares, aber vermutetes) Kartell schließen oder etwa Preisabsprachen treffen.

Die Vorteile für den Auftraggeber liegen auf der Hand: er hat Zeitgewinn und während der Laufzeit geringe Verfahrenskosten. Er wird daher nicht ohne weiteres eine bestehende Rahmenvereinbarung aufkündigen.

Voraussetzung und erster Schritt zum Abschluss einer Rahmenvereinbarung ist die Durchführung eines regulären, allerdings „fiktiven" Vergabeverfahrens mit vorheriger Bekanntmachung. Verfahren ohne Bekanntmachung (Verhandlungsverfahren, nicht offenes Verfahren, Direktvergabe) stehen daher für den Abschluss einer Rahmenvereinbarung nicht zur Verfügung. Es besteht eine zwingende Publikationsverpflichtung.

In der Bekanntmachung ist anzugeben, ob die Vereinbarung mit einem oder mehreren Unternehmern abgeschlossen wird und ob in der Folge unmittelbar auf Grund der Rahmenvereinbarung oder auf Grund eines weiteren Wettbewerbs bezogen wird. Soll die Rahmenvereinbarung mit mehreren Unternehmen geschlossen werden, dann hat der Auftraggeber die Anzahl der Unternehmer in der Bekanntmachung bekannt zu geben. Sie darf nicht unter drei liegen!

Die Laufzeit einer Rahmenvereinbarung darf grundsätzlich drei Jahre nicht überschreiten. Ausnahmsweise, wenn es sachlich gerechtfertigt ist, insbesondere auf Grund des Gegenstandes der Rahmenvereinbarung, darf eine maximale Laufzeit von fünf Jahren vorgesehen werden.

Nach Durchführung des „fiktiven" Verfahrens werden die Parteien bzw die Parteien der Rahmenvereinbarung aufgrund der festgelegten Bestbieterkriterien ermittelt. Eine Rahmenvereinbarung mit einem Unternehmer ist daher mit jenem Bieter abzuschließen, der das am besten bewertete Angebot gelegt hat. Eine Rahmenvereinbarung mit mehreren Unternehmern ist mit jenen Bietern abzuschließen, die die am besten bewerteten Angebote gelegt haben.

Seine Entscheidung hat der Auftraggeber den nicht berücksichtigten Unternehmern unverzüglich, jedenfalls aber zehn Tage nach Abschluss der Bewertung der Angebote unter Bekanntgabe der Gründe der Nichtberücksichtigung, bekannt zu geben.

Anmerkung *Die Auswahl der Unternehmer ist eine gesondert anfechtbare Entscheidung!*

In der Folge kann der Auftraggeber entweder unmittelbar auf Grund der Ausschreibung eine Leistung vom Partner der Rahmenvereinbarung oder von einem der Partner beziehen.

Wenn dies im Vorhinein in der Bekanntmachung festgelegt wurde, kann der Auftraggeber die Partei bzw die Parteien auch neuerlich zu einem Wettbewerb aufrufen und um Aktualisierung der Angebote ersuchen. Das wird sich insbesonders anbieten, wenn es sich um Produkte handelt, die einer raschen Innovation unterliegen (zB Computer). Es soll aber keinen Zwang des Auftraggebers zur Durchführung eines neuerlichen Wettbewerbs geben, wie das Wort „gegebenenfalls“ in § 119 Abs 2 BVergG verdeutlicht.

Der Wettbewerb soll bewusst formfrei gehalten sein; das BVergG sieht hierfür keine strikte Reglementierung vor, sondern lediglich einige Rahmenbedingungen:

- Vor der Vergabe jedes Einzelauftrages hat der Auftraggeber schriftlich jedes Unternehmen der Rahmenvereinbarung zu konsultieren, das die konkret nachgefragte Leistung erbringen kann.
- Er hat eine angemessene Frist für die Abgabe der neuen Angebote fest zu setzen. Achten Sie hier besonders auf die Komplexität des Auftragsgegenstandes und die notwendige Zeit für die Übermittlung der Angebote und Unterlagen!
- Die Angebote sind schriftlich einzureichen, der Inhalt ist bis zum Ablauf der Angebotsfrist geheim zu halten. Die Abgabe der Angebote kann daher auch unter Übermittlung elektronischer Kataloge oder per Fax erfolgen.
- Der Zuschlag ist gemäß den Angaben in der Ausschreibungsunterlage dem besten oder billigsten Angebot zu erteilen. Die Gründe für die Zuschlagsentscheidung sind schriftlich festzuhalten.
- Die Zuschlagsentscheidung ist den nicht zum Zug kommenden Bietern mitzuteilen.
- Substanzielle Änderungen der Bedingungen der Rahmenvereinbarung dürfen auf Grund des zweiten Wettbewerbs jedoch nicht vorgenommen werden!

Anmerkung *Nicht verwechselt werden darf die Rahmenvereinbarung mit dem Rahmenvertrag. Bei Rahmenverträgen vereinbaren Parteien, „die miteinander eine* *größere Anzahl gleichartiger oder ähnlicher Rechtsgeschäfte abschließen wollen" bestimmte Bedingungen, die „für alle künftigen Einzelverträge gelten sollen" (Koziol/Welser, Bürgerliches Recht, 12. Auflage, Bd 1, 128).*

Der wesentliche Unterschied liegt darin, dass beim Rahmenvertrag ein zweiseitig bindendes Rechtsgeschäft geschlossen wird. Rahmenverträge sind daher nach den „allgemeinen" Bestimmungen zu vergeben.

Beispiel:
Ein öffentlicher Auftraggeber hat jährlich einen etwa gleichbleibenden Bedarf an EDV-Ausstattung. Um sich eine jährliche Ausschreibung zu ersparen, aber trotzdem flexibel zu bleiben, möchte er eine Rahmenvereinbarung schließen.
Lösung:
Er wählt ein offenes Verfahren und schließt auf Grund der Bewertung nach den festgelegten Zuschlagskriterien mit den besten drei Bietern eine Rahmenvereinbarung auf drei Jahre ab. Den nicht als Partner für die Rahmenvereinbarung ausgewählten Unternehmern teilt er seine Entscheidung binnen zehn Tagen mit. In der Ausschreibung legt er fest, dass er Vergaben nach Durchführung eines neuerlichen Wettbewerbs durchführen wird. Hat er schließlich konkret Bedarf nach EDV-Ausstattung, fordert er die Parteien der Rahmenvereinbarung unter Fristsetzung schriftlich auf, aktuelle Angebote zu legen. Die einlangenden Angebote bewertet er nach den festgelegten Zuschlagskriterien und trifft danach seine Zuschlagsentscheidung. Den nicht zum Zug kommenden Bietern teilt er diese Entscheidung per Telefax oder E-Mail mit. Nach Abwarten der Stillhaltefrist kann er den Zuschlag erteilen.

4,3.2.6 Elektronische Auktion

Für den Unterschwellenbereich gibt es eine weitere neue Verfahrensart – die elektronische Auktion. Auf Grund eines Kompromisses zwischen Auftraggebern und Wirtschaft ist sie vorläufig nur bis zu einem geschätzten Auftragswert von € 40.000,— vorgesehen, sowie ausschließlich im Liefer- und Dienstleistungsbereich. Sie ist derzeit nur bei standardisierten Leistungen zulässig, dh bei Leistungen, wo der Auftragsgegenstand so exakt festgelegt werden kann, dass die angebotenen Leistungen im Wesentlichen ident sind.

Diese Einschränkungen, insbesondere die Beschränkung auf Vergaben unter € 40.000,—, nehmen der elektronischen Auktion derzeit aber die praktische Anwendbarkeit, da die dafür notwendigen technischen Vorkehrungen den Betrag um einiges übersteigen.

Anmerkung *Die neuen Vergaberichtlinien sehen eine Ausweitung der Zulässigkeit der elektronischen Auktion vor.*

Eine elektronische Auktion ist ein rasches und effizientes Vergabeverfahren. Die beabsichtigte Durchführung ist im Internet bekannt zu machen. Die Auktion darf dann nicht vor Ablauf von zwei Arbeitstagen ab der Bekanntmachung im Internet beginnen.

Für die Durchführung einer Auktion ist eine Auktionsordnung zu erstellen. Sie hat zumindest folgende Inhalte zu enthalten:

- Registrierungs- und Identifizierungserfordernisse
- Vorgangsweise bei der Auktion
- Zeitpunkt des Beginns und Modalität der Beendigung der Auktion
- Verwendungs- und Verwertungsrechte
- Ausschlussgründe
- Termine
- Internetadresse auf der das aktuell niedrigste Angebot bzw bei der Vergabe an das technisch und wirtschaftlich günstigste Angebot, die aktuelle Reihung der Teilnehmer während der Auktion veröffentlicht wird.
- Informationen, die den Bietern während der Auktion übermittelt werden, sowie der Zeitpunkt/die Phase der Auktion, zu der dies geschieht; elektronische Adresse unter der diese Information bekannt gegeben wird.
- gegebenenfalls Vadium

Der Auftraggeber kann aber darüber hinaus auch weitere Festlegungen in der Auktionsordnung treffen.

Zu unterscheiden ist die sog **„einfache elektronische Auktion"**, bei der nur Angebote betreffend den Preis zulässig sind, und die sog **„sonstige elektronische Auktion"**. Bei der sonstigen elektronischen Auktion hat der Auftraggeber in den Ausschreibungsunterlagen die Zuschlagskriterien, deren Verwendung er vorsieht, im Wege einer mathematischen Formel im Verhältnis der ihnen zuerkannten Bedeutung anzugeben. In beiden Fällen ist vom Auftraggeber während der Auktion jeweils der aktuell niedrigste Preis oder die aktuelle Positionierung des Angebotes im Verhältnis zu den anderen eingelangten Angeboten bekannt zu geben.

Der Auftraggeber kann frei wählen zwischen einer Auktion ohne beschränkte Teilnehmerzahl oder einer Auktion mit beschränkter Teilnehmerzahl.

Bei einer Auktion mit beschränkter Teilnehmerzahl haben die Interessenten rechtzeitig Teilnahmenanträge zu stellen. Der Auftraggeber hat die Anträge auf Grund von objektiven und nicht diskriminierenden Auswahlkriterien zu prüfen, die den besonderen Erfordernissen der zur Ausführung gelangenden Leistung Rechnung tragen. Sie müssen im Vorhinein in der Bekanntmachung angegeben werden. Der Auftraggeber muss die Zahl der einzuladenden Unternehmer entsprechend der Leistung im Vorhinein festlegen; sie darf aber jedenfalls nicht unter zehn liegen.

Sind mehr Teilnahmenanträge eingelangt als die vom Auftraggeber zugelassene Anzahl, dann hat er aus diesen die besten Bewerber auszuwählen. Die nicht zur Teilnahme zugelassenen Bewerber sind unter Bekanntgabe der Gründe unverzüglich elektronisch zu verständigen.

Achtung! *Die Namen der an der Auktion teilnehmenden Unternehmer sind bis zum Abschluss der Auktion geheim zu halten. Die Bewertung von Angeboten oder Teilen darf nur in anonymisierter Weise bekannt gegeben werden!*

Unter gewissen Umständen kann der Auftraggeber eine elektronische Auktion beenden, so zB wenn schwerwiegende Gründe den Abbruch der Auktion sachlich rechtfertigen. Weiters zu einem in der Auktionsordnung fixierten Zeitpunkt oder nach Abschluss der letzten in der Auktionsordnung festgelegten Runde zur Abgabe von Angeboten.

Unmittelbar nach Beendigung oder Abbruch einer Auktion hat der Auftraggeber den Namen des erfolgreichen Bieters bzw die für den Abbruch ausschlaggebenden Gründe den zuletzt an der Auktion beteiligten Teilnehmern bekannt zu geben. Dies hat unter der in der Auktionsordnung festgelegten Internetadresse zu erfolgen.

Gemäß § 100 Abs 2 BVergG beträgt die Stillhaltefrist bei einer elektronischen Auktion nur drei Arbeitstage!

4,3.2.7 Wettbewerb

Unter Wettbewerben sind nach der Definition im Gesetz Auslobungsverfahren zu verstehen, die dazu dienen, dem Auftraggeber, insbesondere auf den Gebieten der Raumplanung, Stadtplanung, der Architektur, des Bauwesens (Planungswettbewerbe) oder der Datenverarbeitung einen Plan oder eine Planung zu verschaffen. Die Auswahl erfolgt durch ein Preisgericht auf Grund vergleichender Beurteilung mit oder ohne Verteilung von Preisen.

Wettbewerbe enden daher nicht mit einem Vertragsabschluss und unterscheiden sich insofern von den anderen Vergabeverfahren.

Auch für Wettbewerbe sieht das BVergG jedoch Verpflichtungen des Auftraggebers vor. Die Entscheidung, ob ein Wettbewerb (allenfalls vor einem Verhandlungsverfahren) durchgeführt wird, liegt aber im Ermessen des Auftraggebers.

Zu unterscheiden sind drei Arten von Wettbewerben:

- **Der offene Wettbewerb**: Er steht allen Teilnahmeberechtigten offen; es wird vom Auslober eine unbestimmte Anzahl von Wettbewerbsteilnehmern öffentlich zur Vorlage von Wettbewerbsarbeiten aufgefordert.
- **Der nicht offene Wettbewerb**: Es wird zunächst eine unbestimmte Anzahl von Wettbewerbsteilnehmern öffentlich zur Abgabe von Teilnahmeanträgen aufgefordert; aus diesen werden dann ausgewählte Wettbewerbsteilnehmer zur Abgabe von Wettbewerbsarbeiten aufgefordert. Die

Anzahl darf bei Existenz einer ausreichenden Anzahl von befugten, leistungsfähigen und zuverlässigen Unternehmern jedenfalls nicht unter drei liegen. Es muss ein echter Wettbewerb gewährleistet sein und die Anzahl ist in der Bekanntmachung anzugeben!

- **Der geladene Wettbewerb**: Hier wird vom Auslober eine beschränkte Anzahl von geeigneten Wettbewerbsteilnehmern unmittelbar zur Vorlage von Wettbewerbsarbeiten aufgefordert. Es sind mindestens drei Unternehmen einzuladen.

Der Durchführung von Wettbewerben ist eine Wettbewerbsordnung zugrunde zu legen. Sie muss folgenden Mindestinhalt aufweisen:

- Vorgangsweise des Preisgerichts
- Preisgelder und Vergütungen
- Verwendungs- und Verwertungsrechte
- Rückstellungen von Unterlagen
- Beurteilungskriterien
- Ausschlussgründe
- Termine

Wichtig, und immer wieder übersehen wird, dass das Preisgericht von den Teilnehmern des Wettbewerbs unabhängig sein muss. Beachten Sie in diesem Zusammenhang auch Unternehmensverflechtungen in Form von Beteiligungen, Agenturnetzwerken und permanente Kooperationen.

Mindestens ein Drittel der Mitglieder der Jury muss über dieselbe oder eine gleichwertige berufliche Qualifikation wie die Wettbewerbsteilnehmer verfügen.

Tipp

Es empfiehlt sich, dass Sie die Fachjuroren bereits vor der Bekanntmachung des Wettbewerbs auswählen und sicherstellen, dass sie nicht selbst am Wettbewerb teilnehmen wollen. Bei der Suche nach sachverständigen Juroren sind Ihnen im Übrigen die Fachgruppen der Landes-Wirtschaftskammern gern behilflich.

Ob die Juryentscheidung verpflichtenden oder empfehlenden Charakter hat, liegt in der Entscheidung des Auftraggebers. In der Regel wird der empfehlende Charakter zu bevorzugen sein. Es kann sich an den Wettbewerb ein Verhandlungsverfahren ohne vorherige Bekanntmachung mit dem oder den Gewinnern des Wettbewerbs schließen, indem dann über die konkrete Ausführung unter Einbeziehung budgetärer Aspekte verhandelt werden kann.

Achtung!

Ob der Juryentscheid empfehlenden Charakter hat oder nicht, ist im Falle einer EU-weiten Bekanntmachung bereits in der Bekanntmachung anzugeben.

Folgt nach dem Wettbewerb ein Verhandlungsverfahren, dann muss von der vergebenden Stelle binnen acht Tagen nach der Präsentation allen Teilnehmern das Ergebnis, die Zusammensetzung des Preisgerichtes sowie die Namen der (des) zum Verhandlungsverfahren aufgeforderten Teilnehmer(s) bekannt gegeben werden. Dies hat auf elektronischem Weg oder mittels Telefax zu erfolgen. Die Teilnehmer haben allerdings keinen Rechtsanspruch auf die Bekanntgabe des detaillierten Ergebnisses der Jurybewertung.

Tipp *Der Fachverband Werbung & Marktkommunikation hat unter Mitarbeit mehrerer öffentlicher Auftraggeber Richtlinien für die Ausschreibung und Vergabe von Kommunikations-Dienstleistungen in Marketing, Werbung und Öffentlichkeitsarbeit herausgegeben (sog Kodex K). Darin werden ausführlich die Anforderungen an einen Wettbewerb dargestellt. Das Handbuch ist kostenlos bei der Wirtschaftskammer Österreich erhältlich.*

4,3.3 Wann ist welches Vergabeverfahren zulässig?

4,3.3.1 Offenes und nicht offenes Verfahren mit vorheriger Bekanntmachung

Gemäß § 24 BVergG hat der Auftraggeber nunmehr die freie Wahl zwischen dem offenen und nicht offenen Verfahren mit Bekanntmachung, sowohl im Oberschwellen- als auch im Unterschwellenbereich!

Die Aufgabe des bisherigen Primats des offenen Verfahrens erfolgte in Anlehnung an die ÖNORM A 2050 und die Vergaberichtlinien.

Das nicht offene Verfahren mit vorheriger Bekanntmachung ist ein sehr transparentes Verfahren, das allerdings auf Grund seiner zweistufigen Struktur viel komplexer gestaltet ist als das offene Verfahren. Die Durchführung eines Auswahlverfahrens zur Ermittlung der einzuladenden Teilnehmer erfordert neben der genauen Kenntnis der rechtlichen Rahmenbedingungen auch eine genaue Kenntnis des Marktes der auszuschreibenden Leistung. Darüber hinaus können die Bewerber die Bewerberauswahl gesondert bekämpfen, es liegt daher in der Zweistufigkeit auch ein erhöhtes Anfechtungsrisiko. Auch die Fristen sind in Summe um einiges länger als beim offenen Verfahren.

Tipp *Das nicht offene Verfahren – in der Praxis ist noch immer der alte Ausdruck „beschränkte Ausschreibung“ gebräuchlich – sollten Sie daher nur wählen, wenn die Umstände des Einzelfalles die Inanspruchnahme als notwendig erscheinen lassen!*

Denkbar wäre es, wenn die Beurteilung der Leistungsqualität über die Eignung hinausgehende Anforderungen an den zukünftigen Auftragnehmer stellt oder aus Gründen der Dringlichkeit, wenn die Frist für das offene Verfahren zu lang wäre. Für das nicht offene Verfahren mit Bekanntmachung gibt es die Möglichkeit der Verkürzung der Fristen aus Gründen der Dringlichkeit (§ 49 BVergG).

4,3.3.2 Nicht offenes Verfahren ohne vorherige Bekanntmachung

Ein nicht offenes Verfahren ohne vorherige Bekanntmachung ist nur im Unterschwellenbereich zulässig!

Sofern dem Auftraggeber genügend geeignete Unternehmer bekannt sind, um einen freien und lauteren Wettbewerb sicherzustellen, kann er dieses Verfahren wählen, wenn

- bei Bauaufträgen der geschätzte Auftragswert ohne USt € 120.000,— nicht erreicht, oder
- bei Liefer- und Dienstleistungsaufträgen, der geschätzte Auftragswert ohne USt € 60.000,— nicht erreicht.

Es ist hier darauf hinzuweisen, dass der Auftraggeber einerseits eine gewisse Marktübersicht besitzen muss, andererseits die einzuladenden Unternehmer – sofern dies auf Grund der Eigenart der Leistung möglich ist – so oft wie möglich wechseln muss.

Zur Durchführung eines nicht offenen Verfahrens ohne Bekanntmachung *siehe Tz 4,3.2.2.*

4,3.3.3 Verhandlungsverfahren mit vorheriger Bekanntmachung

In § 25 BVergG sind abschließend alle Fälle aufgezählt, in denen im Oberschwellenbereich von Seiten klassischer Auftraggeber bei Bau-, Liefer- und Dienstleistungsaufträgen ein Verhandlungsverfahren mit vorheriger Bekanntmachung gewählt werden darf. Zusätzlich kommt für den Unterschwellenbereich § 26 Abs 2 BVergG dazu.

Anmerkung *Das bedeutet, dass die in § 25 BVergG angeführten Fälle sowohl für den Unter- als auch den Oberschwellenbereich gelten. Dies wird in der Praxis oft übersehen. Die Voraussetzungen sind jedoch eng auszulegen!*

In folgenden – grob beschriebenen – Fällen, darf ein Verfahren mit Bekanntmachung gewählt werden:

- Keine geeigneten Angebote nach einem offenen oder nicht offenen Verfahren: Dies wird vor allem dann zutreffen, wenn alle Angebote ausgeschieden werden mussten und sich die ursprünglichen Bedingungen nicht geändert haben.
- Bei Bauvorhaben im Falle von Forschungs-, Versuchs- und Entwicklungszwecken, ohne Rentabilitäts- oder Kostendeckungserfordernis.
- Bei Bau- und Dienstleistungsaufträgen, wenn eine globale Preisgestaltung nicht möglich ist, oder die mit der Leistungserbringung verbundenen Risken eine solche verhindern: Dies kann zB bei Leistungen im Zusammenhang mit der Betreuung von Flüchtlingen der Fall sein, weil im Vorhinein nicht abgeschätzt werden kann, wie hoch das Ausmaß der benötigten Leistung sein wird; oder bei Reparaturleistungen, wenn erst im Zuge der Reparatur das Ausmaß des Schadens sichtbar wird.
- Bei Dienstleistungen, die nicht hinreichend spezifizierbar sind, wie etwa geistig-schöpferische Dienstleistungen oder Finanzdienstleistungen: Hier sind Dienstleistungen erfasst, deren vertragliche Spezifikationen zum

Zeitpunkt der Ausschreibung nicht in allen Einzelheiten determiniert werden können. In diesem Fall ist das „kann“ als „muss“ zu lesen. Diese Dienstleistungen sind gemäß ihrer Definition einer a priori Festlegung des Leistungsgegenstandes nicht zugänglich. Das Verhandlungsverfahren ist daher notwendig um überhaupt eine ordnungsgemäße Angebotsbewertung durchführen zu können. Im Wesentlichen müssen daher folgende Voraussetzungen für die Zulässigkeit dieser Ausnahme gegeben sein:

- **Nicht ausreichende Beschreibbarkeit**: Es ist unmöglich, die Leistung in allen Einzelheiten zu determinieren. Dies ist insbesondere dann der Fall, wenn es sich um eine kreative, dh geistig-schöpferische Leistung handelt. Es kann aber auch daran liegen, dass die Aufgabenstellung einfach zu komplex ist, als dass eine Beschreibung für den Auftraggeber möglich wäre. Ist also nur das Ziel beschreibbar, nicht aber die einzelnen Leistungsschritte, dann ist ein Verhandlungsverfahren zulässig.

  Entscheidend ist aber, dass es nicht auf die subjektive Vorstellung oder Fähigkeit des Auftraggebers ankommt, ob eine Leistung ausreichend beschreibbar ist, sondern ein objektiver Maßstab zugrunde zu legen ist.

Beispiel:

Bei der Ausschreibung von statischen und konstruktiven Bearbeitungen während der Errichtung eines Bauwerkes wird von einem Auftraggeber ein Verhandlungsverfahren mit vorheriger Bekanntmachung durchgeführt.

Die B-VKK (B-VKK 5.1.1998 S-109/97-9) hat in einer vergleichbaren Sache allerdings entschieden, dass angesichts der Tatsache, dass

- Art und Ausmaß des Gebäudes bestimmt,
- bezüglich der Ausgestaltung ausreichend Erfahrungswerte vorhanden,
- technische Normen vorhanden,
- die grundsätzliche Ausrichtung des verlangten Planungsprozesses vorherbestimmt,
- die notwendigen Teilleistungen vorherbestimmt und
- die Methoden der Preisfestlegung festgelegt wurden etc

die Methode der Dienstleistung sehr wohl verglichen werden könnte. Die vertraglichen Spezifikationen konnten ausreichend genau festgelegt werden.

- **Mangelnde Vergleichbarkeit**: Dies ist letztlich eine Konsequenz aus der mangelnden Beschreibbarkeit. Ausschreibung und Angebot können (noch) nicht Grundlage für den beabsichtigten Vertrag sein. Eine Ermittlung des Bestbieters ist daher vor dem Führen von Verhandlungen nicht möglich.

Beispiel:
Ein Auftraggeber möchte die Erstellung eines Werbekonzeptes vergeben. Er kennt zwar sein Ziel, da es sich aber um eine kreative Leistung handelt, ist ihm aber natürlich klar, welche Konzepte möglich sind bzw welche kreativen Einfälle er erwarten kann.
Lösung:
Rein aufgrund der einlangenden Angebote wird er auch noch nicht den Bestbieter ermitteln können. Hier ist es entscheidend, dass er sich durch Gespräche ein persönliches Bild von den handelnden Personen macht aber auch die Hintergründe und die geplante Umsetzung der Konzepte unmittelbar besprechen kann.

Anmerkung *Diskussionen gibt es immer wieder im Bereich der Leistungen von Ziviltechnikern. Hier gibt es Abgrenzungsprobleme zwischen jenen Leistungen, die tatsächlich geistig-schöpferisch sind, wie erste Planungsleistungen, und im Gegensatz dazu Leistungen, die an sich rein „handwerklich" sind, wie das Herstellen von Bestandsplänen. Passen Sie hier besonders auf und hinterfragen Sie vor der Wahl des Verhandlungsverfahrens aus diesem Grund, ob tatsächlich eine geistig-schöpferische Leistung, die nicht ausreichend beschreib- und vergleichbar ist, vorliegt.*

- Ein Verhandlungsverfahren mit vorheriger Bekanntmachung ist zusätzlich zu den aufgezählten Fällen im Unterschwellenbereich dann zulässig, wenn die Leistung derartig ist, dass vertragliche Spezifikationen nicht hinreichend genau im Vorhinein festgelegt werden können, um den Auftrag durch die Wahl des besten Angebotes in Übereinstimmung mit den Vorschriften über ein offenes oder nicht offenes Verfahren mit vorheriger Bekanntmachung vergeben zu können (§ 26 Abs 2 BVergG). Diese Bestimmung ist generell für immaterielle Leistungen offen, sie ist nicht auf geistig-schöpferische Leistungen beschränkt!

4,3.3.4 Verhandlungsverfahren ohne vorherige Bekanntmachung

Ein Verhandlungsverfahren ohne vorherige Bekanntmachung ist auf Grund seiner Intransparenz nur in wirklichen Ausnahmefällen zulässig. Die im Gesetz angeführten Fälle sind taxativ und eng auszulegen.

Eine Vergabe im Wege eines Verhandlungsverfahrens ohne Bekanntmachung ist in folgenden Fällen zulässig:

1. Im Ober- und Unterschwellenbereich:

- Es hat **kein geeignetes Angebot** nach einem durchgeführten offenen oder nicht offenen Verfahren gegeben, die ursprünglichen Auftragsbedingungen werden nicht grundlegend geändert und der Kommission wird auf ihren Wunsch ein Bericht vorgelegt. Dies gilt sowohl für Bau-, Liefer- und Dienstleistungsaufträge.

- Wird ein Lieferauftrag nur zu **Forschungs- oder Versuchszwecken** vergeben und dient der Lieferauftrag nicht einer Serienfertigung zum Nachweis der Marktfähigkeit des Produktes oder der Deckung der Forschungs- und Entwicklungskosten, dann kann eine Vergabe im Verhandlungsverfahren ohne Bekanntmachung erfolgen.
- Weiters ist das Verfahren dann zulässig, wenn ein Dienstleistungsauftrag wegen seiner **technischen oder künstlerischen Besonderheiten** oder auf Grund des Schutzes eines **Ausschließlichkeitsrechtes** nur von einem bestimmten Unternehmer erfüllt werden kann. Darunter fällt auch, wenn ein Unternehmer das ausschließliche Verfügungs- oder Nutzungsrecht innehat.

  Vom Auftraggeber müssen in diesem Fall nicht nur das Vorliegen technischer Gründe etc bewiesen werden, sondern er muss auch beweisen, dass diese Gründe es unbedingt erforderlich machen, den besagten Auftrag an ein bestimmtes Unternehmen zu vergeben. Die Ausnahmebestimmung liegt daher nur dann vor, wenn es auf dem betroffenen Markt keinen Wettbewerb gibt. Sie liegt jedenfalls nicht vor, wenn Dritte über Lizenzen zur Nutzung dieses ausschließlichen Rechts verfügen oder sie erlangen können.

Beispiel:
Technische Gründe können zB sein, dass nur ein Unternehmer die notwendige besondere Erfahrung oder Ausstattung an Geräten hat. Künstlerische Gründe, dass ein bestehendes Kunstwerk erweitert oder repariert werden soll. Unter Ausschließlichkeitsrechten sind absolute, dh gegen jedermann wirkende Rechte (wie Marken-, Muster-, Patent- oder Urheberrechte).

Diese Ausnahmebestimmung ist in der Praxis selten gerechtfertigt und es ist diesbezüglich immer wieder zu Verfahren vor dem EuGH gekommen.

Tipp

Wenn ein Unternehmer, etwa in der IT-Branche, die Alleinstellung behauptet, lassen Sie sich von ihm eine diese Ausschließlichkeit garantierende Schad- und Klagloshaltung geben.

- Wenn **dringliche, zwingende Gründe**, die
  - nicht dem Verhalten des Auftraggebers zuzuschreiben sind,
  - im Zusammenhang mit Ereignissen, die der Auftraggeber nicht vorhersehen konnte,
  - es nicht zulassen, die im offenen, nicht offenen Verfahren, im nicht offenen Verfahren mit Bekanntmachung oder in einem Verhandlungsverfahren mit Bekanntmachung vorgeschriebenen Fristen einzuhalten.

Diese Ausnahme gilt wieder für alle Auftragsarten. Die Voraussetzungen müssen kumulativ vorliegen, sonst ist die Anwendung der Ausnahmebestimmung nicht gerechtfertigt.

Beispiel:
Die Bestimmung ist anwendbar bei Ereignissen, die den Rahmen des wirtschaftlichen und sozialen Lebens sprengen, zB Naturkatastrophen, die dringende Hilfeleistungen oder bauliche Maßnahmen erfordern.

Die Anwendung des Verfahrens ist allerdings nur im Umfang und Ausmaß der Notsituation zulässig. Für Waren und Lieferungen, die in der Folge benötigt werden, für die es aber keine Dringlichkeit mehr gibt, gilt die Ausnahmebestimmung nicht.

Der EuGH prüft auch diese Bestimmung sehr streng. Verzögerungen, die durch lange Diskussionen auf Seiten des Auftraggebers entstanden sind, rechtfertigen nicht die Ausnahme. Weiters liegt nach Ansicht des EuGH kein „unvorhergesehenes“ Ereignis vor, wenn ein Vergabeverfahren infolge Genehmigungsverweigerung der Naturschutzbehörde in Verzug gerät. Insbesondere ist das Verfahren nicht zulässig, wenn die Auftragsdurchführung auch durch Anwendung des beschleunigten Verfahrens machbar gewesen wäre.

- **Zusätzliche Lieferaufträge**, wenn sie zur
  - Erneuerung oder Erweiterung von früher durchgeführten Lieferaufträgen notwendig werden und
  - andernfalls der Auftraggeber Material sehr unterschiedlicher technischer Merkmale kaufen müsste und
  - dies eine technische Unvereinbarkeit oder unverhältnismäßige technische Schwierigkeiten bei Gebrauch und Wartung mit sich bringen würde.

  Die Laufzeit dieser Aufträge sowie der Daueraufträge darf grundsätzlich drei Jahre nicht überschreiten. Von der deutschen Judikatur wurde aber festgestellt, dass die Ausnahme nicht vorliege, wenn eine gewisse Einbuße an Nutzungskomfort durch ein hohes Maß an Kosteneinsparung kompensiert würde.

- **Zusätzliche Leistungen zur Ausführung eines Bau- oder Dienstleistungsauftrags**, die
  - ursprünglich nicht vorgesehen waren und
  - deren Gesamtwert 50% des ursprünglichen Auftrags nicht überschreitet,
  - die wegen eines unvorhergesehenen Ereignisses unbedingt erforderlich werden,
  - sofern der Auftrag an den Unternehmer vergeben wird, der den ersten Auftrag ausführt und entweder

- eine Trennung vom bestehenden Auftrag in technischer und wirtschaftlicher Hinsicht nicht ohne wesentlichen Nachteil für den Auftraggeber möglich ist oder
- eine solche Trennung zwar möglich wäre, die zusätzlichen Leistungen aber für die Verbesserung der bereits vergebenen Leistungen unbedingt erforderlich sind.

- Eine Vergabe im Verhandlungsverfahren ohne vorherige Bekanntmachung ist weiters dann zulässig, wenn neue Bau- oder Dienstleistungen in der **Wiederholung gleichartiger Bau- oder Dienstleistungen** bestehen, sofern folgende weitere Voraussetzungen kumulativ gegeben sind:
  - der neue Auftrag wird wieder vom selben Auftraggeber vergeben,
  - der erste Auftrag ist im offenen oder nicht offenen Verfahren vergeben worden,
  - die Leistungen entsprechen einem Grundentwurf, der Gegenstand des ersten Auftrags war,
  - in der ersten Ausschreibung bereits die Möglichkeit der Anwendung eines derartigen Vergabeverfahrens vorgesehen war,
  - die Vergabe binnen drei Jahren nach Abschluss des ersten Auftrags erfolgt und
  - der für die Fortsetzung der Leistungen in Aussicht genommene Gesamtauftragswert bei der Berechnung des Schwellenwertes zu Grunde gelegt worden war.
- Als letzte Möglichkeit ist ein Verhandlungsverfahren ohne vorherige Bekanntmachung noch **im Anschluss an einen Wettbewerb** zulässig, wenn der Dienstleistungsauftrag an den oder die Gewinner vergeben werden muss, wobei alle Gewinner des Wettbewerbs zur Teilnahme am Verhandlungsverfahren aufgefordert werden müssen.

2. Im Unterschwellenbereich:

Eine Vergabe im Verhandlungsverfahren ohne vorherige Bekanntmachung ist in folgenden Fällen zulässig:

- Bei geistig-schöpferischen Dienstleistungen, wenn der geschätzte Auftragswert ohne Umsatzsteuer € 60.000,— nicht erreicht.
- Bei Bauaufträgen, wenn der geschätzte Auftragswert ohne Umsatzsteuer € 80.000,— nicht erreicht.
- Bei Liefer- und Dienstleistungsaufträgen, wenn der geschätzte Auftragswert ohne Umsatzsteuer € 40.000,— nicht erreicht.
- Wenn es sich um die Lieferung von Waren handelt, die an Börsen notiert und gekauft werden. Hier kommt nur ein Unternehmer für die Leistungserbringung in Betracht, Vergleichsangebote müssen nicht eingeholt werden!
- Bei Gelegenheitskäufen, Lieferungen auf Grund einer besonders günstigen Gelegenheit, die sich für einen sehr kurzen Zeitraum ergeben hat, zu

einem Preis, der erheblich unter den normalerweise marktüblichen Preisen liegt. Auch hier kommt nur ein Unternehmer für die Leistungserbringung in Betracht, Vergleichsangebote müssen nicht eingeholt werden. Allerdings benötigt der Auftraggeber eine gewisse Marktübersicht um beurteilen zu können, ob es sich um eine besonders günstige Gelegenheit handelt.

Beispiel:
Zu denken ist hiebei vor allem an saisonal bedingte Aktionen (Winter oder Sommerschlussverkauf) oder anderen Abverkaufsangeboten.

- Beim Kauf von Lieferungen zu besonders günstigen Bedingungen entweder bei einem Unternehmen, das seine gewerbliche Tätigkeit endgültig einstellt, oder bei Verwaltern im Rahmen eines Konkurs- oder Ausgleichsverfahrens. Auch in diesem Fall entfällt das Einholen von Vergleichsangeboten.
- Eine Besonderheit stellt das **Verhandlungsverfahren mit nur einem Unternehmer gemäß § 26 Abs 4 BVergG** dar. Es ist bei geistig-schöpferischen Dienstleistungen zulässig, wenn der geschätzte Auftragswert ohne Umsatzsteuer 130.000 SZR *(zu SZR siehe Tz 2,2.5.3)* nicht erreicht und im Hinblick auf die Eigenart der Leistung die Durchführung eines wirtschaftlichen Wettbewerbes auf Grund der Kosten des Beschaffungsvorganges wirtschaftlich nicht vertretbar ist. Dies wird vom Auftraggeber zu beweisen sein und sollte daher keinesfalls leichtfertig gewählt werden.

Achtung! *Nicht ausreichend ist jedenfalls die Argumentation, dass der Unternehmer den Auftraggeber und den Auftrag (aus den letzten 20 Jahren) schon „so gut kennt und er daher bestimmt der Günstigste wäre".*

Für die Anwendbarkeit der Ausnahmebestimmung kommt es auf die Kosten des Beschaffungsvorganges an!

4,3.3.5 Direktvergabe

Da es sich bei der Direktvergabe um ein formfreies, der ehemaligen „freihändigen" Vergabe sehr ähnliches Vergabeverfahren handelt, ist sie nur für wertmäßig geringe Vergaben zulässig:

- Bei geistig-schöpferischen Dienstleistungen, wenn der geschätzte Auftragswert ohne Umsatzsteuer € 30.000,— nicht erreicht.
- Bei allen übrigen Leistungen, wenn der geschätzte Auftragswert ohne Umsatzsteuer € 20.000,— nicht erreicht.
- Bei Dienstleistungen gemäß Anhang IV sofern die Durchführung eines wirtschaftlichen Wettbewerbes im Hinblick auf die Eigenart der Leistung oder des in Frage kommenden Bieterkreises nicht zweckmäßig ist.

Beispiel:

Gedacht ist dabei beispielsweise an Anwaltsleistungen, die ein besonderes Vertrauensverhältnis verlangen, oder soziale Dienstleistungen. Ein wirtschaftlicher Wettbewerb wird auch bei den meisten kulturellen Dienstleistungen (zB Engagement bestimmter Sänger oder Gruppen) nicht zweckmäßig sein.

- Wenn es sich um aus Gemeinschaftsmitteln kofinanzierte Projekte handelt und
  - eine Einladung zur Vorlage von Projekten oder Projektideen im Wege einer öffentlichen Interessentensuche erfolgte, oder
  - transnationale Lenkungsgremien eingerichtet wurden bzw mehrere Mitgliedstaaten an der Verwirklichung des Projektes beteiligt sind, oder
  - diese Projekte von der Kommission nach Durchführung eines Auswahlverfahrens akzeptiert wurden.

Beispiel:

Zu denken ist hier etwa an Projekte im Rahmen des INTERREG-Programms, wo transnationale Lenkungsgremien über die Auswahl der Projekte entscheiden.

4,3.3.6 Elektronische Auktion

Im Unterschwellenbereich können Liefer- und Dienstleistungsaufträge über standardisierte Leistungen wahlweise im Wege der einfachen elektronischen Auktion oder im Weg einer sonstigen elektronischen Auktion vergeben werden, sofern

- der geschätzte Auftragswert ohne Umsatzsteuer € 40.000,— nicht erreicht und
- der Auftragsgegenstand so eindeutig und vollständig beschrieben wird, dass eine Gleichwertigkeit der Angebote sichergestellt ist.

Im Wege einer einfachen elektronischen Auktion können Aufträge vergeben werden, sofern der Zuschlag auf das Angebot mit dem niedrigsten Preis erfolgt.

Im Wege einer sonstigen elektronischen Auktion können Aufträge vergeben werden, sofern der Zuschlag auf das technisch und wirtschaftlich günstigste Angebot erfolgt.

Durch die hohen Kosten für die Anschaffung der benötigten Software und die Kosten der sonst erforderlichen Vorkehrungen (Schulungen, Hardware) hat sich die elektronische Auktion allerdings in der Praxis noch nicht etablieren können.

4,3.3.7 Rahmenvereinbarung

Die Vergabe von Aufträgen im Wege einer Rahmenvereinbarung ist nur im Unterschwellenbereich zulässig. Das bedeutet, dass nach den Regeln der Berechung des geschätzten Auftragswertes bei Rahmenvereinbarungen, die Summe der zu vergebenden Aufträge € 200.000,— bzw € 5 Millionen nicht überschreiten darf.

Im Gegensatz zur elektronischen Auktion ist die Rahmenvereinbarung aber ohne Einschränkung auf eine bestimmte Auftragsart zulässig.

4,4 Die Ausschreibung

§ 20 Z 6 lautet:

„Die Ausschreibung ist die an eine bestimmte oder unbestimmte Zahl von Unternehmen gerichtete Erklärung des Auftraggebers, in der er festlegt, welche Leistung er zu welchen Bestimmungen erhalten möchte".

In der Ausschreibung gibt der Auftraggeber insbesondere vor, welcher Leistungsgegenstand nachgefragt wird, ob ein unbeschränkter oder nur beschränkter Bieterkreis am Vergabeverfahren teilnehmen kann, ob die Vergabe nach den Bestimmungen des Ober- oder Unterschwellenbereiches erfolgt und gibt darin sämtliche relevanten technischen und vertraglichen Vertragsbestimmungen vor.

4,4.1 Gestaltung der Ausschreibungsunterlagen

Wichtig! *Nehmen Sie sich als Auftraggeber genug Zeit für die Planungsphase. Dies erspart im Ergebnis viel Zeit und Probleme. Legen Sie Ihre Zielsetzungen sorgfältig fest.*

Ohne Anspruch auf Vollständigkeit sollen nachfolgende Punkte einige der wichtigen Eingangsfragestellungen veranschaulichen:

- Wer ist Auftraggeber?
- Handelt es sich um einen öffentlichen Auftraggeber?
- Wie erfolgt die interne Willensbildung beim Auftraggeber? Wer ist wofür zuständig, wie sieht die interne Organisationsstruktur aus?
- Sind etwa Verordnungen oder Beschlüsse von Trägern des öffentlichen Rechts zu beachten?
- Welche Verfahrensart liegt vor?
- Wie hoch ist der geschätzte Auftragswert? Wird der anzuwendende Schwellenwert überschritten?
- Budgetrahmen?
- Zeitrahmen?
- Grobdefinition des Leistungsinhaltes
- Zielformulierung

Wichtig! *Die Ausschreibungsunterlagen sind grundsätzlich so präzise zu fassen, dass diese als Grundlage für ein Anbot dienen können, welches vom Auftraggeber ohne Vornahme von Ergänzungen oder Korrekturen mit einem bloßen „Ja", also dem Zuschlag angenommen werden kann.*

Der Leistungsgegenstand wird in der Regel anhand technischer Spezifikationen und der gewünschten zivilrechtlichen Rahmenbedingungen in Form von vertraglichen Spezifikationen festgelegt. Die Art und Weise der Formulierung dieser Spezifikationen bestimmt in hohem Maß die Qualität des am Ende eines Vergabeverfahrens zustande kommenden Vertrages. Ein Auftraggeber sollte daher der Erstellung des Leistungsverzeichnisses, sowie der rechtlichen Vertragsbedingungen besondere Aufmerksamkeit widmen.

Tipp *Es ist empfehlenswert, die technischen und kaufmännischen Ausschreibungsbedingungen von den vergaberechtlichen und zivilrechtlichen Bestimmungen zu trennen.*

Der Auftraggeber legt durch das Leistungsverzeichnis einen Standard fest, von dem er grundsätzlich nicht mehr abgehen darf (**Bindung des Auftraggebers an die Ausschreibungsunterlagen**). Die Bieter dürfen darauf vertrauen, dass die Leistungsbeschreibung des Auftraggebers von diesem vollinhaltlich aufrecht erhalten bleibt und die alleinige Grundlage für die Anbotserstellung darstellt.

Treten etwa im Laufe eines Verfahrens bei technischen und vertraglichen Spezifikationen „*Veränderungen substanzieller Art*" auf, so darf der Auftraggeber die Ausschreibungsbedingungen nicht willkürlich abändern, sondern müsste dies zum Widerruf des Verfahrens und zu einer neuen Ausschreibung mit entsprechend neuer Bekanntmachung führen.

Beispiel:
Bei der Ausschreibung einer Bauleistung wird im Nachhinein bekannt, dass der Standort eines Bauwerkes geändert wird und dadurch ursprünglich vorgesehene Bauleistungen zu einem erheblichen Teil gestrichen oder die Finanzierungsbedingungen abgeändert werden.
Lösung:
In einem solchen Falle müsste das Vergabeverfahren widerrufen werden und die nunmehr neu nachgefragte Leistung neuerlich ausgeschrieben werden.

Auf der anderen Seite sind auch die Bieter insofern an die Ausschreibungsunterlagen gebunden, als diese bei der Erstellung ihrer Anbote strikt die Vorgaben des Auftraggebers zu befolgen haben. Ein von den Ausschreibungsbedingungen abweichendes Anbot müsste, wenn es sich nicht um ein zulässiges Alternativanbot handelt, vom Auftraggeber ausgeschieden werden.

4,4.1.1 Notwendiger Inhalt

Die Ausschreibungsunterlagen haben jedenfalls folgende Angaben zu enthalten:

Checkliste	
Ob die Vergabe nach den Bestimmungen für den Ober- oder den Unterschwellenbereich erfolgt.	
Welche Nachweise über die Eignung der Bieter gefordert werden.	
Ob der Zuschlag nach dem Bestbieter- oder dem Billigstbieterprinzip erfolgt.	
Soll der Zuschlag nach dem Bestbieterprinzip erfolgen, so sind sämtliche hierfür relevanten Zuschlagskriterien anzugeben.	
Ob rechnerisch fehlerhafte Angebote gem § 94 Abs 4 ausgeschieden werden.	
Ob eine Vorreihung infolge der Berichtigung eines Rechenfehlers zulässig ist.	
Wie die teilnehmenden Bieter von der Einleitung eines Feststellungsverfahrens gem § 164 Abs 4 verständigt werden.	
Sind Teilangebote zulässig?	
Sind Alternativangebote zulässig? Welche Mindestanforderungen?	
Zulässigkeit von Subunternehmer?	
Sollen Optionen auf weitere Leistungen gegeben werden?	
Liegen wiederkehrende Leistungen vor?	
Unter welche Kategorie und Beschreibung (CPV-Referenznummer) fällt der Auftrag?	
Wer fungiert als Ansprechpartner?	
Angabe von Telefax-Nummer und/oder e-mail.	
Angabe der BVergG und allenfalls des jeweiligen Vergabe-Nachprüfungsgesetzes als Rechtsgrundlage.	
Angebotsfrist	
Zeit und Ort der Angebotsöffnung	

4,4.1.2 Zusätzliche Erfordernisse für elektronische Anbote

Will ein Auftraggeber auch die Abgabe elektronischer Anbote zulassen, so hat dieser zusätzlich noch nachstehende Angaben in der Ausschreibung vorzusehen:

- Die Zulässigkeit der elektronischen Einreichung von Anboten, sowie die zulässigen Verfahren zur Ver- und Entschlüsselung und die zulässigen Dokumenten- und Kommunikationsformate müssen frühzeitig, spätestens jedoch in den Ausschreibungsunterlagen, bekannt gegeben werden.
- Ob die Anbote ausschließlich auf elektronischem Weg oder zusätzlich auch in Papierform abgegeben werden können.

- Wenn die Abgabe sowohl auf elektronischem Weg, als auch in Papierform zugelassen ist, weiters die Reihenfolge bei der Öffnung der Anbote gem §§ 88 und 89 BVergG.

Achtung! *Voraussetzung dafür, dass Anbote elektronisch abgegeben werden können, ist, dass der Auftraggeber über eine adäquate Ressourcenausstattung verfügt. Das heißt, es müssen insbesondere die entsprechende Hard- und Software vorhanden sein und dem Auftraggeber auch das erforderliche Personal zur Verfügung stehen.*

4,4.2 Technische Spezifikationen

Durch die Festlegung der technischen Spezifikationen soll der Auftragsgegenstand so bezeichnet werden, dass zum einen das Leistungsziel hinreichend genau und neutral beschrieben ist, sowie zum anderen die Vergleichbarkeit der Anbote gewährleistet ist.

Grundsätzlich ist der Auftraggeber bei der Festlegung des Leistungsgegenstandes frei. Zur Sicherung eines fairen und lauteren Wettbewerbs beschränkt jedoch das Vergaberecht den Auftraggeber hierbei wie folgt:

- Die Leistungen sind eindeutig, vollständig und neutral zu beschreiben.
- Die Leistung darf nicht so umschrieben werden, dass bestimmte Bieter von Vornherein Wettbewerbsvorteile genießen.
- Darüber hinaus beschränken europäische Normen den Auftraggeber bei der Festlegung des Leistungsgegenstandes, weil er im europäisch genormten Bereich nur jene technischen Anforderungen verlangen darf, die in den europäischen Normen enthalten sind.

Beispiel:
Ein dänischer Auftraggeber hat bei der Vergabe eines Auftrages zum Bau einer Brücke über den Storebelt in der Ausschreibung eine Klausel aufgenommen, wonach die Bieter angehalten waren, soweit wie möglich dänische Baustoffe und Verbrauchsgüter, sowie dänische Arbeitskräfte und Ausrüstungen zu verwenden. Der EuGH hielt fest, dass eine derartige Ausschreibung gegen die oben geschilderten Regeln verstößt und zudem auch einen Verstoß gegen das herrschende Diskriminierungsgebot darstellt. (EuGH 22.06.1993, Rs C-243/89, Storebelt)

Eine ordnungsgemäße Leistungsbeschreibung soll vor allem auch den fairen Wettbewerb zwischen den Bietern aus verschiedenen Mitgliedstaaten sichern. Aus diesem Grund sieht das Vergaberecht einen „*Zwang zur Norm*" vor, weil es die Auftraggeber bei der Erstellung des technischen Leistungskataloges verpflichtet, auf europäische Spezifikationen Bezug zu nehmen. Unter Normen werden in diesem Zusammenhang technische Spezifikationen verstanden, die von einer anerkannten Normungsorganisation (in Österreich beispielsweise das Österreichische Normungsinstitut) zur Anwendung angenommen wurden. Innerhalb der vorliegenden Normen herrscht folgende Hierarchie: Europäische Normen genießen den Vorzug vor internationalen Normen und diese wiederum den Vorrang vor nationalen Normen.

Die technischen Spezifikationen sind primär unter Bezugnahme auf europäische Spezifikationen festzulegen, wenn solche vorhanden sind. Derartige europäische Spezifikationen sind gem § 75 Abs 2 BVergG.

- nationale Normen, mit denen europäische Normen umgesetzt werden (zB EN-Normen),
- europäische technische Zulassungen,
- gemeinsame technische Spezifikationen (zB Produkte bezeichnet mit dem CE-Zeichen),
- internationale Normen und andere technische Bezugssysteme, die von den europäischen Normungsgremien erarbeitet wurden, oder
- falls solche Normen und Spezifikationen fehlen, nationale Normen, nationale technische Zulassungen oder nationale technische Spezifikationen.

Achtung! *Jede Bezugnahme auf Normen ist mit dem Zusatz „oder gleichwertig" zu versehen!*

Beispiel:
Ein öffentlicher Auftraggeber hat bei der Ausschreibung für den Ausbau eines Trinkwassernetzes für die irische Stadt Dundalk in den Ausschreibungsunterlagen unter anderem eine Klausel vorgesehen, dass die zu verwendenden Druckrohrleitungen der irischen Norm 188:1975 entsprechen müssen, wobei die Übereinstimmung mit dieser Norm durch ein irisches Normungsinstitut nachzuweisen war. Es fehlte jeglicher Hinweis, dass auch Produkte gleichwertiger Art zulässig wären. Tatsächlich gab es auch im gegenständlichen Verfahren nur ein einziges Unternehmen, das von irischen Normungsinstitut in dem Sinne zugelassen war, dass es das geforderte irische Normzeichen auf den Rohren des geforderten Typs anbringen durfte. Dieses Unternehmen hatte seinen Sitz in Irland. Der EuGH stellte fest, dass diese Bezugnahme auf die irische Norm eine Beeinträchtigung des freien Warenverkehrs zwischen Mitgliedsstaaten darstellt und die vorliegende Ausschreibung daher rechtswidrig ist. (EuGH 22.9.1988, Rs 45/87, Dundalk)

4,4.2.1 Vorgabe bestimmter Produkte – produktneutrale Ausschreibung

Es wurde bereits ausgeführt, dass in der Ausschreibung die Leistung nicht so umschrieben werden darf, dass bestimmte Bieter von Vornherein Wettbewerbsvorteile genießen. Deshalb ist insbesondere etwa auch die namentliche Nennung bestimmter Produkte nur in begründeten Ausnahmefällen und dann auch jeweils nur mit dem Zusatz *„oder gleichwertiger Art“* zulässig.

Beispiel:
Ausschreibungsgegenstand war die Lieferung und Instandhaltung einer Wetterwarte. Ein niederländischer Auftraggeber hat im Rahmen der Ausschreibung vorgegeben, dass als Betriebssystem für die Datenverarbeitungsanlage das sogenannte UNIX-System verwendet werden muss. Dies ohne darauf hinzuweisen, dass auch Betriebssysteme gleichwertiger Art zulässig wären. Der EuGH sah darin einen Vergabeverstoß. (EuGH 24.01.1995, Rs C-359/93, UNIX)

Gemäß § 75 Abs 8 BVergG ist der Verweis auf bestimmte Produkte, auf eine bestimmte Herstellung oder Herkunft oder eine Herkunft, die durch besondere Verfahren erzielt wurde, ausnahmsweise nur zulässig, wenn der Auftragsgegenstand nicht hinreichend genau und allgemein verständlich beschrieben werden kann.

Achtung! *Solche Verweise müssen immer mit dem Zusatz „oder gleichwertig“ versehen werden.*

Beispiel:
So könnte etwa aufgrund dieser Ausnahmebestimmung bei der Nachfrage nach der Ware „Strom“ vorgeschrieben werden, dass der nachgefragte Strom auf bestimmte Weise, etwa durch wiedererneuerbare Energieträger produziert wird.

Kann also die verlangte Leistung ausnahmsweise durch ein bestimmtes Produkt festgeschrieben werden, ist zum einen der Zusatz „oder gleichwertiger Art“ anzubringen und zum anderen in freien Zeilen des Leistungsverzeichnisses (Bieterlücken) den Bietern die Möglichkeit zu geben, Angaben über Fabrikate oder Typen der von ihnen gewählten gleichwertigen Produkte anzuführen.

Damit die Bieter eine Orientierung darüber haben, welche Gleichwertigkeitselemente für den Auftraggeber maßgebend sind, hat dieser für die Beurteilung der Gleichwertigkeit die dazu maßgeblichen Kriterien in der Beschreibung der Leistung anzugeben. Im Regelfall werden dies technische Spezifikationen sein. Das könnten etwa sein, Angaben über Festigkeit, Schallschutz, Wärmedämmung, Widerstandsfähigkeit oder Wartungsfähigkeit von Produkten.

Gibt ein Bieter in den Bieterlücken ein „gleichwertiges Produkt“ an, so hat nunmehr der Bieter gem § 81 Abs 6 BVergG den Nachweis der Gleichwertigkeit zu erbringen.

Achtung! *Wenn die vom Bieter genannten Erzeugnisse nach sachverständiger Prüfung den in den Ausschreibungsunterlagen angeführten Kriterien der Gleichwertigkeit nicht entsprechen, gilt das ausgeschriebene Erzeugnis nur dann als angeboten, wenn der Bieter dies in einem Begleitschreiben zum Anbot erklärt hat.*

Tipp *Eine mögliche Bietererklärung könnte diesbezüglich etwa wie folgt lauten: Wir erklären ausdrücklich, dass im Falle der Feststellung, dass ein Angebot eines Produktes nicht gleichwertig ist, von uns das ausgeschriebene Produkt als angeboten gilt.*

Diese Erklärung kann bei Bedarf auf einzelne Positionen eingeschränkt werden. Jede dieser Erklärungen ist jeweils zu unterfertigen.

Sollte ein Bieter die Bieterlücken frei lassen, gilt das in der Ausschreibung als Beispiel genannte Produkt als angeboten.

4,4.2.2 Alternativanbote

§ 20 Z 1 BVergG:

„Alternativanbot ist ein Anbot über einen alternativen Leistungsvorschlag des Bieters".

Alternativanbote sind nur zulässig, wenn der Zuschlag nach dem Bestbieterprinzip erfolgt, also wenn das technisch und wirtschaftlich günstigste Anbot ermittelt wird.

Darüber hinaus sind Alternativanbote – soweit in der Ausschreibung nicht ausdrücklich anderes vorgesehen ist – nur neben einem ausschreibungsgemäßen Anbot zulässig.

Durch die Zulässigkeit von Alternativanboten soll gewährleistet werden, dass durch die Einbringung neuer Ideen eine zur ausgeschriebenen Leistung qualitativ zumindest gleichwertige Leistung angeboten werden kann. Das Alternativanbot eröffnet dem Bieter im Prinzip neben der Möglichkeit der Änderung technischer Spezifikationen auch die Möglichkeit, andere rechtliche Bedingungen, als die ausgeschriebenen anzubieten.

Das österreichische Vergaberecht ist grundsätzlich „alternativanbotsfreundlich" gestaltet. Oftmals möchte jedoch der Auftraggeber wirtschaftliche oder rechtliche Alternativen ausschließen, weil deren Prüfung beispielsweise einen unverhältnismäßigen Aufwand mit sich bringen würden oder eine Abgrenzung derartiger Alternativen zu ausschreibungswidrigen Anboten oftmals sehr schwer möglich ist.

Dem entsprechend ist nunmehr vorgesehen, dass der Auftraggeber Alternativen etwa zu rechtlichen oder kaufmännischen Bedingungen ohne Begründung ausschließen kann. Eine Begründungspflicht hinsichtlich der Nichtzulassung von Alternativen besteht nunmehr nur mehr für den technischen Bereich.

Der Auftraggeber hat in den Ausschreibungsunterlagen die Mindestanforderungen, die Alternativanbote im Hinblick auf ihre Vergleichbarkeit mit der ausgeschriebenen Leistung erfüllen müssen, zu erläutern.

Tipp *In der Ausschreibung sollten die Kriterien möglichst exakt festgelegt werden, nach denen Alternativanbote bei einer Anbotsprüfung zu bewerten sind, damit nachträgliche Erschwernisse bei der Bestbieterermittlung hintangehalten werden können.*

4,4.2.3 Variantenangebote

§ 20 Z 33 BVergG:

„Variantenangebot ist ein Angebot aufgrund einer Ausschreibungsvariante des Auftraggebers".

Im Gegensatz zum Alternativangebot gibt hier der Auftraggeber unterschiedliche Ausführungsarten vor. Bei einer Variante handelt es sich um eine vom Auftraggeber zu seinem Ausschreibungstext vorgegebene zusätzliche Möglichkeit für die Angebotserstellung. Eine Variante ersetzt daher im Leistungsverzeichnis einen bestimmten Teil des Grundvorschlages. Bieter können nicht verpflichtet werden, neben der ursprünglich geforderten Leistung auch die Variante anzubieten.

Beispiel:
Der gewünschte Bodenbelag gelangt im Hauptangebot in der Form „Asphaltbeton" sowie in der Variante „Naturstein" zur Ausschreibung.

Gemäß § 66 Abs 6 BVergG ist die Ausschreibung so zu gestalten, dass der Bieter Variantenangebotspreise bilden kann, wenn die Ausschreibung für die ganze Leistung oder für Teile derselben Varianten vorsieht.

4,4.2.4 Subunternehmer

Definition:

„Ein Subunternehmer ist ein Unternehmer, dessen sich der Auftagnehmer teilweise oder zur Gänze zur Erbringung der dem Auftraggeber gegenüber geschuldeten Leistungen bedient. Ein Subunternehmer steht nur mit dem Auftragnehmer in einer vertraglichen Beziehung. Der Auftragnehmer hat gegenüber dem Auftraggeber für seine Subunternehmer als Erfüllungsgehilfen gem § 1313a ABGB zu haften. Der Auftragnehmer hat demgemäß gegenüber seinem Auftraggeber für ein allfälliges schuldhaftes Verhalten seines Subunternehmers wie für eigenes Verschulden einzustehen".

Gemäß § 70 BVergG hat der Auftraggeber in den Ausschreibungsunterlagen Bestimmungen über die Zulässigkeit von Subunternehmerleistungen zu treffen. Unterlässt der Auftraggeber diese Angaben, so darf dies nicht zu Lasten der Bewerber und Bieter gehen.

Die Ausschreibungsunterlagen sollten unbedingt folgende Mindestbedingungen enthalten:

- Festlegung, dass die gänzliche Weitergabe des Auftrages unzulässig ist (ausgenommen Kaufverträge oder Weitergabe von Aufträgen an verbundene Unternehmen).
- Festlegung, dass die Weitergabe von wesentlichen Teilen der Leistung unzulässig ist.

Wesentlich sind jene Teile der Leistung, die für den Erfolg der ausgeschriebenen Leistung technisch unmittelbar notwendig sind und die durch Zuschlagskriterien bewertet werden.

Die Weitergabe von Teilen der Leistung ist überdies nur insoweit zulässig, als der Subunternehmer die für die Ausführung seines Teiles erforderliche Befugnis, die zum Nachweis der technischen Leistungsfähigkeit des Bieters erforderliche technische Leistungsfähigkeit sowie die besondere berufliche Zuverlässigkeit gem § 55 BVergG besitzt.

Der Bieter hat in seinem Angebot weiters auch den Teil des Auftrages anzugeben, den er möglicherweise im Wege von Subaufträgen an Dritte zu vergeben beabsichtigt.

4,4.3 Vertragliche Spezifikationen

Soweit sich die Vertragsbestimmungen nicht schon aus der Beschreibung der Leistung selbst ergeben, sind die rechtlichen Rahmenbedingungen geordnet, eindeutig und so umfassend festzulegen, dass ein eindeutiger Leistungsvertrag zustande kommen kann.

Zwingend vorgesehen ist, dass für folgende Angaben erforderlichenfalls eigene Bestimmungen im Leistungsvertrag festgelegt werden:

Checkliste	
Erfüllungszeiten und allfällige Fixgeschäfte	
Vertragsstrafen (Pönale)	
Sicherstellungen	
Preisarten	
Mehr- oder Minderleistungen	
Prämien	
Vorauszahlungen	
anzuwendendes Recht und Gerichtsstand	

Checkliste (Fortsetzung)	
Bestimmungen über die Schiedsgerichtsbarkeit	
Besonderheiten im Zusammenhang mit der technischen Ausführung	
Abweichungen von allgemein anerkannten oder üblichen Ausführungsregeln	
Zulässigkeit von Subunternehmerleistungen	
Art der Prüfung der Einhaltung bestimmter Vorschreibungen, zB hinsichtlich der Güte des Materials	
Bedingungen sozialen, sowie ökologischen Inhaltes, die während der Erbringung von Bau- oder Dienstleistungen zu erfüllen sind, sofern diese Bedingungen bereits in den Ausschreibungsunterlagen bekannt gegeben worden sind und im Einklang mit den allgemeinen Grundsätzen des Gemeinschaftsrechts, sowie dem Diskriminierungsverbot stehen	
Material, das im Zuge der Ausführung der Leistung anfällt (Eigentumsverhältnis, Verbringung, Verwendung, Vergütung)	
Verpackung	
Erfüllungsort	
Teil- und Schlussübernahme	
Abrechnung, Rechnungslegung, Zahlung und Verzugszinsen	
Leistungen zu Regiepreisen (Zulässigkeit, Nachweis)	
Rückgabe von Ausschreibungs- oder Anbotsunterlagen	
Vergütung von besonderen Ausarbeitungen im Zuge der Anbotserstellung	
Verwertung von Ausarbeitungen gem § 65	
Gewährleistung und Haftung	
Versicherungen	

Für den Fall, dass für weitere sonstige Bestimmungen des Leistungsvertrages geeignete Leitlinien, wie etwa ÖNORMEN, bestehen, so sind eigene Ausarbeitungen diesbezüglich auf ein Mindestmaß zu beschränken.

Für die wichtigsten rechtlichen Rahmenbedingungen ist jedoch nach dem neuen Vergaberecht ein bloßer Verweis auf ÖNORMEN nicht mehr genug. Die Auftraggeber sollen vielmehr die verwiesenen Texte ausdrücklich in die Ausschreibungsunterlagen aufnehmen. Der Hintergrund ist darin zu sehen, dass die ausländischen Bieter, denen die ÖNORMEN nicht bekannt sind, nicht diskriminiert werden dürfen.

4,4.4 Zuschlagskriterien

Zuschlagskriterien sind auftragsbezogene, vom Auftraggeber im Verhältnis ihrer Bedeutung festgelegte Kriterien, nach denen das technisch und wirtschaftlich günstigste Anbot ermittelt wird.

Im Gegensatz dazu sind **Eignungskriterien** vom Auftraggeber festgelegte unternehmensbezogene Mindestanforderungen an einen Bieter zur Feststellung, ob ein Unternehmen grundsätzlich zur Ausführung des Auftrages geeignet ist oder nicht.

4,4.4.1 Trennung von Eignungs- und Zuschlagskriterien

Grundsätzlich verlangt das Vergaberecht eine Trennung von Eignungs- und Zuschlagskriterien. Die Vergabebehörden legen auf eine Unterscheidung zwischen Eignungs- und Zuschlagskriterien großen Wert.

Der EuGH (EuGH v 20.9.1988, Rs C-31/87 – Beentjes) hält etwa fest, dass die Prüfung der Eignung der Unternehmer für die Ausführung der zu vergebenden Arbeiten einerseits und der Zuschlag des Auftrages andererseits zwei verschiedene Vorgänge darstellen. Der EuGH führt weiters aus, dass die Prüfung der fachlichen Eignung der Bieter und der Zuschlag des Auftrages gleichzeitig erfolgen können. In der Praxis erfolgen diese Schritte jedoch meistens zeitlich voneinander getrennt.

4,4.4.2 Gewichtung

Die Zuschlagskriterien müssen grundsätzlich gewichtet werden. Das heißt, dass die Bedeutung der Kriterien im Verhältnis zueinander anzugeben ist. Dies kann etwa insbesondere durch Festlegung von Prozentsätzen erfolgen.

Sofern dies aufgrund der Eigenart des Leistungsgegenstandes sachlich gerechtfertigt ist, kann die Gewichtung auch durch eine Marge, deren größte Bandbreite angemessen sein muss (zB 2 – 4%), erfolgen.

Ausnahmsweise kann von einer Gewichtung abgesehen werden und ist die bloße Angabe der Zuschlagskriterien der Reihenfolge der ihnen zuerkannten Bedeutung zulässig, wenn die Festlegung einer Marge ausnahmsweise aufgrund der Eigenart der ausgeschriebenen Leistung nicht möglich ist. Demgemäß könnte die Angabe etwa in Form einer Rangordnung 1., 2., 3., etc erfolgen.

Achtung! *Die Vergabekontrollbehörden stellen an die vom Auftraggeber anzugebenden Zuschlagskriterien sehr strenge Anforderungen.*

Bei der Gewichtung von Zuschlagskriterien soll unbedingt auch das relative Verhältnis der Kriterien zueinander angegeben werden.

Beispiel:

Im Zuge eines Ausschreibungsverfahrens um die Vergabe der örtlichen Bauaufsicht hat der Auftraggeber folgende Zuschlagskriterien angeführt: Qualifikation, Tätigkeitsnachweis gemäß Personaleinsatzerklärung, Funktion und Einsatzdauer des Personals, Honorar.

Das BVA hat zu diesem Bestbietersystem folgendes festgehalten:

Die vom Auftraggeber aufgestellten Zuschlagskriterien lassen nicht erkennen, welches Ausmaß an Bedeutung dem erstgenannten Kriterium (Qualifikation, Tätigkeitsnachweis gemäß Personaleinsatzerklärung; Funktion und Einsatzdauer des Personals) im Verhältnis zum zweitgenannten Kriterium (Honorar) zukommt. Auch mangels Angabe eines erforderlichen Mindestpersonaleinsatzes ist für den Bieter objektiv nicht erkennbar, wie sich etwa eine Kombination von geringerem Personaleinsatz und niedrigerem Honorar im Gegensatz zu einer Kombination von hohem Personaleinsatz und hohem Honorar auf seine Chancen auswirken wird. Diese Unklarheiten hätte der Auftraggeber etwa durch Gewichtung der beiden Kriterien mittels eines Punktesystem vermeiden können.

(BVA 18.6.1998, F 3/98-12)

4,4.4.3 Arten von Zuschlagskriterien

Die Zuschlagskriterien sind im BVergG nicht gesondert angeführt. Dem Auftraggeber obliegt es, die Zuschlagskriterien selbst festzulegen und entsprechend zu gewichten.

In den EU-Vergaberichtlinien finden sich beispielhafte Aufzählungen von Zuschlagskriterien, die je nach Art der ausgeschriebenen Leistung divergieren.

Demgemäß können folgende Zuschlagskriterien beispielhaft genannt werden:

Checkliste

- Qualität
- technischer Wert
- Ästhetik
- Zweckmäßigkeit
- Betriebskosten
- Rentabilität
- Kundendienst
- technische Hilfe
- Lieferzeitpunkt bzw. Lieferfrist
- Ausführungszeitpunkt bzw -frist
- Verpflichtungen hinsichtlich der Ersatzteile
- Versorgung
- Sicherheit
- Preis etc

Weitere Beispiele:

- Erhaltungskosten
- Entsorgungskosten
- Ersatzteile (Verfügbarkeit, Kosten)
- Gewährleistung (Erweiterung)
- Haftung (Erweiterung)
- Umweltschutz (Verpackung, Recycling)

Der Auftraggeber hat bei der Auswahl der Zuschlagskriterien grundsätzlich einen weiten Beurteilungsspielraum und ist hierbei nur insoweit beschränkt, als er den Gleichheitsgrundsatz zu beachten hat, die ausgewählten Kriterien sich im Rahmen des Verhältnismäßigkeitsgrundsatzes auf den zu vergebenden Auftrag beziehen müssen und diese nach dem Sachlichkeitsgebot geeignet sein müssen, das technisch und wirtschaftlich günstigste Anbot zu ermitteln.

Achtung! *Es reicht nicht aus, wenn die Zuschlagskriterien nur schlagwortartig (wie oben angeführt Qualität, technischer Wert etc) genannt werden. Vielmehr müssen sie näher erläutert werden. Jeder Bieter muss wissen, welche Anforderungen im Einzelfall unter Begriffen wie Qualität oder technischer Wert zu verstehen sind („Konkretisierungsgebot“).*

Die Zuschlagskriterien müssen weiters angebotsbezogen und dürfen nicht bieterbezogen sein. Es dürfen somit nur solche Kriterien herangezogen werden, die sich konkret auf das abgegebene Angebot beziehen.

Achtung! *Als Auftraggeber dürfen Sie im Laufe eines Vergabeverfahrens keine Zuschlagskriterien anwenden, die Sie zuvor weder in der Bekanntmachung noch in den Ausschreibungsunterlagen bekannt gegeben haben. Dies würde gegen das Transparenzgebot verstoßen und die Einleitung eines Nachprüfungsverfahrens rechtfertigen.*

4,4.5 Angebotsfrist

Darunter wird der Zeitraum zwischen Ausschreibung und dem letztmöglichen Einreichungstermin verstanden *(siehe zu den gesetzlichen Fristen im Anhang Tz 7,1).*

4,4.6 Zuschlagsfrist

Der Auftraggeber hat in der Ausschreibung jeweils auch den Zeitraum bekannt zu geben, innerhalb dessen die Erteilung des Zuschlages vorgesehen ist.

Innerhalb der Zuschlagsfrist hat der Auftraggeber Zeit, die Bieter und ihre Anbote zu prüfen und das Best- bzw Billigstbot zu ermitteln.

Achtung! *Während der Zuschlagsfrist ist jeder Bieter an sein Angebot gebunden.*

Wegen dieser Bindungswirkung wird die Zuschlagsfrist relativ kurz gehalten. Sie darf grundsätzlich **fünf Monate** nicht überschreiten. Bei komplizierten Auftragsvergaben ist diese Frist jedoch oft zu kurz. In Ausnahmefällen kann daher die Dauer der Zuschlagsfrist auf maximal **sieben Monate** verlängert werden. Wenn in der Ausschreibung keine Zuschlagsfrist angegeben ist, so beträgt diese **ein Monat**.

4,4.7 Ausschreibungsunterlagen – Recht auf Übergabe und Einsicht

In einem offenen Verfahren hat jeder Unternehmer, der sein Interesse an einem bestimmten offenen Verfahren bekundet und die Ausschreibungsunterlagen rechtzeitig anfordert, einen Anspruch auf Übergabe der Ausschreibungsunterlagen. Der Auftraggeber hat dem Unternehmer die Ausschreibungsunterlagen unverzüglich, jedoch spätestens innerhalb von sechs Tagen nach Eingang des Antrages zu übergeben (§ 47 Abs 6 BVergG).

Achtung! *Gemäß § 31 Abs 2 BVergG kann der Auftraggeber bei einem offenen Verfahren in der Bekanntmachung einen bestimmten Tag festsetzen, bis zu dem Ausschreibungsunterlagen spätestens anzufordern sind.*

Rechtzeitig angefordert sind Ausschreibungsunterlagen in diesem Fall nur dann, wenn diese vor Ablauf der solchermaßen gesetzten Frist erfolgt.

Das Aushändigen der Unterlagen kann beispielsweise durch Übermittlung per Post, Boten oder auch elektronisch erfolgen. Es kann aber dem jeweiligen Unternehmer etwa auch telefonisch mitgeteilt werden, unter welcher e-lektronischen Adresse die Unterlagen abgerufen werden können. Die Frist zur Abgabe der Ausschreibungsunterlagen läuft ab dem Tag des Einlangens des Antrages beim Auftraggeber.

Beispiel:
Eine Tiroler Gemeinde hat in einem offenen Verfahren Baumeisterarbeiten für eine Kläranlage ausgeschrieben. Ein bestimmter Unternehmer wurde von diesem Vergabeverfahren ausgeschlossen, weil er zuvor wegen Übergehens bei einer Auftragsvergabe einen Schadenersatzprozess gegen die betreffende Gemeinde angestrebt hat. Dem Unternehmer wurde die Herausgabe der Ausschreibungsunterlagen für das betreffende Projekt verweigert. Der OGH (1 Ob 663/89) stellte fest, dass die beklagte Gemeinde bei weiteren offenen Ausschreibungen zur Aushändigung der Unterlagen an den Unternehmer verpflichtet ist.

Darüber hinaus hat jeder Unternehmer einen Anspruch auf Einsicht bzw zusätzliche Auskünfte über die Ausschreibungsunterlagen, wenn er dieses Ansuchen zeitgerecht stellt. Der Auftraggeber hat sodann unverzüglich, jedenfalls aber spätestens sechs Tage vor Ablauf der Frist für den Eingang der Anbote die geforderten Auskünfte zu erteilen.

Zeitgerecht ist ein Ersuchen dann gestellt, wenn es so rechtzeitig erfolgt, dass die zusätzlichen Auskünfte sechs Tage vor Ablauf der Anbotsfrist erteilt werden können. Werden zusätzliche Auskünfte kürzer als sechs Tage vor Ablauf der Anbotsfrist angefordert, so sind die Auskünfte unverzüglich zu erteilen. Die Auskunftserteilung kann durch Zusenden oder elektronisch via Website erfolgen.

4,4.8 Hat der Auftraggeber einen Anspruch auf Aufwandsentschädigung für die Bereitstellung der Unterlagen?

Gemäß § 77 Abs 3 BVergG kann der Auftraggeber bei offenen Verfahren für die Ausschreibungsunterlagen ein die Herstellungskosten (Papier-, Druck- oder Vervielfältigungskosten, Kosten für Datenträger), sowie allfällige Portospesen deckendes Entgelt verlangen.

Für unentgeltlich abgegebene, aber zurückzustellende Unterlagen kann eine entsprechende Sicherstellung verlangt werden.

Bei den übrigen Vergabeverfahren ist ein Entgeltanspruch nur in begründeten Fällen vorgesehen.

4,4.9 Berichtigung der Ausschreibung sowie der Bekanntmachung

Dem Auftraggeber können bei der Gestaltung der Ausschreibungsunterlagen Fehler unterlaufen. Ihm können etwa Schreibfehler unterlaufen. Weiters kann auch im nachhinein erst auffallen, dass die Ausschreibungsunterlagen unvollständig sind oder potentielle Bieter zusätzliche Informationen für die Anbotstellung benötigen.

Eine Berichtigung der Ausschreibung ist nur während der Anbotsfrist, also der Frist, die für das Einlangen der Anbote offen steht, möglich. Nur innerhalb dieser Frist kann der Auftraggeber die Ausschreibungsunterlagen, sowie erforderlichenfalls auch die Bekanntmachung berichtigen.

Ist eine derartige Berichtigung erforderlich, so muss der Auftraggeber allen Bewerbern oder Bietern die Berichtigung nachweislich übermitteln. Ist dies nicht möglich, so ist die Berichtigung in gleicher Weise wie die Ausschreibung bekannt zu machen.

Achtung! *Wenn Sie eine Berichtigung vornehmen, müssen Sie die vorgesehenen Fristen verlängern, wenn die Berichtigung auf die Erstellung der Anbote wesentlichen Einfluss hat.*

Diese Obliegenheit korrespondiert mit der nunmehr den Unternehmern auferlegten Pflicht, allfällige aus der Sicht der Bieter erforderlichen Berichtigungen dem Auftraggeber umgehend mitzuteilen (§ 81 Abs 5 BVerG).

Eine Berichtigung der Ausschreibung bzw der Bekanntmachung ist auch nur insoweit zulässig, als es dadurch nicht zu einer inhaltlich wesentlich anderen Ausschreibung kommt. Diesfalls wäre die Ausschreibung zwingend zu widerrufen.

4,4.10 Wann gilt ein Vergabeverfahren als „eingeleitet"?

§ 20 Z 38 BvergG:

„Eingeleitet ist ein Vergabeverfahren dann, wenn eine den Beginn des Vergabeverfahrens dokumentierende vergaberelevante Handlung des Auftraggebers dessen Sphäre verlässt".

Dies ist entweder die Absendung einer Vergabebekanntmachung oder bei Vergabeverfahren ohne vorherige Bekanntmachung das Setzen der ersten außenwirksamen Handlung des Auftraggebers in Form der Kontaktaufnahme mit Unternehmern, die der Auftraggeber für die Teilnahme am Vergabeverfahren gewinnen will.

Nur etwa bloße erste informelle Erkundigungen des Auftraggebers bei Unternehmern, organisationsinterne Handlungen, Einsetzen eines Projektteams, Planung des Ablaufes eines Verfahrens etc sind noch nicht als verfahrenseinleitende Handlungen anzusehen.

4,5 Wo sind Ausschreibungen bekannt zu machen?

4,5.1 Allgemeines

Für einen öffentlichen Auftraggeber bestehen vielfältige Bekanntmachungsverpflichtungen, die dem Ziel der EU nach möglichst großer Transparenz von Vergabeverfahren entstammen. Die europaweite Bekanntmachung ist eine der wichtigsten einzuhaltenden Vorschriften des Vergaberechts, da damit der innergemeinschaftliche Wettbewerb erst möglich wird. Erst dadurch wird es Unternehmen erst möglich, sich um einem möglicherweise interessanten Auftrag zu bewerben. Zugleich ist die Bekanntmachung in der Regel auch der erste Schritt, in dem eine Vergabeabsicht öffentlich wird.

Ob und wo eine beabsichtigte Vergabe bekannt zu machen ist, hängt vom geschätzten Auftragswert und dem gewählten Vergabeverfahren ab.

Grundsätzlich bestehen folgende Bekanntmachungspflichten:

- Zu Jahresbeginn: Vorinformation am Beginn des Finanz- bzw Haushaltsjahres (§§ 37ff, 44f BVergG)
- Für Sektorenauftraggeber: regelmäßige Bekanntmachung am Beginn des Finanz- bzw Haushaltsjahres
- Bekanntmachung eines offenen Verfahrens, nicht offenen Verfahrens mit Bekanntmachung, Verhandlungsverfahrens mit Bekanntmachung
- Bekanntmachung vergebener Aufträge im Oberschwellenbereich

Die Frage, wo das Vergabeverfahren konkret bekannt zu machen ist, hängt davon ab, wie hoch der geschätzte Auftragswert ist.

Die Übermittlung der Bekanntmachungen kann per Brief, per FAX, per Fernschreiben oder per E-Mail erfolgen.

Europaweite Ausschreibungen können in der Datenbank TED (Tenders Electronic Daily – http://www.ted.eur-op.eu.int) eingesehen werden.

4,5.1.1 Die Vorinformation

Öffentliche Auftraggeber haben nach § 38 BVergG jeweils am Beginn des Finanz- bzw Haushaltsjahres eine nicht verbindliche Bekanntmachung, die sog Vorinformation, im Amtsblatt der EU zu veröffentlichen. Darin sind – abhängig von der Art der Aufträge und der Auftragssumme – Angaben über beabsichtigte Beschaffungen und geplante Aufträge zu machen.

Die Vorinformation ist nicht verbindlich! Der öffentliche Auftraggeber ist daher nicht auf Grund der getätigten Angaben zu Beschaffungen verpflichtet.

Folgende Angaben sind zu machen:

- Bei Lieferaufträgen, aufgeschlüsselt nach Warenbereichen, alle für die nächsten zwölf Monate beabsichtigten Beschaffungen, deren geschätzter Gesamtwert nach Maßgabe des § 12 BVergG mind € 750.000,— beträgt;
- Bei Bauaufträgen die wesentlichen Merkmale der von den Auftraggebern für die nächsten zwölf Monate geplanten Aufträge, deren geschätzter Auftragswert nach Maßgabe des § 13 BVergG mind € 5 Mio beträgt;
- Bei Dienstleistungsaufträgen, aufgeschlüsselt nach Kategorien der Dienstleistungen gemäß Anhang III, alle für die nächsten zwölf Monate beabsichtigten Beschaffungen, deren geschätzter Auftragswert nach Maßgabe des § 14 BVergG mind € 750.000,— beträgt.

In der Vorinformation ist auf das allfällige Erfordernis einer Anerkennung oder Gleichhaltung gemäß den §§ 373c und 373d GewO 1994, oder einer Bestätigung gemäß § 1 Abs 4 der EWR-Architektenverordnung oder einer Bestätigung gemäß § 1 Abs 4 der EWR-Ingenieurkonsulentenverordnung ausdrücklich hinzuweisen.

Die Vorinformation für den Sektorenbereich ist analog in § 123 BVergG geregelt.

4,5.1.2 Die Bekanntmachung

Die Bekanntmachungsvorschriften des BVergG differenzieren nach Ober- und Unterschwellenbereich.

1. Im Oberschwellenbereich (§§ 37ff BVergG)

Der Auftraggeber hat Bekanntmachungen und Mitteilungen unverzüglich und unmittelbar an das Amt für amtliche Veröffentlichungen der Europäischen Gemeinschaften zu übermitteln. Dabei sind die sog Standardformulare für Bekanntmachungen von Aufträgen grundsätzlich in deutscher Sprache zu verwenden. Das Supplement zum Amtsblatt der EU enthält täglich etwa 700 Ausschreibungen. Im Internet kann es unter www.ted.publications.eu.int abgerufen werden.

Die Standardformulare wurden mit der sog Standardformularverordnung 2003 des Bundeskanzlers, BGBl II 335/2003 für verbindlich erklärt.

Tipp *Die Formblätter sind im Internet unter der Adresse www.simap.eu.int oder www.bva.gv.at abrufbar.*

Zusätzlich zur europaweiten Bekanntmachung haben Auftraggeber eine beabsichtigte Vergabe von Aufträgen auch innerstaatlich bekannt zu machen.

Dabei ist zu berücksichtigten, welchem Vollziehungsbereich der Auftraggeber zuzuordnen ist. Der Bund und die Länder haben jeweils in Verordnungen festgelegt, in welchen Publikationsmedien Bekanntmachungen zu veröffentlichen sind.

Auftraggeber, die

- dem Bund zuzuordnen sind, haben den Auftrag im Amtlichen Lieferanzeiger, der als Teil des „Amtsblattes zur Wiener Zeitung“ erscheint, bekannt zu machen.
- dem Land (der Gemeinde) Wien zuzuordnen sind, haben den Auftrag im „Amtsblatt der Stadt Wien“ (Internet: www.wien.gv.at) bekannt zu machen.
- dem Land Niederösterreich zuzuordnen sind, haben den Auftrag zumindest in den „Amtlichen Nachrichten der Niederösterreichischen Landesregierung“ bekannt zu machen.
- dem Land Steiermark zuzuordnen sind, haben den Auftrag zumindest in der „Grazer Zeitung – Amtsblatt für die Steiermark“ oder im Internet bekannt zu machen.
- dem Land Oberösterreich zuzuordnen sind, haben den Auftrag zumindest in der „Linzer Zeitung – Amtsblatt für Oberösterreich“ bekannt zu machen.
- dem Land Tirol zuzuordnen sind, haben den Auftrag zumindest im „Boten für Tirol“ bekannt zu machen.
- dem Land Kärnten zuzuordnen sind, haben den Auftrag zumindest in der „Kärntner Landeszeitung“ bekannt zu machen.

- Dem Land Salzburg zuzuordnen sind, haben den Auftrag im Internet unter www.salzburg.gv.at bekannt zu machen.
- Die dem Land Burgenland zuzuordnen sind, haben den Auftrag zumindest im „Amtsblatt für das Land Burgenland" bekannt zu geben.
- Die dem Land Vorarlberg zuzuordnen sind, haben den Auftrag zumindest im „Amtsblatt für das Land Vorarlberg" oder im Internet bekannt zu geben.

Es bleibt den Auftraggebern aber selbstverständlich unbenommen, Bekanntmachungen zusätzlich auch in anderen Zeitungen und Medien zu schalten, wenn dies im konkreten Fall zweckmäßig erscheint.

2. Im Unterschwellenbereich (§§ 44f BVergG)

Im Unterschwellenbereich entfällt die Verpflichtung zur europaweiten Bekanntmachung. Vergaben sind nur in jenem Medium verpflichtend bekannt zu machen, das in den jeweiligen Verordnungen, die in Bund und Ländern in Ausführung des § 44 BVergG ergangen sind, genannt sind. Sie entsprechen den im Oberschwellenbereich festgelegten Medien.

Bekanntmachungen im Unterschwellenbereich haben **jedenfalls zwingend** zu enthalten:

- Bezeichnung des Auftraggebers
- Gegenstand der Leistung unter möglichst genauer Angabe von Art und Umfang der Leistung (gegebenenfalls Teilleistung) sowie Erfüllungsort und Leistungsfrist; Umstände, die eine besondere Eignung erfordern.

Im **offenen Verfahren und bei Durchführung einer elektronischen Auktion ohne beschränkte Teilnehmerzahl** kommen **ergänzend** dazu noch folgende Angaben:

- Hinweise, wo und wann die zur Verfassung des Angebotes notwendigen Ausschreibungsunterlagen eingesehen oder beschafft werden können oder dass diese über Aufforderung zugesendet werden; allfällige Kosten der Unterlagen
- Datum und Ort für die Einreichung der Angebote
- Zuschlagsfrist
- Bestimmung über den allfälligen Erlag eines Vadiums
- Zulässigkeit von Teilangeboten
- Beschränkung oder Unzulässigkeit von Alternativangeboten
- Hinweise auf automationsunterstützte Angebotslegung

Im **nicht offenen oder im Verhandlungsverfahren** und bei Durchführung einer **elektronischen Auktion mit beschränkter Teilnehmeranzahl** hat die Bekanntmachung weiters insbesondere die folgenden Angaben zu enthalten:

- Termin, bis zu dem die Teilnahmeanträge eingelangt sein müssen
- Angaben, welche Unterlagen dem Teilnahmeantrag beizuschließen sind

- Stelle, bei der genauere Informationen (Bewerbungsunterlagen) über die gewünschte Leistung erhältlich sind
- Begrenzung der Anzahl der auszuwählenden Bewerber
- Auswahlkriterien

Bei der vorherigen Bekanntmachung von **Wettbewerben** müssen **zusätzlich** angegeben werden:

- Art des Wettbewerbes
- Bei offenen Wettbewerben: Frist für den Eingang von Wettbewerbsarbeiten
- Bei nicht offenen Wettbewerben (Wettbewerben mit beschränkter Teilnehmerzahl)
    - Begrenzung der Anzahl der auszuwählenden Teilnehmer
    - Gegebenenfalls Namen bereits ausgewählter Teilnehmer
    - Auswahlkriterien
    - Frist für den Eingang von Anträgen auf Teilnahme
- Teilnahmeberechtigung
- Beurteilungskriterien
- Absichtserklärung zum weiteren Vergabeverfahren
- Angabe, ob die Teilnehmer Anspruch auf Kostenerstattung haben
- Termine

4,5.1.3 Bekanntmachung vergebener Aufträge

Sehr oft vergessen wird die Verpflichtung, im Oberschwellenbereich jeden vergebenen Bau-, Liefer- oder Dienstleistungsauftrag und das Ergebnis jeden Wettbewerbs zu veröffentlichen. Die Information ist spätestens 48 Tage nach Zuschlagserteilung dem Amt für amtliche Veröffentlichungen der Europäischen Gemeinschaften zu übermitteln.

Es gibt hierfür wieder eigene Formulare, die unter www.simap.eu.int oder www.bva.gv.at herunterzuladen sind.

Eine Ausnahme von der Verpflichtung zur Bekanntmachung besteht nur dann, wenn diese die Vollziehung von Gesetzen behindern, dem öffentlichen Interesse in anderer Weise zuwiderlaufen oder die berechtigten geschäftlichen Interessen öffentlicher oder privater Unternehmen berühren oder den freien Wettbewerb zwischen den Unternehmen beeinträchtigen würde.

Bei der Vergabe von nicht prioritären Dienstleistungen besteht zwar für den Auftraggeber auch die Verpflichtung zur Bekanntmachung des vergebenen Auftrages. Der Auftraggeber hat in diesem Fall aber nicht nur die Möglichkeit, um die Nichtveröffentlichung von bestimmten Informationen aus bestimmten Gründen zu ersuchen, sondern auch ein Recht auf Unterbleiben der Veröffentlichung. Das Amt für amtliche Veröffentlichungen muss zwar alle im Formular geforderten Informationen erhalten, der Auftraggeber kann aber die Publikation sowohl der gesamten Bekanntmachung als auch einzelner Punkte derselben untersagen.

4,6 Eignung der Bieter

4,6.1 Allgemein

Ein fundamentaler Grundsatz des Vergabeverfahrens bestimmt, dass Aufträge nur an **befugte, leistungsfähige und zuverlässige** Unternehmen vergeben werden dürfen.

§ 20 Z 19 lit c BVergG:

*„**Eignungskriterien** sind die vom Auftraggeber festgelegten, nicht diskriminierenden Mindestanforderungen an den Bewerber oder Bieter, die gemäß den Bestimmungen dieses Bundesgesetzes nachzuweisen sind".*

Bei der Eignungsprüfung geht es um die Feststellung, ob ein Bieter grundsätzlich für den betreffenden Auftrag geeignet ist oder nicht.

Eignungskriterien sind somit vom Auftraggeber festgelegte unternehmensbezogene Mindestanforderungen. Dagegen sind Zuschlagskriterien auftragsbezogene, in der Reihenfolge ihrer Bedeutung festgelegte Kriterien, nach denen das technisch und wirtschaftlich günstigste Angebot von grundsätzlich geeigneten Bietern ermittelt wird.

Nach dem Vergaberecht wird auf eine Unterscheidung zwischen Eignungs- und Zuschlagskriterien Wert gelegt. Nach der Rechtsprechung des EuGH (Rs C-31/87 – Beentjes) kann die Eignungsprüfung und der Zuschlag des Auftrages gleichzeitig erfolgen. In der Praxis erfolgen diese beiden Schritte jedoch meistens zeitlich voneinander getrennt. Dies entspricht auch eher den Bestimmungen des BVergG.

Im nicht offenen Verfahren sowie im Verhandlungsverfahren muss die Eignungsprüfung bereits bei der Auswahl der Bewerber stattfinden, damit in Entsprechung der Bestimmungen des BVergG die Einladung zur Angebotsabgabe nur mehr an geeignete, also befugte, leistungsfähige und zuverlässige Bewerber erfolgt. Erst im Anschluss daran sind die eingelangten Angebote im Hinblick auf die Zuschlagskriterien zu prüfen.

4,6.2 Eignungskriterien – Welche Nachweise muss bzw kann der Auftraggeber verlangen?

Das Vergaberecht stellt dem Auftraggeber grundsätzlich frei, welche Standards an wirtschaftlicher, finanzieller und technischer Leistungsfähigkeit er den Unternehmen als Voraussetzung für die Teilnahme an einem Vergabeverfahren vorschreibt.

Allerdings ist festgelegt, welcher Art die diesbezüglich vom Auftraggeber geforderten Eignungsnachweise sein dürfen. Die von den Bietern zu erbringenden Nachweise über die technische Leistungsfähigkeit sowie über den Besitz bestimmter Berechtigungen sind im BVergG abschließend genannt. Nachweise über die finanzielle und wirtschaftliche Leistungsfähigkeit sind hingegen nur beispielhaft aufgezählt.

Allgemein dürfen alle Nachweise nur so weit verlangt werden, als dies durch den Auftragsgegenstand sachlich gerechtfertigt ist.

4,6.2.1 Nachweis der Befugnis

- Beglaubigte Abschrift des Berufs- oder Handelsregisters des Herkunftslandes des Unternehmens,
- die in den Herkunftsländern vorgesehenen Bescheinigungen oder
- eidesstattliche Erklärungen.

Diese Nachweise sind anlässlich der konkreten Bewerbungen und Angebote zu erbringen.

Zur Klarstellung ist festzuhalten, dass der Nachweis der Befugnis für in Österreich niedergelassene Unternehmer nach den in Österreich vorgesehenen Bescheinigungen zu erfolgen hat. Die Vorlage eines Firmenbuchauszuges reicht demnach nicht aus, die Gewerbeberechtigung nachzuweisen, weil bei der Eintragung in das Firmenbuch diese Angabe des Anmeldenden ungeprüft eingetragen wird.

In der Praxis erfolgt die Prüfung der Befugnis inländischer Bieter zumeist durch Nachweise gemäß Gewerbeordnung, Ziviltechnikergesetz oder sonstigen Bestimmungen.

4,6.2.2 Nachweis der allgemeinen beruflichen Zuverlässigkeit

- Nachweis, dass gegen Bieter kein Konkurs- oder Ausgleichsverfahren eingeleitet wurde,
- Nachweis, dass sich Bewerber nicht in Liquidation befindet oder die gewerbliche Tätigkeit eingestellt hat,
- Nachweis, dass gegen Bewerber kein rechtskräftiges Urteil ergangen ist, das die berufliche Zuverlässigkeit in Frage stellt,
- Nachweis, dass Bewerber den Verpflichtungen zur Zahlung der Sozialversicherungsbeiträge sowie Steuern und Abgaben erfüllt hat.

<u>Dieser Nachweis kann erbracht werden durch</u>:

- Vorlage eines Firmenbuchauszuges,
- einer Strafregisterbescheinigung oder
- einer gleichwertigen Bescheinigung einer Gerichts- oder Verwaltungsbehörde des Herkunftslandes des Unternehmers sowie
- Vorlage des letztgültigen Kontoauszuges der zuständigen Sozialversicherungsanstalt oder
- der letztgültigen Lastschriftanzeige der zuständigen Finanzbehörde oder
- gleichwertiger Dokumente des Herkunftslandes des Unternehmers.

Achtung! *Hinsichtlich der zu erbringenden Nachweise mittels Firmenbuchauszug, Strafregisterbescheinigung oder einer gleichwertigen Bescheinigung enthält das Gesetz keine Vorgaben über deren Aktualität. Es liegt daher an Ihnen als Auftraggeber selbst, bekannt zu geben, wie alt derartige Nachweise höchstens sein dürfen. Diese Frist darf aber keinesfalls zu kurz bemessen sein, weil dies zu einer Diskriminierung führen könnte.*

Abschließend *Das BVergG enthält in § 54 eine abschließende Aufzählung aller Nachweise, welche von einem Bieter hinsichtlich seiner allgemeinen beruflichen Zuverlässigkeit verlangt werden können.*

4,6.2.3 Nachweis der besonderen beruflichen Zuverlässigkeit

Von für die Zuschlagserteilung in Betracht kommenden Bewerbern, Bietern und deren Subunternehmern hat die vergebende Stelle eine Auskunft aus der zentralen Verwaltungsstrafevidenz des Bundesministeriums für Wirtschaft und Arbeit gemäß § 28b des Ausländerbeschäftigungsgesetzes (AuslBG) in der jeweils geltenden Fassung.

Achtung! *Diese Auskunft darf nicht älter als 6 Monate sein!*

Für einen Bieter, für den die Auskunft eine rechtskräftige Bestrafung gemäß § 28 Abs 1 Z 1 AuslBG ausweist, besteht die Möglichkeit, glaubhaft zu machen, dass er konkrete organisatorische und personelle Maßnahmen gesetzt hat, die geeignet sind, das nochmalige Setzen eines derartigen Verhaltens zu unterbinden. Die Nachweise sind ebenfalls anlässlich der konkreten Bewerbungen und Angebote zu erbringen.

Da der Inhalt der Auskunft nur die absolut erforderliche Mindestinformation enthält, bestehen auch keine Bedenken aus datenschutzrechtlicher Sicht, zumal es jeder Bieter selbst in der Hand hat, durch Unterlassung der Bewerbung die Übermittlung der betreffenden Information an den öffentlichen Auftraggeber zu verhindern.

4,6.2.4 Nachweis der finanziellen und wirtschaftlichen Leistungsfähigkeit

- Bankerklärung (Bonitätsauskunft),
- Berufshaftpflichtversicherungsdeckung,
- Bilanzen oder Bilanzauszüge,
- Erklärung über den Gesamtumsatz sowie
- bei Bauaufträgen eine Erklärung über den Gesamt- oder spartenspezifischen Umsatz bei der Ausführung von Bauarbeiten der letzten drei Geschäftsjahre,

- bei Lieferaufträgen eine Umsatzerklärung der letzten drei Geschäftsjahre bezüglich der Lieferung jener Erzeugnisse, die Gegenstand der Ausschreibung sind und
- bei Dienstleistungsaufträgen eine Erklärung über den Umsatz der letzten drei Geschäftsjahre bezüglich der Dienstleistungen, welche Gegenstand der Ausschreibung sind.

Mögliche weitere Nachweise:

- letztgültige Lastschriftanzeige des Finanzamtes,
- letztgültiger Kontoauszug von Sozialversicherungsanstalten,
- Nachweis der Begleichung der Kommunalsteuern etc,
- Angaben über die Anzahl der beschäftigten Dienstnehmer,
- Angaben über Unternehmensbeteiligungen,
- Angaben über Kapitalausstattung, Anlagevermögen, Grundbesitz.

Auch diese Nachweise sind anlässlich der konkreten Bewerbungen und Angebote zu erbringen. Wesentlich erscheint die Kenntnis über das haftende Eigenkapital sowie ob das Eigenkapital in Relation zum Auftragsvolumen steht und ob allenfalls eine Überschuldung vorliegt.

Demonstrativ *Der Katalog dieser Nachweise ist nicht abschließend geregelt, sondern bloß beispielhaft aufgezählt.*

4,6.2.5 Nachweis der technischen Leistungsfähigkeit

Je nach Auftragsart können folgende Nachweise verlangt werden:

1. Bei Lieferaufträgen

- Eine Liste der wesentlichen, in den letzten drei Jahren erbrachten Lieferungen mit Angabe des Rechnungswertes, des Lieferzeitpunktes, sowie der Auftraggeber. Sofern davon Leistungen in Arbeitsgemeinschaften erbrachten wurden, ist der Anteil des Unternehmers an der Leistungserbringung anzugeben.
- Eine Beschreibung der technischen Ausrüstung, der Maßnahmen des Unternehmers zur Gewährleistung der Qualität und der Untersuchungs- und Forschungsmöglichkeiten des Unternehmers.
- Angaben über die technische Leitung oder die technischen Stellen, und zwar insbesondere über diejenigen, die mit der Qualitätskontrolle beauftragt sind.
- Muster, Beschreibungen und Fotografien der zu liefernden Erzeugnisse, deren Echtheit auf Anfrage des Auftraggebers nachweisbar sein muss.
- Bescheinigungen, die von zuständigen amtlichen Qualitätskontrolleinrichtungen ausgestellt wurden, mit denen bestätigt wird, dass durch entsprechende Bezugnahmen genau gekennzeichnete Waren bestimmten Spezifikationen oder Normen entsprechen.

- Bei zu liefernden Gegenständen komplexer Art oder zu liefernden Gegenständen, die ausnahmsweise einem besonderen Zweck dienen sollen, eine Kontrolle, die vom Auftraggeber oder in dessen Namen von einer zuständigen amtlichen Stelle im Herkunftsland des Unternehmers durchgeführt wird. Diese Kontrolle betrifft die Produktionskapazitäten und erforderlichenfalls die Untersuchungs- und Forschungsmöglichkeiten des Unternehmers, sowie die von diesem zur Gewährleistung der Qualität getroffenen Vorkehrungen.

2. Bei Bauaufträgen

- Ausbildungsnachweise und Bescheinigungen über die berufliche Befähigung des Unternehmers und der Führungskräfte des Unternehmers, insbesondere der für die Ausführung der Arbeiten verantwortlichen Personen.
- Eine Liste der in den letzten fünf Jahren erbrachten Bauleistungen, welcher Bescheinigungen über die ordnungsgemäße Ausführung für die wichtigsten Bauleistungen beizufügen sind. Sofern davon Leistungen in Arbeitsgemeinschaften erbracht wurden, ist der Anteil des Unternehmers an der Leistungserbringung anzugeben.
- Eine Erklärung, aus der hervorgeht, über welche Ausstattung, welche Baugeräte und welche technische Ausrüstung der Unternehmer für die Ausführung des Bauvorhabens verfügen wird.
- Eine Erklärung, aus welcher das jährliche Mittel der vom Unternehmer in den letzten drei Jahren Beschäftigten und die Anzahl seiner Führungskräfte in den letzten drei Jahren ersichtlich sind.
- Eine Erklärung, in der die Techniker oder die technischen Stellen anzugeben sind, über die der Unternehmer unabhängig davon, ob sie dem Unternehmen angehören oder nicht, bei der Ausführung des Bauvorhabens verfügen wird.

3. Bei Dienstleistungsaufträgen

- Ausbildungsnachweise und Bescheinigungen über die berufliche Befähigung des Unternehmers und der Führungskräfte des Unternehmers, insbesondere der für die Erbringung der Dienstleistungen verantwortlichen Personen.
- Eine Liste der wesentlichen in den letzten drei Jahren erbrachten Dienstleistungen mit Angabe des Rechnungswertes, des Erbringungszeitpunktes, sowie der Auftraggeber. Sofern davon Leistungen in Arbeitsgemeinschaften erbracht wurden, ist der Anteil des Unternehmers an der Leistungserbringung anzugeben.
- Angaben über die technische Leitung oder die technischen Stellen unabhängig davon, ob sie dem Unternehmer angeschlossen sind oder nicht, und zwar insbesondere über diejenigen, die mit der Qualitätskontrolle beauftragt sind.

- Eine Erklärung, aus der das jährliche Mittel der vom Unternehmer in den letzten drei Jahren Beschäftigten und die Anzahl seiner Führungskräfte in den letzten drei Jahren ersichtlich sind.
- Eine Erklärung aus der hervorgeht, über welche Ausstattung, welche Geräte und welche technische Ausrüstung der Unternehmer für die Ausführung der Dienstleistungen verfügen wird.
- Eine Beschreibung der Maßnahmen des Unternehmers zur Gewährleistung der Qualität und der Untersuchungs- und Forschungsmöglichkeiten.
- Bei Dienstleitungen komplexer Art oder Dienstleistungen, die ausnahmsweise einem besonderen Zweck dienen sollen, eine Kontrolle, die vom Auftraggeber selbst oder in dessen Namen von einer anderen dafür zuständigen amtlichen Stelle im Herkunftsland des Unternehmers durchgeführt wird.
- Angabe des Auftragsanteils, für den der Unternehmer möglicherweise einen Subauftrag zu erteilen beabsichtigt.

Auch diese Nachweise sind anlässlich der konkreten Bewerbungen und Angebote zu erbringen.

Abschließend *Die Liste dieser Nachweise ist abschließend.*

Die technische Leistungsfähigkeit muss zwar vom Bieter nachgewiesen werden, er muss aber nicht alle dafür notwendigen Voraussetzungen in seiner Person vereinigen, sondern kann sich unter bestimmten Voraussetzungen auf die Leistungsfähigkeit Dritter berufen.

Beispiel:
Es wird etwa für ausreichend erachtet, dass eine Holding Gesellschaft, die selbst keine Arbeiten ausführt, unter anderem ihre technische Leistungsfähigkeit dadurch nachweisen kann, dass sie auf die entsprechende technische Leistungsfähigkeit ihrer Tochtergesellschaften verweist, soweit die Holding Gesellschaft unabhängig von der Art der Beziehung zu ihren Tochtergesellschaften tatsächlich über die diesen zustehenden Mittel verfügen kann, wofür im übrigen die Holding Gesellschaft beweispflichtig ist.

Von freilich noch größerer praktischer Bedeutung ist die Frage, ob Bieter ihre technische Leistungsfähigkeit durch den Verweis auf die technische Leistungsfähigkeit von **Subunternehmern** substituieren können.

Aus § 70 BVergG geht hervor, dass die Vergabe und die Berufung hinsichtlich der technischen Leistungsfähigkeit auf Subunternehmer zulässig ist. Dies hat auch bereits das BVA ausgesprochen (vgl BVA 20.4.2001, N-43/01-20, N-46/01-18).

Im Falle der Substituierung der Leistungsfähigkeit ist vom Bieter der jeweilige Subunternehmer in seinem Anbot zwingend zu nennen, um dem Auftraggeber die Prüfung der Eignung dieses Subunternehmers, insbesondere seiner Leistungsfähigkeit, zu ermöglichen.

Achtung! *Eine Substituierung der wirtschaftlichen Leistungsfähigkeit durch einen Subunternehmer ist hingegen ausgeschlossen, weil nur der Hauptauftragnehmer Vertragspartner des Auftraggebers ist und von diesem die Vertragserfüllung (ersatzweise Schadenersatz) begehrt werden kann.*

4,6.2.6 Zertifikate (ISO 9000) als Eignungskriterien

ISO 9000-Standards sind den österreichischen ÖNORMEN vergleichbare internationale Normen, die Mindeststandards vorgeben, nach denen die Abläufe in einem Unternehmen zu gestalten sind. Damit wird sichergestellt, dass die Kunden bzw Auftraggeber die erwartete Qualität erhalten.

Die Zertifizierung eines Unternehmens, dass die Standards von ISO 9000 erfüllt, erfolgt über externe Auditoren, die von der Zertifizierungsstelle beauftragt werden. Eine derartige Zertifizierung stellt für den Auftraggeber daher sicher, dass sowohl die Dokumentation der Leistungserbringung durch das Unternehmen, als auch die Vorgehensweise bei der Leistungserbringung selbst einem international anerkannten Standard entspricht.

Die Standards nach der Norm ISO 9000 stellen eine Mischform von Zuschlags- und Eignungskriterien dar, weil sie zum einen die Qualitätssicherung als Ziel zum Gegenstand haben und zum anderen auch auf einer allgemeinen Ebene verbleiben.

Achtung! *Grundsätzlich dürfen Eignungskriterien nicht auch als Zuschlagskriterien in das Vergabeverfahren einfließen und umgekehrt.*

Eine Heranziehung von ISO-Standards als Zuschlagskriterien ist jedenfalls soweit zulässig, als diese eine Qualitätssicherung und -steigerung der einzelnen Leistungen bewirken können. Ein Konflikt mit dem „Vermischungsverbot" von Eignungs- und Zuschlagskriterien ist insoweit nicht wahrscheinlich, als diese einander nach der gebotenen Definition zunächst ergänzen, andererseits aber auch ausschließen. Während Eignungskriterien vorrangig die Person des Leistungserbringers und die im Unternehmen allgemein vorherrschenden Qualitätsmerkmale umfassen, beziehen sich die Zuschlagskriterien nicht mehr auf den Leistungserbringer, sondern auf die Qualität der jeweiligen Auftragsleistung.

Die Festschreibung eines Standards nach der Norm ISO 9000 ist daher als Eignungskriterium grundsätzlich zulässig, zumal darin weder eine Diskriminierung, noch eine Ungleichbehandlung zu erblicken ist.

4,6.3 Auftragnehmerkataster Österreich

Von immer größerer praktischer Relevanz wird die Entwicklung des Auftragnehmerskatasters Österreich (ANKÖ).

Jeder potentielle Bieter kann freiwillig beim Auftragnehmerkataster Österreich seine Daten, insbesondere über die Eignung des Unternehmens deponieren.

Vorteil *Der Vorteil liegt vor allem darin, dass die in einzelnen Ausschreibungen jedem Auftraggeber nachzuweisende Erfüllung der Eignungskriterien nicht immer wieder erfolgen muss, sondern vom Auftraggeber selbst abgerufen werden kann.*

Das System beruht auf der Freiwilligkeit der Unternehmer an der Teilnahme.

Die Aufnahme in den ANKÖ steht grundsätzlich allen Unternehmern offen. Es besteht für Unternehmer jedoch keine Verpflichtung, sich um die Aufnahme in den ANKÖ zu bemühen, um an einem Vergabeverfahren teilnehmen zu können.

Der Auftragnehmer darf somit Unternehmen, die nicht im ANKÖ aufscheinen, aufgrund dieser Tatsache nicht von einem Vergabeverfahren ausschließen.

Die Kosten der Eintragung in den ANKÖ sowie der entsprechenden Aktualisierung der Daten betragen derzeit € 59,— zuzüglich USt pro Kalenderjahr. Für jede Einzelabfrage zahlt der öffentliche Auftraggeber derzeit eine Gebühr von ca € 7,27 pro Unternehmer.

Adresse *Abrufbar unter:* **www.ankoe.at**

4,6.4 Zeitpunkt des Vorliegens der Nachweise

Nach dem BVergG 1997 musste die Befugnis, Leistungsfähigkeit und Zuverlässigkeit der Bieter generell im Zeitpunkt der Angebotsöffnung vorliegen.

Nunmehr regelt § 52 Abs 5 BVergG den Zeitpunkt des Vorliegens der Nachweise der Eignungskriterien differenzierter. Danach ist der Zeitpunkt der Angebotsöffnung nur mehr im offenen Verfahren entscheidend.

Gemäß § 52 Abs 5 BVergG sind nunmehr im einzelnen nachstehende Zeitpunkte ausschlaggebend:

- Beim offenen Verfahren: Zeitpunkt der Anbotsöffnung
- Beim nicht offenen Verfahren: Zeitpunkt der Aufforderung zur Angebotsabgabe
- Bei elektronischen Auktionen: Zeitpunkt der Zulassung zur Auktion
- Beim Verhandlungsverfahren: Zeitpunkt der Aufforderung zur Anbotsabgabe
- Beim offenen Wettbewerb: Zeitpunkt der Vorlage der Wettbewerbsarbeiten
- Beim nicht offenen und geladenen Wettbewerb: Zeitpunkt der Aufforderung zur Vorlage von Wettbewerbsarbeiten

- Bei der Direktvergabe: Zeitpunkt der Zuschlagserteilung
- Bei der Rahmenvereinbarung: Zum jeweils relevanten Zeitpunkt gemäß der gewählten Verfahrensart zum Abschluss der Rahmenvereinbarung sowie bei einem erneuten Aufruf zum Wettbewerb zum Zeitpunkt des Ablaufes der Anbotsfrist

4,7 Die Angebotslegung

4,7.1 Allgemeines

Nach Abholung der Ausschreibungsunterlagen sind von den Bietern die Angebote zu erstellen. Das BVergG trifft in den §§ 81 bis 88 auch hier wieder einige wichtige Vorgaben. Sie richten sich im speziellen an die Bieter und sind von diesen sehr ernst zu nehmen. Mängel in Angeboten können zum Ausscheiden des Angebots führen. Der Auftraggeber hat hierbei kein Ermessen; wenn ein unbehebbarer Mangel oder ein nicht behobener Mangel vorliegt, hat er das Angebot gemäß § 98 BVergG zwingend auszuscheiden. Darauf können sich auch die Mitbieter berufen.

Der Bieter hat sich bei der Erstellung des Angebotes an die Ausschreibungsunterlagen zu halten. Der vorgeschriebene Text darf nicht geändert werden. Nur so ist ein objektiver Vergleich der Angebote gewährleistet. Auch bei Fehlern in den Ausschreibungsunterlagen ist es dem Bieter nicht gestattet, diese zu ändern oder zu ergänzen. Ein derartiges Angebot müsste als nicht ausschreibungskonform ausgeschieden werden!

Eine Ausnahme sieht das Gesetz für das Verhandlungsverfahren vor. Hier ergibt sich aus der Eigenart des Verfahrens, dass über den gesamten Auftragsinhalt verhandelt werden darf, dass das Leistungsverzeichnis noch nicht abschließend ist. Auch die Vorgaben der Ausschreibungsunterlagen können verändert werden.

Der Inhalt von Angeboten ist nach den allgemeinen Auslegungsregeln der §§ 914, 915 ABGB zu ermitteln.

Das Angebot samt den dazugehörenden Unterlagen ist in deutscher Sprache zu erstellen und hat auf Euro zu lauten. In den Ausschreibungsunterlagen kann aber ausdrücklich etwas anderes festgelegt werden.

Grundsätzlich muss sich das Angebot auf die Gesamtleistung beziehen. Eine Ausnahme ist nur zulässig, wenn in der Ausschreibung die Möglichkeit von Teilangeboten vorgesehen wurde. Ein unzulässiges Teilangebot ist mit einem unbehebbaren Mangel behaftet.

4,7.2 Alternativangebote

Bieter, die Alternativangebote legen, haben den Nachweis der Gleichwertigkeit zu führen. Ob eine angebotene Alternative gleichwertig ist, kann nur unter Abwägung aller Umstände des Falles beurteilt werden. Die Gleichwertigkeit muss sich bereits aus dem abgegebenen Angebot ergeben. Das Fehlen der für die Gleichwertigkeit erforderlichen Angaben im Angebot ist ein unbehebbarer Mangel!

Achtung! *Alternativangebote sind als solche zu kennzeichnen und in einer eigenen Ausarbeitung einzureichen. Für jedes Alternativangebot, auch wenn es sich nur auf Teile der Gesamtleistung bezieht, ist vom Bieter je ein Gesamt-Alternativangebotspreis zu bilden.*

Alternativangebote können sich grundsätzlich auf die Gesamtleistung, auf Teile der Leistung, auf die wirtschaftlichen oder auf die rechtlichen Bedingungen des Leistungserbringers beziehen.

Sie haben gleichwertige Leistungen sicherzustellen. Ob Gleichwertigkeit gegeben ist, kann nur unter Abwägung aller Umstände des Einzelfalls beurteilt werden und ist abhängig von der konkreten Leistungsbeschreibung.

4,7.3 Rügeobliegenheit

Ist aus der Sicht eines Bewerbers oder Bieters eine Berichtigung der Ausschreibung oder der Ausschreibungsunterlagen erforderlich, so hat er dies umgehend dem Auftraggeber mitzuteilen.

Der Auftraggeber kann daraufhin – wenn er es für notwendig erachtet – eine Berichtigung gemäß § 78 BVergG durchführen.

Die Rügepflicht bleibt im Gesetz unmittelbar ohne Sanktion; die Obliegenheitsverletzung würde jedoch in einem allfälligen Nachprüfungsverfahren von der Nachprüfungsbehörde entsprechend gewertet werden.

4,7.4 Bieterlücken

Erfolgt in einer Ausschreibung unter den gesetzlichen Voraussetzungen die Ausschreibung eines bestimmten Erzeugnisses mit dem Zusatz „oder gleichwertiger Art“, so kann der Bieter in die freien Zeilen (Bieterlücken) des Leistungsverzeichnisses ein gleichwertiges Erzeugnis einsetzen. Den Nachweis der Gleichwertigkeit hat allerdings der Bieter zu führen.

Werden vom Bieter keine anderen Erzeugnisse in den Bieterlücken angeführt, dann gelten allerdings die in den Ausschreibungsunterlagen als Beispiele genannten Erzeugnisse!

Achtung! *Wird festgestellt, dass die in den Bieterlücken angeführten Produkte den in den Ausschreibungsunterlagen angeführten Kriterien der Gleichwertigkeit* *nicht entsprechen, gelten die beispielhaft vom Auftraggeber angeführten Produkte nur dann als angeboten, wenn der Bieter das in einem Begleitschreiben zum Angebot ausdrücklich erklärt hat.*

4,7.5 Rücktritt während der Angebotsfrist

Während der Angebotsfrist kann der Bieter problemlos durch eine zusätzliche, rechtsgültig unterfertigte Erklärung sein Angebot ändern, ergänzen oder von demselben zurücktreten.

Die Angebotsänderung oder -ergänzung ist der vergebenden Stelle wie beim ursprünglichen Angebot zu übermitteln und wird von ihr wie ein Angebot behandelt.

Achtung! *Ändert sich durch eine Änderung oder Ergänzung der Gesamtpreis, ist selbstverständlich auch dieser anzugeben!*

4,7.6 Form der Angebote

Angebote müssen die in den Ausschreibungsunterlagen vorgeschriebene Form aufweisen. Angebote sind vollständig und frei von Zahlen und Rechenfehlern abzugeben.

Lose Bestandteile des Angebotes, bei elektronisch abgegebenen Angeboten, gesonderte Datensätze, sind vom Bieter mit dem Namen bzw einer sicheren elektronischen Signatur zu versehen, als zum Angebot gehörend zu kennzeichnen und mit diesem abzugeben.

Veränderungen (wie ein Verwischen oder Entfernungen der Schrift oder des Druckes) müssen im Angebot bemerkbar und nachweisbar sein. Korrekturen müssen daher so eindeutig und klar sein und so durchgeführt werden, dass zweifelsfrei erkennbar ist, dass die Korrektur vor der Angebotsabgabe erfolgt ist. Nach herrschender Auffassung ist daher jede Korrektur, die das Preis-Leistungsverhältnis beeinflusst, wie Preiskorrekturen oder die Korrektur von Eintragungen in Bieterlücken, mit Datum, Stempel und Unterschrift durch den Bieter zu bestätigen. Andernfalls müsste das Angebot wegen eines unbehebbaren Mangels ausgeschieden werden.

Angebote sind in deutscher Sprache zu verfassen und haben auf Euro zu lauten.

4,7.7 Einreichen der Angebote

Bezüglich des Einreichens von Angeboten wird künftig zu unterscheiden sein, ob die Angebote in Papierform oder auf elektronischem Weg eingereicht werden. Das BVergG öffnet erstmals den Weg für elektronische Angebote.

4,7.7.1 Angebote in Papierform

Angebote in Papierform sind in einem verschlossenen Umschlag innerhalb der Angebotsfrist einzureichen. Der Auftraggeber kann Umschläge bereitstellen, diese sind dann tunlichst zu verwenden.

Der Umschlag ist mit einem allfälligen Kennwort oder einer den Inhalt kennzeichnenden Aufschrift zu versehen. Empfehlenswert ist auch ein Hinweis darauf, dass das Kuvert nicht geöffnet werden darf.

Anmerkung *Unter Einreichen ist im übrigen **Einlangen beim Auftraggeber** zu verstehen! Die Tage des Postlaufs verlängern die Angebotsfrist nicht. Der Bieter trägt somit das Risiko des rechtzeitigen Einlangens seines Angebotes. Eine Verspätung, gleich aus welchem Grund, ist daher ein unbehebbarer Mangel!*

4,7.7.2 Elektronisch übermittelte Angebote

Elektronisch übermittelte Angebote müssen innerhalb der Angebotsfrist gemäß den bekannt gegebenen Verfahren verschlüsselt und gemäß den bekannt gegebenen Dokumenten- und Kommunikationsformaten eingereicht werden. Der Auftraggeber muss die Abgabe von elektronischen Angeboten gemäß § 68 Abs 1 BVergG ausdrücklich für zulässig erklären, es soll daher den Auftraggebern und Unternehmen nach Maßgabe ihrer technischen und finanziellen Möglichkeiten die Wahl überlassen werden, welche und ob sie Formen elektronischer Medien nützen wollen.

Entscheidend ist in diesem Zusammenhang, dass die Echtheit, die Unverfälschtheit und die Vertraulichkeit der Angebote und jeder sonstigen, mit dem, Angebot übermittelten Information gewahrt wird. Vom Auftraggeber ist sicherzustellen, dass er vom Inhalt der Angebote erst nach Ablauf der Angebotsfrist Kenntnis nehmen kann. Hier könnte ein elektronischer Notar, bei dem die Angebote verwahrt werden, eine Lösung bieten.

Von der Bundesregierung wurde am 24.2.2004 (BGBl II 183/2004) eine „Verordnung betreffend die Erstellung und Übermittlung von elektronischen Angeboten in Vergabeverfahren – E-Procurement-Verordnung 2004" beschlossen.

Die Verordnung gilt jedoch nur für die „Übermittlung" von Angeboten auf elektronischem Weg, nicht für die reine „Zurverfügungstellung" von Dokumenten im Internet (zB Ausschreibungsunterlagen, die auf der Homepage des Auftraggebers zum Downloaden bereitgestellt werden).

Explizit ausgenommen vom Geltungsbereich der Verordnung ist die Durchführung von elektronischen Auktionen. Weiters gilt sie nicht für Direktvergabe, für die Vergabe von Verträgen über Dienstleistungskonzessionen und für die Durchführung von Wettbewerben.

4,7.8 Inhalt der Angebote

Das BVergG schreibt in § 83 vor, welche Angaben Angebote jedenfalls enthalten müssen:

- Name (Firma, Geschäftsbezeichnung) und Geschäftssitz des Bieters. Bei Arbeitsgemeinschaften ist die Nennung eines zum Abschluss und zur Abwicklung des Vertrages bevollmächtigten Vertreters unter Angabe seiner Adresse und bei Bietergemeinschaften die Erklärung, dass sie im Auftragsfall Leistung als Arbeitsgemeinschaft erbringen wird, anzufügen. Zusätzlich die (elektronische) Adresse jener Stelle, die zum Empfang der Post berechtigt ist.
- Bekanntgabe der wesentlichen Teilleistungen, die der Bieter an Subunternehmer weiterzugeben beabsichtigt. Dabei sind die jeweils in Frage kommenden Unternehmer, an die Teile der Leistung weiterzugeben beabsichtigt werden bzw allenfalls bereits ausgewählte Unternehmer zu nennen. Die Nennung mehrerer Subunternehmer je Leistungsteil ist möglich.
- Den Nachweis, dass ein allenfalls gefordertes Vadium erlegt wurde.
- Die Preise mit allen geforderten Aufgliederungen und den allenfalls notwendigen Erläuterungen; im Leistungsverzeichnis oder im Kurzleistungsverzeichnis sind die Preise an den hierzu bestimmten Stellen einzutragen; wird für eine Position kein Preis ausgeworfen, so ist dies im Angebot zu erläutern!
- Bei veränderlichen Preisen sind – sofern entsprechende ÖNORMen nicht vorhanden sind und für anwendbar erklärt worden sind – die Regeln und Voraussetzungen festzulegen, die eine eindeutige Preisumrechnung ermöglichen.
- Es sind alle sonstigen für die Beurteilung des Angebotes geforderten oder vom Bieter für notwendig erachteten Erläuterungen, besondere Erklärungen oder Vorbehalte beizulegen; ferner die Aufzählung der dem Angebot beigeschlossenen Unterlagen, jener Nachweise, die zum Nachweis der Eignung verlangt wurden, sowie jene Unterlagen, die gesondert eingereicht werden (zB Proben, Muster).
- Allfällige Alternativangebote.
- Datum und rechtsgültige Unterschrift des Bieters, bei elektronisch übermittelten Angeboten eine sichere elektronische Signatur im Sinne von § 2 Z 3 Signaturgesetz.

Mit der Abgabe des Angebotes gibt der Bieter die Erklärung ab, dass

- er die Bestimmungen der Ausschreibungsunterlagen kennt,
- er über die erforderlichen Befugnisse zur Annahme des Auftrages verfügt,
- er die ausgeschriebene Leistung zu diesen Bestimmungen und den von ihm angegebenen Preisen erbringt und
- er sich bis zum Ablauf der Zuschlagsfrist an sein Angebot bindet.

4,7.9 Vergütung für die Ausarbeitung der Angebote

Grundsätzlich sind Angebote ohne besondere Vergütung zu erstellen.

Werden jedoch besondere Ausarbeitungen verlangt, ist hierfür eine Vergütung – allenfalls nach bestehenden Tarifen – vorzusehen. Die Höhe dieses Honorars wird vom Umfang der geforderten Vorleistungen und von der Größe des zu vergebenden Gesamtauftrags abhängen.

Insbesondere die Kalkulation und alle hierzu erforderlichen Vorarbeiten, sowie das Ausfüllen des Leistungsverzeichnisses und die Erstellung von Alternativangeboten sind nicht als besondere Ausarbeiten anzusehen.

Anmerkung *Um unverhältnismäßig hohe Vorlaufkosten bei Wettbewerben zu vermeiden, empfiehlt der Fachverband Werbung & Marktkommunikation der Wirtschaftskammer Österreich im Kodex K die Festlegung eines „Präsentationshonorars". Ansonsten müssten sämtliche über die reine Anbotslegung hinausgehenden Ausarbeitungen entsprechend den geltenden Tarifen und Honorarordnungen bezahlt werden.*

4,8 Das Zuschlagsverfahren

4,8,1 Die Angebotsöffnung

Achtung! *Oftmals unterlaufen Auftraggebern im Zuge der Angebotsöffnung Fehler, welche die Rechtswidrigkeit des gesamten Vergabeaktes zur Folge haben. Die Bedeutung dieses Stadiums eines Vergabeverfahrens darf nicht unterschätzt werden!*

Beispiel:

Anlässlich eines Vergabeverfahrens für den Auftrag zur Durchführung von Straßen-Bodenmarkierungsarbeiten in Tirol hat das Bundesvergabeamt hierzu ausdrücklich wie folgt festgehalten:

Der Auftraggeber hat sich bei der Angebotsöffnung darauf zu beschränken, allfällige Fehler und Mängel von Angeboten festzustellen, er hat jedoch alles zu unterlassen, was die Weiterbehandlung eines fehlerhaften Angebotes im Vergabeverfahren behindert.

Fehler im Rahmen der Angebotsöffnung stellen schwere, unbehebbare Mängel dar, die für den Fall, dass sie ein wesentlich anderes Angebotsergebnis erbringen, zur Nichtigerklärung der Ausschreibung führen müssen. Die Nichtberücksichtigung des Angebotes des Billigstbieters ist jedenfalls ein Umstand, der zu einem anderen Angebotsergebnis führen würde.

Die Verlesung der Angebote ist keine bloße Formalität, sondern ein wesentlicher Vorgang, der die Transparenz des Vergabeverfahrens durch eine Übersicht über den Inhalt der eingelangten Angebote auch für die Bieter sichern soll.

(BVA vom 18.6.1998 N-15/98 und N-16/98)

Achtung! *Im Zuge der Angebotsöffnung dürfen Sie noch keine Angebotsprüfung vornehmen. Offensichtlich erkennbar mangelhafte Angebote dürfen zu diesem Zeitpunkt noch nicht ausgeschieden werden. Festgestellte Mängel sollten in einer Niederschrift festgehalten werden. Die Angebotsprüfung hat erst nach Abschluss der Angebotsöffnung in einem gesonderten Schritt zu erfolgen.*

Zur Vermeidung von Vergabewidrigkeiten sollten Sie als Auftraggeber bei der Angebotsöffnung folgende Prinzipien beachten:

4,8.1.1 Entgegennahme, Verwahrung und Öffnung der Angebote

Sorgfalt haben Sie als Auftraggeber bereits bei der Entgegennahme und Verwahrung der Angebote walten zu lassen. Folgende Regeln sind dabei unbedingt zu beachten:

- Die Stelle, bei der die Angebote einzureichen sind, hat auf dem verschlossenen Umschlag Datum und Uhrzeit des Einganges zu vermerken.
- Bei elektronisch übermittelten Angeboten ist der Eingang mittels Zeitstempel im Sinne des § 2 Z 12 SigG festzuhalten.
- Alle Angebote sind in der Reihenfolge ihres Einlangens in ein Verzeichnis einzutragen.
- Auskünfte über die einlangenden Angebote, insbesondere über die Bieter oder über die Anzahl der abgegebenen Angebote dürfen nicht erteilt werden.
- Die Angebote sind bis zur Öffnung so zu verwahren, dass sie für Unbefugte unzugänglich sind.

Beim offenen und nicht offenen Verfahren ist den Bietern in Entsprechung des Transparenzgebotes grundsätzlich die Möglichkeit einzuräumen, an der Öffnung teilzunehmen. Im Stadium der Angebotsöffnung können die Bieter beim offenen und nicht offenen Verfahren daher etwa erfahren, wie viele Konkurrenten teilgenommen haben, was ihre Konkurrenten angeboten haben und wie ihr eigenes Anbot im Vergleich zu anderen liegt. Diese Transparenz wird sehr ernst genommen.

Beispiel:
Im „UNIX-Urteil" stellte der EuGH etwa fest, dass das Königreich der Niederlande dadurch, dass es in der Bekanntmachung einer beabsichtigten Auftragsvergabe, die Personen, die bei der Öffnung der Angebote anwesend sein dürfen, sowie Tag, Stunde und Ort der Öffnung nicht angegeben hat, vergaberechtswidrig gehandelt hat. (EuGH 24.01.1995, Rs C-359/93)

Der EuGH stellt somit klar, dass jeder Bieter bzw dessen allenfalls bevollmächtigter Vertreter, der Interesse an der Teilnahme hat, jedenfalls an der Angebotsöffnung auch tatsächlich teilnehmen können soll, damit dieser in der

Lage ist, zumindest preislich seine Position gegenüber Mitbewerbern zu erkennen und allfällige Versäumnisse bei der Öffnung aufzuzeigen.

Aufgrund der Bedeutung der Anbotsöffnung ist diese daher kommissionell durchzuführen. Diese Kommission hat zumindest aus zwei sachkundigen Vertretern des Auftraggebers zu bestehen.

Bieter dürften nur bei Vorliegen von triftigen Gründen von der Öffnung der Angebote ausgeschlossen werden. In diesem Falle müsste die Öffnung durch eine aus mindestens drei sachkundigen Vertretern des Auftraggebers bestehenden Kommission vorgenommen werden.

Beim Verhandlungsverfahren ist hingegen den Bietern die Teilnahme an der Öffnung nicht zu gestatten. Um die Prinzipien des Verhandlungsverfahrens zu wahren, ist dem Gesetz entsprechend auch keine formalisierte Öffnung der Angebote erforderlich. Das Ergebnis der Öffnung ist geheim zu halten.

Eine formalisierte Öffnung der Angebote vor Beginn der Verhandlungen würde beim Verhandlungsverfahren den Wettbewerbsgedanken geradezu widerlaufen.

Tipp *Wenngleich es im Gesetz nicht ausdrücklich vorgesehen ist, empfehlen wir ihnen als Auftraggeber die Anbotsöffnung auch im Verhandlungsverfahren kommissionell durchzuführen. Dies schon aus Gründen der Rechtssicherheit und der Beweissicherung.*

4,8.1.2 Zeitpunkt der Angebotsöffnung

Beim offenen und nicht offenen Verfahren sind die Angebote am festgesetzten Ort und zur festgesetzten Zeit unmittelbar nach Ablauf der Angebotsfrist (= spätestmöglicher Zeitpunkt zur Einreichung eines Angebotes) zu öffnen. Als „unmittelbar nach Ablauf der Angebotsfrist“ wird maximal ein Zeitraum von 15 bis 30 Minuten angesehen werden können. Je näher diese Zeitpunkte beieinander liegen, umso besser und sicherer.

Verspätet eingelangte Angebote:

Beispiel:
Ende der Einreichfrist: 9.30 Uhr. Die Angebotsöffnung erfolgt am selben Tag um 10.00 Uhr. Es langt ein Angebot um 9.31 Uhr ein.
Lösung: Vorauszuschicken ist, dass der Weg, den das Angebot bis zur Öffnung durchläuft, grundsätzlich der Risikosphäre des Bieters zuzurechnen ist. Im konkreten Beispiel gilt das um 09.31 Uhr eingereichte Angebot nach der **österreichischen Rechtslage**, aus welchen Gründen die Verspätung auch immer herrühren mag, als verspätet und ist daher nicht mehr weiter zu berücksichtigen. Im Gegensatz dazu steht die **Rechtslage in Deutschland**. Demnach gilt ein Angebot nur dann als verspätet, wenn der Verhandlungsleiter oder ein Mitglied der Kommission das Kuvert des ersten zu verlesenden Angebotes zu öffnen beginnt. Im konkreten Beispiel erfolgt die Öffnung erst um 10.00 Uhr. Ein um 9.31 Uhr eingereichtes Angebot wäre damit noch als zeitgerecht eingereicht anzusehen. Hintergrund dieser Rechtsauffassung in Deutschland ist, dass im Sinne des Vergaberechtes, sowie des Auftraggebers ein möglichst starker Wettbewerb gewährleistet werden soll.

4,8.1.3 Reihenfolge der Angebote

Die geöffneten Angebote sind in der Reihenfolge, in der sie in das Eingangsverzeichnis eingetragen wurden, mit fortlaufenden Nummern zu versehen. Vor dem Öffnen eines Angebotes ist festzustellen, ob es ungeöffnet und vor Ablauf der Angebotsfrist eingelangt ist. Im Sinne der Vorausführungen sind nach Ablauf der Angebotsfrist eingelangte Angebote nicht zu öffnen und als verspätet eingelangt zu kennzeichnen. Weiters ist festzustellen, ob das Angebot unterfertigt ist, aus wie vielen Teilen es besteht und ob die als Anlagen angeführten, sowie in der Ausschreibung verlangten Bestandteile des Angebotes (zB Kalkulationsunterlagen, Nachweis des Vadiums) tatsächlich vorhanden sind. Sämtliche bei der Öffnung des Angebotes vorliegenden Teile sind während der Angebotsöffnung von der Kommission so eindeutig zu kennzeichnen, etwa so zu lochen, dass ein nachträgliches Auswechseln feststellbar wäre.

Die Angebote müssen verschlossen abgegeben werden. Manchmal kommt es vor, dass ein Bieter darauf vergisst, seinen Namen auf dem Umschlag anzubringen. Wenn diese Sendung dennoch als Angebot erkennbar ist, ist dieses ebenfalls als Angebot anzuerkennen und wie jedes andere Angebot zu behandeln. Unklarheiten diesbezüglich gehen jedoch zu Lasten des Bieters.

Weiters ist festzustellen, ob das Angebot rechtsverbindlich unterfertigt ist. Das BVergG verlangt keine firmenmäßige Fertigung, sondern nur eine rechtsgültige Unterzeichnung.

Ebenso sind die Angebote auf ihre Vollständigkeit zu prüfen. Das heißt etwa, dass die Zahl der Angebotsteile festzustellen und prüfen ist, ob alle mit der Abgabe des Angebotes bedungenen Unterlagen auch tatsächlich dem Angebot angeschlossen wurden. Sollten diesbezüglich Mängel festgestellt werden, wäre dies in der Niederschrift ebenfalls zu vermerken. Alternativangebote sind dabei genauso zu behandeln, wie „normale" Angebote, wobei Alternativangebote als solche bezeichnet werden müssen.

4,8.1.4 Verlesen und Niederschrift

Achtung! *Ein nicht verlesenes Angebot darf bei der Bestbieterermittlung nicht berücksichtigt werden.*

Beispiel:
In der bereits eingangs dieses Kapitals geschilderten Entscheidung, in welcher es um einen Auftrag zur Durchführung von Straßen- Bodenmarkierungsarbeiten in Tirol ging, hat das Bundesvergabeamt zu den hier relevanten Punkt ausführlich wie folgt Stellung bezogen: Die Verlesung der Angebote ist keine bloße Formalität, sondern ein wesentlicher Vorgang, der die Transparenz des Vergabeverfahrens durch eine Übersicht über den Inhalt der eingelangten Angebote auch für die Bieter sichern soll. Ein – aus welchem Grund immer – nicht verlesenes Angebot hat daher bei der Auswahl des Bestbieters unberücksichtigt zu bleiben, es ist gleichsam vergaberechtlich „nicht existent". Ist der Bieter selbst, oder ein Vertreter von diesem, bei der Angebotsöffnung anwesend, so hat dieser auf den Fehler, das Übersehen seines Angebotes, aufmerksam zu machen. Unterlässt er dies, so ist ihm die Nichtverlesung des Angebotes zuzurechnen. Er kann daraus keine Rechtsfolgen zu seinen Gunsten ableiten.

Bei der Verlesung sind folgende Regeln zu beachten: Aus den Angeboten – auch Alternativangeboten – sind folgende Angaben vorzulesen und in der Niederschrift festzuhalten:

- Name und Geschäftssitz des Bieters
- der Gesamtpreis oder der Angebotspreis mit Angabe des Ausmaßes allfälliger Nachlässe und Aufschläge und, wenn die Vergabe in Teilen oder für die ganze Leistung oder für Teile derselben Varianten vorgesehen waren, auch die Teilgesamtpreise oder Teilangebotspreise, sowie die Variantenangebotspreise
- wesentliche Vorbehalte und Erklärungen der Bieter.

Achtung! *Aus Schreiben der Bieter, mit welchen einzelne Preise oder der Gesamtpreis des Angebotes abgeändert werden, dürfen nur die geänderten einzelnen Einheits- oder Positionspreise, sowie der geänderte Gesamtpreis oder Angebotspreis bekannt gegeben werden. Andere Angaben dürfen den Bietern nicht zur Kenntnis gebracht werden. Wenn aufgrund der Vielzahl der Preise ein Verlesen derselben untunlich wäre, so sind den Bietern, die dies beantragen, die Preise binnen zwei Arbeitstagen nachweislich bekannt zu geben.*

Weiters ist eine **Niederschrift** über die Angebotsöffnung vorzunehmen. In dieser Niederschrift sind neben den bereits erwähnten Punkten jedenfalls noch folgende Angaben festzuhalten:

- Datum und Uhrzeit von Beginn und Ende der Öffnung
- Geschäftszahl, Gegenstand und Hinweis auf die Art des Verfahrens
- die Namen der Anwesenden
- zwingend verlangte, aber nicht vorhandene Beilagen
- Vermerke über offensichtliche Angebotsmängel

Die Niederschrift ist von den Mitgliedern der Kommission zu unterfertigen. Auf Verlangen ist den Bietern – so sie an der Öffnung teilnahmeberechtigt waren – eine Abschrift der Niederschrift auszufolgen.

Achtung! *Der Niederschrift über die Angebotsöffnung kommt im Vergabeverfahren ein sehr hoher Stellenwert zu. Der Vorgang der Angebotsöffnung ist nicht wiederholbar. Was bei der Angebotsöffnung nicht festgestellt wurde, existiert grundsätzlich rechtlich nicht.*

- Fertigung der Niederschrift durch die Bieter:
  Für diesen Vorgang kommen zwei Varianten in Betracht:
  - Entweder erfolgt die Unterfertigung gleich zu Beginn. Dies bedeutet, dass die Bieter praktisch zunächst blanko unterschreiben, das heißt sie bestätigen im Prinzip nur ihre Anwesenheit, sonst aber nichts. Der Vorteil liegt darin, dass eine rasche Abhandlung möglich ist.
  - Eine andere Möglichkeit besteht darin, dass den Bietern am Ende der Angebotsöffnung die Gelegenheit zur Unterfertigung eingeräumt wird. Hier liegt der Nachteil darin, dass die Angebotsöffnung oft sehr lange dauern kann. Vorteilhaft ist jedoch, dass der Inhalt des Protokolls dadurch von den Bietern bestätigt wird, wodurch man diesen Inhalt praktisch gänzlich, zumindest weitgehendst außer Streit stellt.

Achtung! *Die Vertreter von Auftraggebern haben die Niederschrift auch immer zu fertigen.*

4,8.1.5 Auskunft über das Ergebnis der Angebotsöffnung

Das BVergG sieht ausdrücklich vor, dass den Bietern eine Abschrift der Niederschrift auszufolgen ist, sofern diese an der Öffnung teilnahmeberechtigt waren (§ 88 Abs 6 BVergG).

Achtung! *Die Niederschrift über die Angebotsöffnung muss sieben Jahre lang aufbewahrt werden.*

Dem jeweiligen Bieter ist aber Einsichtnahme in den sein Angebot betreffenden Teil der Niederschrift zu gewähren.

Der Auftraggeber kann den jeweiligen Bieter dazu verhalten, die Einsicht selbst in der Dienststelle des Auftraggebers zu nehmen, die Niederschrift abzuschreiben oder den Auftraggeber um eine Kopie zu ersuchen.

4,8.1.6 Öffnung elektronisch eingereichter Angebote

Für die Öffnung elektronisch eingereichter Angebote gelten im Prinzip die selben Parameter wie eben voraufgezeigt. Zusätzlich sind folgende Besonderheiten beachtenswert:

- Vor dem Öffnen eines Angebotes ist festzustellen, ob dieses verschlüsselt ist und kein Zugriff erfolgt. Der Auftraggeber hat auch hier nach Ablauf der Angebotsfrist eingelangte Angebote als verspätet eingelangt zu kennzeichnen und darf derartige Angebote nicht öffnen.
- Die geöffneten Angebote sind in der Reihenfolge, in der sie im Eingangsverzeichnis eingetragen wurden, mit fortlaufenden Nummern zu versehen. Es ist die Authentizität des Angebotes festzustellen, insbesondere ob das Angebot mit einer sicheren elektronischen Signatur versehen ist.
- Weiters sind alle bei der Öffnung des Angebotes vorliegenden Datensätze während der Angebotsöffnung von der Kommission so eindeutig zu kennzeichnen, dass ein nachträgliches Verändern feststellbar wäre. Es obliegt hier dem Auftraggeber festzulegen, wie das Hintanhalten von nachträglichen Veränderungen gewährleistet wird, beispielsweise durch digitale Kennzeichnung oder Ausdrucken im Beisein der Kommission mit Lochen.
- Nach Abschluss der Öffnung sind die Niederschrift und die Angebote dermaßen zu speichern oder zu verwahren, dass sie Unbefugten unzugänglich sind.

4,8.2 Die Angebotsprüfung

Achtung! *Als Auftraggeber müssen Sie die Prüfung und Beurteilung eines Angebotes solchen Personen übertragen, welche die fachlichen Voraussetzungen hierfür erfüllen. Erforderlichenfalls müssen Sie hierzu Sachverständige beiziehen.*

Die Prüfung der Angebote selbst hat in technischer und wirtschaftlicher Hinsicht nach den in der Ausschreibung oder in den Ausschreibungsunterlagen festgelegten Kriterien zu erfolgen. Im Einzelnen ist insbesondere zu prüfen

- ob den in § 21 Abs 1 BVergG angeführten Grundsätzen entsprochen wurde,
- ob die Befugnis, Leistungsfähigkeit und Zuverlässigkeit des Bieters vorliegt,
- ob das Angebot rechnerisch richtig ist,
- ob die Preise angemessen sind, sowie
- ob das Angebot den sonstigen Bestimmungen der Ausschreibung entspricht, insbesondere ob es formrichtig und vollständig ist.

§ 98 BVergG statuiert,

dass vor der Wahl des Angebotes für die Zuschlagsentscheidung gemäß dem Ergebnis der Angebotsprüfung nicht entsprechende Angebote auszuscheiden sind.

Aus diesem Grunde gehört das Ausscheiden von Angeboten systematisch zur Angebotsprüfung.

4,8.2.1 Ausschluss von der Teilnahme am Wettbewerb

Der Bieter ist jedenfalls auszuschließen, wenn

- der Bieter bereits ausgeschlossen wurde und dennoch ein Angebot eingereicht hat,
- gegen einen Bieter ein Konkursverfahren oder Ausgleichsverfahren eingeleitet wurde oder
- der Bieter seinen Verpflichtungen zur Zahlung von Steuern und Sozialversicherungsbeiträgen nicht nachgekommen ist.

4,8.2.2 Zwingendes Ausscheiden aus formalen Gründen

Weiters ist zu prüfen, ob Angebote aus formalen Gründen zwingend auszuscheiden sind. Dies trifft jedenfalls auf folgende Angebote zu:

- zu spät eingereichte Angebote,
- aus Verschulden des Bieters nicht verschlossen eingereichte Angebote,
- Angebote ohne rechtsgültige Fertigung,
- Fehlen des Nachweises eines Vadiums, obwohl dieses verlangt wurde (in Österreich ist das Verlangen eines Vadiums bislang eher unüblich).

4,8.2.3 Ausscheiden von Bietern mangels Eignung

Ebenfalls auszuscheiden sind Angebote von Bietern, bei denen die Befugnis, die technische, finanzielle oder wirtschaftliche Leistungsfähigkeit oder die Zuverlässigkeit nicht vorliegen.

Welche Nachweise als Prüfungsgrundlage sie als Auftraggeber hierzu verlangen können, wurde bereits unter *Tz 4,6* ausführlich dargestellt.

4,8.2.4 Ausscheiden von Angeboten aus inhaltlichen Gründen

Weiters sind Angebote, welche den Ausschreibungsbedingungen widersprechen, auszuscheiden. Dies betrifft insbesondere nachfolgende Angebote:

Checkliste

- Alternativangebote sind auszuscheiden, wenn diese ohne zusätzliches ausschreibungsgemäßes Angebot abgegeben werden, obwohl Alternativangebote in der Ausschreibung nur zusätzlich zu einem ausschreibungsgemäßen Angebot zugelassen wurden.

- Den Ausschreibungsbedingungen inhaltlich widersprechende Alternativangebote. Dies betrifft insbesondere solche, mit denen eine nicht gleichwertige Leistung angeboten wird.
- Angebote, bei denen ein oder mehrere Einheitspreise fehlen.
- Angebote, bei denen Teile fehlen, die für den Leistungsumfang oder die Preise relevant sind.
- Angebote, bei denen eine vom Auftraggeber geforderte sachlich begründbare Aufklärung unterblieb oder bei denen die Aufklärung nicht schlüssig ist, insbesondere zu relevanten Punkten wie Gesamtpreis oder zu Preisen allfällig wesentlicher Positionen.

4,8.2.5 Prüfung der Preisangemessenheit

Achtung! *Nach einem der Grundsätze des österreichischen Vergaberechts dürfen Aufträge weder zu unangemessen niedrigen, noch zu unangemessen hohen Preisen vergeben werden.*

Die Angemessenheit der Preise ist in Bezug auf die ausgeschriebene und alternativ angebotene Leistung und unter Berücksichtigung sämtlicher Umstände, unter denen sie zu erbringen sein wird, zu prüfen. Bei der Prüfung der Angemessenheit der Preise ist von vergleichbaren Erfahrungswerten, von sonst vorliegenden Unterlagen und von den jeweils relevanten Machtverhältnissen auszugehen.

Achtung! *Wenn der Angebotspreis im Verhältnis zur Leistung ungewöhnlich niedrig erscheint, muss der Auftraggeber Aufklärung darüber verlangen und gegebenenfalls eine vertiefte Anbotsprüfung durchführen.*

Auch nicht kostendeckende Angebote können eine plausible Zusammensetzung des Gesamtteiles aufweisen. Der Auftraggeber ist grundsätzlich nicht verpflichtet, die Angebote dahingehend zu überprüfen, ob sie kostendeckend sind.

§ 98 Z 3 BVergG sieht als unmittelbaren Ausscheidungsgrund nur einen nicht plausibel zusammen gesetzten Gesamtpreis vor. Mittelbar ergibt sich aber das Prinzip der Preisangemessenheit generell aus § 21 Abs 1 BVergG und die Verpflichtung des Bieters, dem Auftraggeber auf dessen Verlangen nicht plausible Preise aufzuklären. Unterbleibt die Aufklärung oder ist diese nicht schlüssig, so ist das Angebot auszuscheiden.

Achtung! *Begründet ein Bieter im Rahmen der Aufklärung plausibel, warum die angeführten Einheitspreise nachvollziehbar sind, dann sind die vom Bieter angeführten Argumente für eine Angebotsprüfung maßgeblich.*

- **Vertiefte Angebotsprüfung**

Angebote sind dann einer vertieften Angebotsprüfung zu unterziehen, wenn sie aufgrund von vergleichbaren Erfahrungswerten

- einen im Verhältnis zur Leistung ungewöhnlich niedrigen Preis aufweisen

- zu hohe oder zu niedrige Einheitspreise in wesentlichen Positionen aufweisen oder
- nach vorangegangener Preisangemessenheitsprüfung begründete Zweifel an der Angemessenheit von Preisen entstehen lassen.

Bei einer vertieften Angebotsprüfung ist zu prüfen, ob die Preise betriebswirtschaftlich erklär- und nachvollziehbar sind. In der Praxis wird hiezu am häufigsten die betriebswirtschaftliche Zuschlagskalkulation angewandt. Das ist ein Kalkulationsverfahren der Vollkostenrechnung. Im ersten Schritt ordnet die Zuschlagskalkulation den Kostenträgern die für sie in der Kostenabrechnung gesondert erfassten Einzelkosten zu. Im zweiten Schritt werden anteilige Gemeinkosten prozentual auf der Basis von Einzelkosten zugeschlagen.

Werden im Zuge der vertieften Angebotsprüfung in einem Angebot Mängel bei der Kalkulation festgestellt, so ist vom Bieter eine verbindliche schriftliche Aufklärung zu verlangen. Hiefür ist ihm eine angemessene Frist einzuräumen. Die anschließende Prüfung hat unter Berücksichtigung der eingegangenen Erläuterungen zu erfolgen.

4,8.3 Aufklärungsgespräche

Das Führen von Aufklärungsgesprächen mit einzelnen Bietern steht in der Praxis immer wieder im Spannungsfeld zwischen der Notwendigkeit, Unklarheiten aufzuräumen, sowie dem Begehen von Vergaberechtsverstößen, indem Bietern im Zuge der geführten Gespräche unzulässige Vorteile eingeräumt werden.

Der Sinn von Aufklärungsgesprächen besteht darin, Unklarheiten zu beseitigen bzw Mängel zu beheben (§ 97 BVergG).

Achtung! *Aufklärungsgespräche dürfen nicht dazu dienen, um Verhandlungen über den Preis oder den Auftragsgegenstand zu führen.* ***Es dürfen nur behebbare, nicht jedoch unbehebbare Angebotsmängel im Zuge von Aufklärungsgesprächen behoben werden.***

Beispiel:
Anlässlich einer öffentlichen Auftragsvergabe für ein Bauvorhaben in Oberösterreich hat ein Bieter bei einem Aufklärungsgespräch zugestanden, verschiedene erforderliche Leistungen im ursprünglichen Angebot nicht angeboten zu haben. Der Bieter stimmte zum einen einer Limitierung der Massensätze zu und hat fehlende Positionen kostenmäßig übernommen. Das Bundesvergabeamt hielt fest, dass eine kostenrelevante Änderung des Leistungsinhaltes inhaltlich eine unzulässige nachträgliche Reduktion des angebotenen Preises darstellt und daher ein unzulässiges Nachtragsangebot vorliege, welches der Bestimmung des § 51 Abs 1 BVergG (Verhandlungsverbot), wie auch dem Gleichbehandlungsgebot (§ 16 Abs 1 BVergG) widerstreitet. (BVA 01.04.1998, N-10/98)

Achtung! *Aufklärungsgespräche und Erörterungen sollten Sie stets kommissionell führen und die Gründe und Ergebnisse in einer Niederschrift festhalten (§ 97 Abs 3 BVergG).*

4,8.3.1 Behebbare und unbehebbare Mängel

§ 94 Abs 1 BVergG lautet:

„Ergeben sich bei der Prüfung der Angebote Unklarheiten über das Angebot selbst, einschließlich etwaiger Varianten- oder Alternativangebote, oder über die geplante Art der Durchführung oder werden Mängel festgestellt, so ist, sofern die Unklarheiten für die Beurteilung der Angebote von Bedeutung sind, vom Bieter eine verbindliche schriftliche Aufklärung zu verlangen. Hierfür ist ihm eine angemessene Frist einzuräumen. Die vom Bieter erteilten schriftlichen Auskünfte sind der Niederschrift über die Prüfung der Angebote beizuschließen".

Werden Unklarheiten aufgeklärt, so ist der Mangel behoben und das Anbot ist nicht auszuscheiden. Enthält ein Anbot unbehebbare Mängel, so müsste dieses ohne weitere Aufklärungen ausgeschieden werden.

1. Behebbare Mängel

Damit von einem behebbaren Mangel ausgegangen werden kann, müssen folgende Voraussetzungen erfüllt sein:

- Trotz Vorliegens eines Mangels muss das Angebot zumindest dergestalt sein, dass ein gültiger zivilrechtlicher Vertrag geschlossen werden kann. Es muss sohin insbesondere ausreichend bestimmt und bindend sein.
- Durch die Mängelbehebung dürfen die Grundsätze des Vergaberechtes, insbesondere jene des freien und lauteren Wettbewerbs, sowie die Verpflichtung zur Gleichbehandlung aller Bieter nicht verletzt werden.
- Es darf weder der Preis, noch die Qualität der angebotenen Leistung geändert werden.
- Zwingende Ausschlussbedingungen müssen eingehalten werden.
- Die Mängelbehebung muss eindeutig vorgenommen werden und transparent und nachvollziehbar darstellbar sein.

Beispiele
• **Fehlende Unterlagen:** Das Nachreichen fehlender Unterlagen darf allerdings nichts an den Preisen und der Leistung ändern. Von einem behebbaren Mangel wäre sohin etwa auszugehen, wenn ISO-Zertifikate, Kalkulationsblätter oder die letztgültige Bilanz fehlen. • **Fehlen einzelner Erklärungen:** Beispielsweise das Fehlen eines Eignungsnachweises, der Material-Bezugsquellen oder der steuerlichen Unbedenklichkeitsbescheinigung. Das Fehlen dieser Erklärungen muss unerheblich sein, dh wiederum ohne Einfluss auf Preis bzw Qualität der Leistung sein.

- **Geringfügige Unklarheiten bei Alternativangeboten:** Kann der Bieter derartige Unklarheiten binnen einer ihm gesetzten angemessenen Frist schriftlich aufklären, so gilt der Mangel als behoben.

2. Unbehebbare Mängel

Liegen die für das Vorliegen eines behebbaren Mangels notwendigen Voraussetzungen nicht vor, ist von einem unbehebbaren Mangel auszugehen, welcher auszuscheiden ist.

Beispiele

- **Fehlende Unterschrift:** Fehlt die rechtsgültige Unterfertigung bzw eine sichere elektronische Signatur, ist der Mangel unbehebbar, weil insofern mangels vorhandener Bindungswirkung kein zuschlagsfähiges Angebot vorliegt.
- **Fehlen von Einheitspreisen ohne Erklärung**
- **Alternativangebote ohne Hauptangebot:** Für den Fall, dass die Zulässigkeit eines Alternativangebotes vom Vorliegen eines ausschreibungsgemäßen Hauptangebotes abhängig ist, liegt bei Fehlen eines solchen ein unbehebbarer Mangel vor.
- **Bieterlücken – Fehlen der Erklärung:** Hier geht es um jene Fälle, in denen die Ausschreibung eines bestimmten Erzeugnisses mit dem Zusatz „oder gleichwertig" erfolgt. Es wird hierzu auf die bereits getroffenen Ausführungen unter *Tz 4,4.2.1* verwiesen. Sind die in den Bieterlücken angebotenen Erzeugnisse nach sachverständiger Prüfung nicht für gleichwertig befunden worden und hat es der Bieter unterlassen, festzulegen, dass in diesem Falle das ausgeschriebene Erzeugnis als angeboten gelten soll, so stellt dies einen unbehebbaren Mangel dar.

4,8.4 Nachverhandlungen

Immer wieder taucht bei Auftraggebern der Wunsch auf, nach Vorliegen aller Ausschreibungsergebnisse mit dem potentiellen Vertragspartner in Nachverhandlungen zu treten. Dies ist jedoch nur sehr eingeschränkt zulässig. Vor allem ist zu unterscheiden, ob ein offenes, nicht offenes Verfahren oder ein Verhandlungsverfahren vorliegt.

4,8.4.1 Bei offenen bzw nicht offenen Verfahren

In offenen und nicht offenen Verfahren herrscht ein **strenges Verhandlungsverbot** (§ 96 Abs 1 BVergG). Aufklärungsgespräche dürfen nur im Rahmen der im Kapitel zuvor erörterten Umstände geführt werden.

4,8.4.2 Bei Verhandlungsverfahren

Im Verhandlungsverfahren darf grundsätzlich über den gesamten Auftragsinhalt verhandelt werden (§ 96 Abs 2 BVergG). Verhandlungen können daher grundsätzlich sowohl über den Auftragsgegenstand, den Leistungsumfang, als auch über den Preis geführt werden.

Achtung! *Verhandlungen, die bloße Preisänderungen zum Gegenstand haben, sind jedoch gemäß § 96 Abs 2 BVergG unzulässig.*

Zum zulässigen Umfang, sowie zu den Grenzen der Zulässigkeit von Verhandlungen gibt es keine festgeschriebenen Regeln. Als Anhaltspunkt kann aber nachfolgende Entscheidung des Bundesvergabeamtes dienen:

Beispiel:
Es gehört gerade zum Wesen des Verhandlungsverfahrens, dass im Zuge der Verhandlungen Änderungen an den ursprünglich eingereichten Angeboten notwendig werden. Angebotsänderungen sind daher im Verhandlungsverfahren insoweit als zulässig anzusehen, als dadurch nicht der Hauptgegenstand des Angebotes derart verändert wird, dass, wäre dies vorher bekannt gewesen, wesentlich andere Angebote oder ein stark veränderter Bewerber- oder Bieterkreis zu erwarten wäre. Zur Beurteilung, ob der von der Ausschreibung gesteckte Rahmen verlassen wird, werden die angebotenen Gegenstände, ihre Zahl, sowie die wesentlichen Bedingungen der Leistungserbringung einzubeziehen sein. (BVA 22.03.1999, F-1/99)

Eine Grenze des zulässigerweise verhandelbaren Verhandlungsgegenstandes sehen wir etwa in den festgelegten Eignungskriterien oder dem Auswahlverfahren. Würde durch Verhandlungen eine Änderung dahingehend stattfinden, dass die festgelegten Eignungs- oder Auswahlkriterien nicht mehr mit den ursprünglichen übereinstimmen oder ergibt sich etwa durch einen veränderten Auftragsgegenstand, dass bei unveränderten Eignungs- oder Auswahlkriterien eine andere Auswahl aus den Bewerbern erfolgt wäre, würde dies die Auswahl nachträglich fehlerhaft machen und demgemäß eine Überschreitung der Zulässigkeit von Verhandlungen vorliegen.

Achtung! *Einen erhöhten Schutz erfahren auch im Verhandlungsverfahren die festgelegten Zuschlagkriterien. Diese dürfen nicht verändert werden.*

(BVA 23.03.1998, F-13/97).

4,8.4.3 Ist bei Unzulässigkeit von Nachverhandlungen das Vergaberecht anwendbar?

Nachverhandlungen finden in aller Regel nach Zuschlagserteilung statt. § 103 Abs 1 BVergG normiert, dass das Vergabeverfahren grundsätzlich mit dem Zustandekommen des Leistungsvertrages, also der Zuschlagserteilung endet. Würde diese Bestimmung derart ausgelegt werden, dass unzulässige Nachverhandlungen vergaberechtlich irrelevant sind, weil diese nach Zuschlagserteilung stattgefunden haben, wäre das Vergaberecht nicht anwendbar, sondern müsste dies mit den Mitteln des Zivilrechts bekämpft werden.

Das Bundesvergabeamt (BVA 31.10.1995, N-10/95) hat jedoch festgehalten, dass auch für diese Fälle das Vergaberecht anwendbar ist.

4,8.5 Wem ist der Zuschlag zu erteilen?

Von den Angeboten, die nach dem Ausscheiden übrig bleiben, ist der Zuschlag dem technisch und wirtschaftlich günstigsten Angebot gemäß den festgelegten Zuschlagskriterien zu erteilen (Bestbieterprinzip).

Achtung! *Die Gründe für die Vergabeentscheidung müssen schriftlich festgehalten werden.*

Nunmehr ist klargestellt, dass nach dem österreichischen Vergaberecht der Auftraggeber nicht in jedem Fall gezwungen ist, neben dem Preis auch andere Zuschlagskriterien anzugeben. Dem Bestbieterprinzip entspricht nunmehr auch eine Ausschreibung, in der nur der Preis als einziges Zuschlagskriterium angegeben ist, wenn nur gleichwertige Leistungen anzubieten sind und gleichzeitig sichergestellt ist, dass die angebotenen Leistungen zB gleiche Qualität, gleiche Lebensdauer, aber auch gleiche Erhaltungs- und Betriebskosten haben. Eine Differenzierung nach Leistungsarten ist nicht möglich, sondern ist der jeweilige Einzelfall zu betrachten.

Grundsätzlich soll gewährleistet sein, dass der öffentliche Auftraggeber jeweils den „wirtschaftlichsten Einkauf" tätigt.

4,8.6 Bekanntgabe der Zuschlagsentscheidung

Im Lichte des Erkenntnisses des EuGH in der Rs C-81/98 (Ökopunkte) wird nunmehr die organisationsinterne Zuschlagsentscheidung des Auftraggebers einem Bekanntmachungsverfahren unterworfen.

Achtung! *Der Zuschlag darf gem § 100 BVergG grundsätzlich bei sonstiger Nichtigkeit nicht innerhalb einer Stillhaltefrist von 14 Tagen bzw 7 Tagen ab Bekanntgabe der Zuschlagsentscheidung erteilt werden.*

Im Detail wird hierzu auf die bereits getätigten näheren Ausführungen unter *Tz 3,5* verwiesen.

Vergleiche zur Dauer der Stillhaltefrist im Anhang Tz 7,5.

4,8.7 Bekanntgabe von vergebenen Aufträgen

Achtung! *Als Auftraggeber haben sie jeden vergebenen Bau-, Liefer- oder Dienstleistungsauftrag und das Ergebnis jedes Wettbewerbes bekannt zu geben.*

Angaben über die Auftragsvergabe müssen jedoch dann nicht veröffentlicht werden, wenn deren Bekanntgabe die Vollziehung von Gesetzen behindern, dem öffentlichen Interesse in anderer Weise zuwider laufen oder die berechtigten geschäftlichen Interessen öffentlicher oder privater Unternehmen berühren oder den freien Wettbewerb zwischen den Unternehmen beeinträchtigen würden.

Die Informationen sind spätestens 48 Tage nach Zuschlagserteilung dem Amt für amtliche Veröffentlichungen der europäischen Gemeinschaften zu übermitteln.

Bei der Vergabe von nicht prioritären Dienstleistungsaufträgen haben Sie als Auftraggeber die Möglichkeit, die Publikation von bestimmten Informationen zu untersagen. Als Auftraggeber müssen sie zwar dem Amt für amtliche Informationen alle Informationen übermitteln, sie können jedoch festlegen, dass die Veröffentlichung der gesamten Bekanntmachung oder aber auch bloß einzelner Punkte nicht erfolgen soll.

4,9 Der Widerruf

Ein Vergabeverfahren endet mit der Erteilung des Zuschlages und dem Zustandekommen eines Leistungsvertrages oder mit dem Widerruf. Eine andere Art der Beendigung des Verfahrens ist nicht vorgesehen.

Es ist daher unzulässig, ein Vergabeverfahren einfach „auslaufen" zu lassen ohne wirksamen Widerruf oder Zuschlag. Ein zweites Vergabeverfahren über denselben Ausschreibungsgegenstand wäre in diesem Fall vergaberechtswidrig.

Je nachdem, wann der Widerruf erfolgen soll, sind zwei Arten zu unterscheiden:

- der Widerruf während der Angebotsfrist,
- der Widerruf nach Ablauf der Angebotsfrist.

Das BVergG führt die Gründe, wann eine Ausschreibung zu widerrufen ist bzw wann ein Widerruf zulässig ist, genau an. Dies dient in erster Linie dem Schutz der Bieter, denen durch die Anbotlegung Kosten und zeitliche Aufwändungen entstehen. Es ist daher unzulässig, dass der Auftraggeber willkürlich ein Vergabeverfahren widerruft, wenn ein „unerwünschter" Bieter das Bestangebot gelegt hat. Die Einschränkung des Widerrufs auf bestimmte Gründe entspricht auch dem Grundsatz des § 21 Abs 4 BVergG, wonach ein Vergabeverfahren nur dann durchgeführt werden darf, wenn auch tatsächlich die Absicht besteht, die Leistung zu vergeben. Dadurch sollen bei den Bietern frustrierte Aufwändungen verhindert und damit verbundene Schadenersatzansprüche vermieden werden.

Der Widerruf eines Vergabeverfahrens unterliegt als Ausnahmetatbestand somit strengen Voraussetzungen.

Der Widerruf ist in derselben Weise bekannt zu machen wie die Ausschreibung. Bewerber, an welche die Ausschreibungsunterlagen abgegeben wurden, oder Bieter sind unverzüglich unter Bekanntgabe des Grundes zu verständigen. Ist dies nicht möglich, dann muss der Widerruf auf dieselbe Weise wie die Ausschreibung bekannt gemacht werden.

Bereits eingelangte Angebote dürfen nicht geöffnet werden und sind auf Verlangen zurückzustellen.

Mit einem ordnungsgemäßen Widerruf gewinnen sowohl Auftraggeber als auch Bieter ihre volle Handlungsfähigkeit wieder.

Ist der Widerruf nicht gerechtfertigt, können die Bieter die Kosten ihrer vergeblichen Aufwändungen vom Auftraggeber aus dem Titel des Schadenersatzes fordern. Es kann aber auch der Fall sein, dass zwar der Widerruf sachlich gerechtfertigt ist, der Auftraggeber aber trotzdem nach zivilrechtlichen Bestimmungen schadenersatzpflichtig ist.

Beispiel:
Der Auftraggeber zieht bei der Schätzung des Auftragswertes Marktpreise der letzten Ausschreibung heran. Diese entsprechen aber nicht den aktuellen Marktpreisen und die Angebotspreise sind um rund 40% höher als geschätzt.
Lösung:
Ein Widerruf ist zwar sachlich gerechtfertigt, auf Grund der grob fahrlässigen Schätzung kann der Auftraggeber aber trotzdem schadenersatzpflichtig werden. Er muss den Bietern die Kosten der Angebotstellung ersetzen.

4,9.1 Der Widerruf der Ausschreibung während der Angebotsfrist

Es ist zu unterscheiden, ob die Ausschreibung widerrufen werden **muss** oder widerrufen werden **kann**.

Zwingend zu widerrufen ist die Ausschreibung, wenn vor Ablauf der Angebotsfrist Umstände bekannt werden, die – wenn sie schon vor der Ausschreibung bekannt gewesen wären – eine Ausschreibung ausgeschlossen oder zu einer inhaltlich wesentlich anderen Ausschreibung geführt hätten. Hier liegt es nicht im Ermessen des Auftraggebers, ob er widerruft, sondern im Falle eines zwingenden Grundes ist er dazu verpflichtet!

Beispiel:
Denkbar sind hier nachträglich zur Kenntnis gelangte Budgetkürzungen; mangelnde budgetäre Deckung, weil die Angebotspreise trotz ordnungsgemäßer Schätzung weit über dem Ansatz liegen; eine Vorfrage (zB bei Bauaufträgen) wurde rechtskräftig entschieden.

Die Ausschreibung kann widerrufen werden, wenn andere für den Auftraggeber schwer wiegende Gründe bestehen, die den Widerruf sachlich rechtfertigen.

Es handelt sich hier um Gründe, die nachträglich zu einer wesentlichen Änderung von für die Ausschreibung relevanten Prämissen geführt haben. Im Unterschied zum ersten Widerrufsgrund geht es hier nicht um nachträglich „hervortreten“, sondern „bestehen“. Das bedeutet, die Gründe können auch erst nachträglich eingetreten sein.

Beispiel:
Zu denken wäre hier an Änderungen in Bezug auf die Ausschreibungsbedingungen zB neue technologische Entwicklungen, nachträgliche wesentliche Einsparungsmöglichkeiten, Veränderung der gesetzlichen Grundlagen.

4,9.2 Der Widerruf der Ausschreibung nach Ablauf der Angebotsfrist

Nach Ablauf der Angebotsfrist sind die Angebote eingelangt, geöffnet und je nach Verfahren öffentlich verlesen worden. Ein Widerruf in diesem Stadium greift daher stark in den Wettbewerb ein und ist nur aus den im Gesetz vorgesehenen Gründen zulässig.

Die Ausschreibung muss widerrufen werden, wenn Umstände bekannt werden, die, wären sie schon vor der Ausschreibung bekannt gewesen, eine Ausschreibung ausgeschlossen oder zu einer inhaltlich wesentlich anderen Ausschreibung geführt hätten.

Die Ausschreibung kann widerrufen werden, wenn

- nur ein Angebot eingelangt ist,
- nach dem Ausscheiden von Angeboten gemäß § 98 BVergG nur ein Angebot bleibt, oder
- andere für den Auftraggeber schwer wiegende Gründe bestehen, die den Widerruf sachlich rechtfertigen.

Entgegen der Rechtslage vor dem BVergG ist daher eine Ausschreibung nicht mehr automatisch widerrufen, wenn nur ein Angebot eingelangt ist. Der Auftraggeber hat vielmehr Ermessen, ob das eine Angebot seinen Vorstellungen entspricht oder ob er einen neuerlichen Wettbewerb starten möchte. Begrenzt wird dieses Ermessen jedoch durch das Willkürverbot. Ist die Verringerung des Wettbewerbs jedoch nur durch formale Ausscheidenstatbestände bewirkt worden, dürfte ein Widerruf zur Förderung eines möglichst breiten Wettbewerbs angeraten sein.

Beispiel:
Das BVA hat das sachlich nicht gerechtfertigte Unterlassen der Reihung oder Gewichtung von Zuschlagskriterien und die daraus resultierende Unmöglichkeit einer objektiv nachvollziehbaren Bestbieterermittlung als zwingenden Grund zum Widerruf angesehen. Auch der Ausschluss von Alternativangeboten ohne zwingenden Grund, die beträchtliche Überschreitung des Kostenrahmens oder nachweislich fehlerhafte Massenangaben stellen nach Ansicht des BVA zwingende Gründe für einen Widerruf dar.

Achtung! *Der Widerruf einzelner Positionen oder Bestimmungen der Ausschreibung ist unzulässig!*

4,9.3 Nichtigerklärung des Widerrufs

Ob eine Nachprüfungsbehörde auch die Kompetenz haben muss, einen Widerruf für nichtig erklären zu können, ist derzeit Gegenstand eines Vorabentscheidungsersuchens vor dem EuGH (Rs C-15/04).

Der EuGH hatte in einem anderen Verfahren, Rs C-92/00, Hospital Ingenieure, festgestellt, dass der Widerruf eines Vergabeverfahrens bekämpfbar sein müsse.

Es ist jedoch nicht klar, ob er damit gemeint hatte, dass eine Nachprüfungsbehörde in Vergabesachen die Kompetenz haben müsse, einen Widerruf für nichtig erklären zu können oder ob es auch ausreicht, wenn der Bieter auf Grund eines Feststellungsbescheides der Nachprüfungsbehörde Schadenersatz erlangen kann.

Das derzeitige Rechtsschutzsystem des BVergG bzw der Nachprüfungs- und Kontrollgesetze der Länder sieht vor, dass im Rahmen des verwaltungsförmigen Rechtsschutzes festgestellt wird, ob der Widerruf wegen eines Verstoßes gegen Vorschriften im Bereich des öffentlichen Auftragswesens rechtswidrig war. Auf Antrag des Auftraggebers kann die Behörde in diesem Zusammenhang feststellen, ob der Antragsteller auch bei Einhaltung dieser Vorschriften keine echte Chance auf Erteilung des Zuschlages gehabt hätte. Mit dem Feststellungsbescheid kann der Bieter schließlich vor dem Zivilgericht Schadenersatz begehren.

Ob es diesbezüglich zu einer Änderung kommt, bleibt daher abzuwarten.

Kapitel 5 Rechtsschutz

5,1 Allgemeines

Auch der Bereich des Rechtsschutzes im Vergaberecht ist durch zwei EU-Vergaberichtlinien determiniert:

- Richtlinie des Rates vom 21. Dezember 1989 zur Koordinierung der Rechts- und Verwaltungsvorschriften für die Anwendung der Nachprüfungsverfahren im Rahmen der Vergabe öffentlicher Liefer- und Bauaufträge **(Rechtsmittelrichtlinie)**, 89/665/EWG, ABl 1989 L 395/33;
- Richtlinie 92/13/EWG des Rates vom 25. Februar 1992 zur Koordinierung der Rechts- und Verwaltungsvorschriften für die Anwendung der Gemeinschaftsvorschriften über die Auftragsvergabe durch Auftraggeber im Bereich der Wasser-, Energie- und Verkehrsversorgung sowie im Telekommunikationssektor **(Sektorenrechtsmittelrichtlinie)**, ABl 1992 L 76/14.

Die Richtlinien verlangen, dass unabhängige Nachprüfungsbehörden eingerichtet werden, die Entscheidungen von Auftraggebern für nichtig erklären können. Damit Bieter nicht vor vollendete Tatsachen gestellt werden, muss einstweiliger Rechtsschutz gewährt werden können. Letztlich muss es für Bieter auch die Möglichkeit geben, Schadenersatz zu erhalten.

Der Rechtsschutz dient somit einerseits den Bewerbern und Bietern, er hat letztlich aber auch ordnungspolitische und effizienzsichernde Funktion. Allgemeines Ziel des Vergaberechts ist, wie in *Kapitel 1* ausgeführt, die Förderung des Wettbewerbs und die Lukrierung von Einsparpotentialen. In diesem Sinn sind die subjektiven Rechte, die das Gemeinschaftsrecht den Bewerbern und Bietern einräumt, Instrumente zur Durchsetzung dieser Allgemeinziele. Subjektive Bieterrechte haben daher letztlich nicht nur reine Rechtsschutzfunktion, sondern auch die Funktion, das durch das Vergaberecht verfolgte Allgemeininteresse sicherzustellen.

Dennoch muss darauf hingewiesen werden, dass das Nachprüfungsverfahren ein ausschließlich individuelles Rechtsschutzverfahren ist, weil es von der Struktur her um eine Streitigkeit zwischen einem Bieter und dem Auftraggeber geht. Das Verfahren dient nicht der objektiven Überprüfung der Handlungen des Auftraggebers.

Am Rechtsschutzverfahren zeigen sich auch deutlich die widerstreitenden Interessen im Vergaberecht. Die Unternehmen haben ein Interesse an einem möglichst lückenlosen und großzügigen Rechtsschutz; die Auftraggeber haben ein Interesse Vergabeverfahren möglichst rasch und effizient abzuwickeln.

Die derzeit geltenden Gesetze betreffend die Nachprüfung von Vergabeentscheidungen versuchen daher den Spagat zwischen möglichst hoher Rechtssicherheit für Bewerber und Bieter und einer möglichst effizienten und straffen Abwicklung von Vergabeverfahren zu schaffen. Das dies nicht immer zur Zufriedenheit aller zu bewerkstelligen ist, ist evident.

5,1.1 Zur Kompetenzlage

Im Zuge der Erlassung des BVergG ist es zu einer Änderung der Bundesverfassung und damit zu einer Bereinigung der Kompetenzaufteilung gekommen.

In den **Angelegenheiten des materiellen öffentlichen Auftragswesens** ist nunmehr allein der Bund zuständig für die Gesetzgebung. Das BVergG gilt daher als materielle Gesetzesgrundlage für die Vergabeverfahren aller öffentlicher Auftraggeber.

In den **Angelegenheiten der Nachprüfung** im Rahmen der Vergabe von Aufträgen, die – salopp formuliert – schon bisher den Landesvergabegesetzen unterlagen, ist jedoch gemäß Art 14b Abs 3 B-VG die Gesetzgebung und Vollziehung Landessache geblieben.

Das bedeutet, dass der Rechtsschutzteil des BVergG nur für „Bundes-Auftraggeber" gilt. Alle anderen Auftraggeber unterliegen den jeweiligen Landesgesetzen. Diese Vergabe-Nachprüfungsgesetze müssen sich allerdings an die materiellen Vorgaben des BVergG anpassen und auf diesen aufbauen.

Folgende Nachprüfungsgesetze sind derzeit in Kraft:

- Burgenländisches Vergabe-Nachprüfungsgesetz – VNPG, LGBl 34/2003
- Kärntner-Vergaberechtsschutzgesetz – K- VergRG, LGBl 17/2003
- Niederösterreichisches Vergabe-Nachprüfungsgesetz, LGBl 7200-0
- Oberösterreichisches Vergabenachprüfungsgesetz, LGBl 153/2002
- Salzburger Vergabe-Kontrollgesetz 2002 – S.VKG, LGBl 103/2002
- Steiermärkisches Vergabe-Nachprüfungsgesetz, LGBl 43/2003
- Tiroler Vergabenachprüfungsgesetz 2002, LGBl 123/2002
- Gesetz über die Vergabe öffentlicher Aufträge (Vorarlberger-Vergabenachprüfungsgesetz), LGBl 1/2003
- Wiener Vergaberechtsschutzgesetz – WVRG, LGBl 25/2003

Die Gesetze sind zwar im Wesentlichen inhaltlich identisch, in einzelnen Fällen gibt es aber doch nicht unwesentliche Unterschiede. So ist in einigen Ländern zwingend ein Vorverfahren durchzuführen, in einigen ist dies fakultativ, andere Länder haben überhaupt kein Vorverfahren.

5,1.2 Vorgaben des BVergG

Das BVergG brachte im materiellen Bereich eine Reihe von Änderungen, die sich auch auf den Rechtsschutz auswirkten.

So wurde auf Grund der Judikatur des Verfassungsgerichtshofes der Geltungsbereich des BVergG und somit auch des Rechtsschutzes auf den Unterschwellenbereich erstreckt. Dies gilt selbstverständlich auch für die Landesgesetze.

Die neu im Unterschwellenbereich eingeführten Vergabeverfahren mussten natürlich auch im Rechtsschutzbereich von Seiten der Länder berücksichtigt werden.

Ziel des BVergG war neben einer Straffung der Vergabeverfahren auch die Schaffung eines verstärkten Kostenbewusstseins.

Die Straffung sollte vor allem durch die Sequenzierung des Vergabeverfahrens in gesondert und nicht gesondert anfechtbare Entscheidungen bewirkt werden. Dies unter Vorsehung von relativ knappen Anfechtungsfristen. Um dem Interesse der beteiligten Wirtschaftskreise nach einer möglichst einheitlichen zu entsprechen, wurden die Fristen in den Ländergesetzen ident gehalten. Insgesamt gesehen ist es dadurch auch zu einer stärkeren Verantwortung der Verfahrensbeteiligten gekommen.

Die Anlehnung der Länder an die Rechtsschutzbestimmungen des BVergG – auch wenn sie verschiedentlich kritisch betrachtet wurde – hat natürlich den Vorteil, dass die Judikatur sowohl der Höchstgerichte (VwGH, VfGH) als auch der Nachprüfungsbehörden für den Anwender besser nutzbar ist. Und dies ist angesichts der komplexen Materie nicht unwesentlich.

5,1.3 Verwaltungsspezifischer versus zivilrechtlicher Rechtsschutz

Wie bereits unter *Tz 5,1* erwähnt, können Bieter einerseits die Nichtigerklärung von Entscheidungen des Auftraggebers unter Sistierung des Vergabeverfahrens mittels einstweiliger Verfügung durch ein unabhängiges Tribunal verlangen. Die Nachprüfungsbehörde entscheidet durch Bescheid. Man spricht vom verwaltungsspezifischen Rechtsschutz (sog Primärrechtsschutz).

Bieter können aber auch auf zivilrechtlichem Weg Schadenersatz verlangen, wenn ihnen durch eine Rechtswidrigkeit der vergebenden Stelle ein Schaden entstanden ist (sog Sekundärrechtsschutz). Sie können den Ersatz des Vertrauensschadens, aber auch des Erfüllungsinteresses begehren. Mittlerweile gibt es diesbezüglich auch eine Reihe von Gerichtsentscheidungen. Auch gegen Mitbieter können sie im Wege des Gesetzes gegen den unlauteren Wettbewerb (UWG) vorgehen.

5,1.4 Gemeinschaftsrechtliche Kontrolle

Gemäß Art 211 EG-V hat die Europäische Kommission über die Einhaltung des Gemeinschaftsrechts zu wachen. Dazu zählen sowohl das sog Primärrecht (EG-Vertrag) als auch das sog Sekundärrecht (Verordnungen, Richtlinien).

5,1.4.1 Der Korrekturmechanismus

Hat die Kommission den Eindruck, dass ein klarer und eindeutiger Verstoß gegen im Gemeinschaftsrecht enthaltene Vergabevorschriften vorliegt, kann sie die Republik Österreich auffordern, diesen Verstoß zu beseitigen.

Der Auftraggeber bzw Unternehmer hat dem Bundeskanzler spätestens zehn Tage (Sektorenauftraggeber spätestens 19 Tage) nach Eingang der genannten Aufforderung zwecks Weiterleitung an die Kommission folgende Unterlagen vorzulegen:

- Vollständige Unterlagen betreffend das bemängelte Vergabeverfahren und die von der Kommission festgestellte Rechtswidrigkeit, allfällige sonstige zweckdienliche Unterlagen und
- entweder
  - einen Nachweis, dass die Rechtswidrigkeit beseitigt wurde, oder
  - eine ausführliche Begründung dafür, weshalb die Rechtswidrigkeit nicht beseitigt wurde (hier kann insbesondere auf ein anhängiges Nachprüfungsverfahren verwiesen werden), oder
  - die Mitteilung, dass das betreffende Vergabeverfahren entweder auf Betreiben des Auftraggebers oder aber im Rahmen eines Nachprüfungsverfahrens ausgesetzt wurde.

Anmerkung *In der Praxis versucht die Kommission zunächst meist durch formlose Intervention eine Klärung des Problems bzw Sacherhaltes zu erreichen.*

Der Korrekturmechanismus ist nur bis zum Vertragsabschluss zulässig. Er enthält allerdings keine besonderen Sanktionsmöglichkeiten, in der Regel wird bei nicht zufriedenstellender Beantwortung von der Kommission ein Vertragsverletzungsverfahren gem Art 226 EG-V fortgeführt werden.

5,1.4.2 Das Bescheinigungsverfahren

Sektorenauftraggeber können ihre Vergabeverfahren und Vergabepraktiken regelmäßig von einem Attestor oder einer Bescheinigungsstelle untersuchen lassen. Sie erhalten dann eine Bescheinigung darüber, dass die Verfahren und Praktiken zum gegebenen Zeitpunkt mit den vergaberechtlichen Bestimmungen des Gemeinschaftsrechts und mit den Vorschriften des BVergG übereinstimmen.

Der Auftraggeber wird schriftlich über die Ergebnisse informiert und kann die Bescheinigung im Amtsblatt der EG bekannt machen.

Die Bescheinigung ist drei Jahre anwendbar und soll ein Signal an Bewerber und Bieter darstellen, dass sie davon ausgehen können, dass sich der Aufwand für eine Beteiligung am Ausschreibungsverfahren lohnen könnte, weil es sich um einen sorgfältigen Auftraggeber handelt.

Anmerkung *Die Sinnhaftigkeit des Verfahrens wird in der Praxis immer wieder angezweifelt, insbesondere weil der Auftraggeber die Kosten des Verfahrens selbst zu tragen hat. Soweit ersichtlich, hat es keine große Bedeutung erlangt.*

5,1.4.3 Außerstaatliche Schlichtung

Ein weiteres Verfahren, dass sich in der Praxis nicht durchgesetzt hat, ist das Schlichtungsverfahren.

Jeder Bewerber oder Bieter im Sektorenbereich kann, wenn er behauptet, dass ihm durch eine Rechtswidrigkeit im Vergabeverfahren ein Schaden entstanden ist oder zu entstehen droht, schriftlich ein Schlichtungsverfahren vor der Kommission beantragen. Der Antrag ist beim BMwA bzw bei der zuständigen LReg einzubringen und wird unverzüglich an die Kommission weitergeleitet.

Jede am Verfahren beteiligte Partei hat unverzüglich einen Schlichter zu benennen. Die Schlichter haben den Parteien Gelegenheit zur Stellungnahme zu geben und auf eine gütliche Einigung zwischen den Parteien hinzuwirken. Die Kommission wird von den Schlichtern über ihre Schlussfolgerungen und über alle Ergebnisse informiert.

Das Verfahren kann aber von allen Seiten jederzeit beendet werden; die Kosten werden von den Verfahrensparteien zu gleichen Teilen getragen.

5,1.4.4 Vertragsverletzungsverfahren nach Art 226 EG-V

Als Hüterin der Verträge wacht die Europäische Kommission über die Einhaltung des Gemeinschaftsrechts. Durch das Vertragsverletzungsverfahren kann die Kommission die Mitgliedstaaten zur Erfüllung der ihnen obliegenden Verpflichtungen anhalten.

Gegenstand des Verfahrens ist der Antrag der Kommission auf Feststellung, dass ein Mitgliedstaat gegen „eine Verpflichtung aus dem Vertrag" verstoßen hat. Maßstab ist aber nicht nur der EG-V, sondern auch das Sekundärrecht.

Ein Verstoß liegt im übrigen nicht nur bei rechtswidriger Anwendung des Gemeinschaftsrechts vor, sondern selbstverständlich auch bei Schlechtumsetzung und Nichtumsetzung insbesondere der Vergaberichtlinien.

Die Kommission wird auf eigene Initiative tätig, sie kann aber auch durch einen Bieter oder Bewerber auf einen Verstoß hingewiesen werden.

Anmerkung *Die Kommission kann durch parlamentarische Anfragen oder Medienberichte auf eine Vertragsverletzung aufmerksam werden. Häufig wird sie jedoch durch Beschwerden, die schriftlich einzureichen sind, auf eine Verletzung hingewiesen. Die Kommission hat ein Formblatt erstellt, das direkt von der Kommission oder nationalen Presse- und Informationsbüros bezogen werden kann.*

Das Vertragsverletzungsverfahren läuft in der Folge – grob – in vier Abschnitten ab:

- zunächst richtet die Kommission ein Mahnschreiben an den Mitgliedstaat
- dann folgt eine begründete Stellungnahme

- dann kommt es zur Klage vor dem EuGH
- schließlich trifft dieser ein Urteil.

Der Mitgliedstaat ist in der Folge verpflichtet, die Maßnahmen zu ergreifen, die sich aus dem EuGH-Urteil ergeben. Diese Verpflichtung zur Beseitigung des Vertragsverstoßes resultiert aus Art 228 EGV.

5,2 Die Organisation der Rechtsschutzeinrichtungen

5,2.1 Vergabekontrollbehörden auf Bundesebene

Die Nachprüfung von Entscheidungen von Auftraggebern, die in den Bundesbereich fallen, wird direkt im BVergG geregelt.

Als Kontrollbehörden auf Bundesebene sind vorgesehen:

- die Bundes-Vergabekontrollkommission (B-VKK)
- das Bundesvergabeamt (BVA)

Zur Besorgung der Geschäftsführung der beiden Einrichtungen hat der BM für Wirtschaft und Arbeit einen gemeinsamen Geschäftsapparat einzurichten.

Die Anrufung der B-VKK, die nur Empfehlungen abgeben kann, ist im übrigen nicht mehr Voraussetzung für die Zulässigkeit der Anrufung des BVA. Der Schlichtungssenat der B-VKK besteht aus einem Vorsitzenden und zwei Beisitzern; je einem von der Auftragnehmer- und einem von der Auftraggeberseite.

Das BVA wurde bundesverfassungsrechtlich abgesichert und wird als Sonderkontrollbehörde tätig. Der Vorsitzende und sein Stellvertreter sowie die Senatsvorsitzenden sind hauptberuflich tätig; im übrigen wurde die Beteiligung fachkundiger Laien aus den Bereichen der Auftragnehmer und Auftraggeber beibehalten.

Die Mitglieder der B-VKK und des BVA sind in Ausübung ihres Amtes unabhängig und an keine Weisungen gebunden.

Den Vorsitzenden der beiden Behörden obliegt es – natürlich bei Wahrung der Unabhängigkeit der einzelnen Mitglieder – auf eine möglichst einheitliche Entscheidungspraxis hinzuwirken. Zu diesem Zweck wurde eine gemeinsame Evidenzstelle eingerichtet, die die Entscheidungen und Empfehlungen dokumentiert und in Evidenz hält.

Tipp *Das Bundesvergabeamt hat eine ausgezeichnete Homepage unter www.bva.gv.at. Sie finden dort alle Entscheidungen, aber auch Formulare, Gesetzesgrundlagen etc. Die Homepage der B-VKK finden Sie unter www.bvkk.gv.at.*

5,2.2 Vergabekontrollbehörden in den Ländern

Auch die Behörden der Länder müssen über die von den Rechtsmittelrichtlinien verlangten Kompetenzen verfügen, dh rechtswidrige Entscheidungen des Auftraggebers für nichtig erklären können, durch einstweilige Verfügung vorläufige Maßnahmen ergreifen können und eine Rechtsverletzung feststellen können.

Die Kontrollbehörden müssen insbesondere aber auch unabhängig und weisungsfrei sein um eine unparteiische Kontrolle gewährleisten zu können.

Folgende Kontrollinstanzen wurden mit der Vergabenachprüfung betraut:

- **Wien**
  Vergabekontrollsenat Wien,
  Leiterin der Geschäftsstelle: Mag. Karin Bachert,
  A-1010 Wien, Wipplingerstraße 8,
  Tel: 01/53436-97133,
  Fax: 01/53436-9997115,
  E-Mail: s-vgk@m63.magwien.gv.at
- **Niederösterreich**
  Unabhängiger Verwaltungssenat Niederösterreich,
  Präsident: Dr. Herbert Boden,
  A-3109 St. Pölten, Wiener Straße 54,
  Tel: 02742/90590/15530,
  Fax: 02742/90590/5540,
  E-Mail: post.uvs@noel.gv.at
- **Oberösterreich**
  Unabhängiger Verwaltungssenat Oberösterreich,
  Präsident: Dr. Hans Linkesch,
  A-4020 Linz, Fabrikstraße 32,
  Tel: 0732/7720/15680,
  Fax: 0732/7720/14853,
  E-Mail: uvs.post@ooe.gv.at
- **Salzburg**
  Vergabekontrollsenat Salzburg, Landesamtsdirektion,
  Leiter der Geschäftsstelle: Dr. Manfred Huber,
  A-5020 Salzburg, Chiemseehof,
  Tel: 0662/8042-2028,
  Fax: 0662/8042-2643,
  E-Mail: manfred.huber@salzburg.gv.at

- **Tirol**
  Unabhängiger Verwaltungssenat Tirol,
  Vorsitzender: Dr. Gerd Ebner,
  A-6020 Innsbruck, Michael Gaismairstraße 1,
  Tel:0512/5080/3700,
  Fax: 0512/5080/3705,
  E-Mail: uvs@tirol.gv.at
- **Vorarlberg**
  Unabhängiger Verwaltungssenat Vorarlberg,
  Präsident: Dr. Bernhard Röser,
  A-6900 Bregenz, Römerstraße 22,
  Tel: 5574/48442,
  Fax: 05574/48442/22,
  E-Mail: uvs@vorarlberg.gv.at
- **Kärnten**
  Unabhängiger Verwaltungssenat Kärnten,
  Präsident: Dr. Heinz Stotter,
  A-9010 Klagenfurt, Völkermarkter Ring 25,
  Tel: 0463/54350/11,
  Fax: 0463/54350/29,
  E-Mail: post.uvs@ktn.gv.at
- **Steiermark**
  Unabhängiger Verwaltungssenat Steiermark,
  Vorsitzender: Dr. Peter Schurl,
  A-8010 Graz, Salzamtsgasse 3,
  Tel: 0316/8029/10,
  Fax: 0316/8029/15,
  E-Mail: uvs@stmk.gv.at
- **Burgenland**
  Unabhängiger Verwaltungssenat Burgenland,
  Präsident: Mag. Manfred Graußer,
  A-7000 Eisenstadt, Neusiedler Straße 35-37,
  Tel: 02682/66811/1113,
  Fax: 02682/66811/1177,
  E-Mail: post.uvs@bgld.gv.at

5,3 Das Nachprüfungsverfahren

5,3.1 Vorverfahren

Sowohl auf Bundesebene als auch in einigen Ländern besteht für die Bewerber und Bieter die Pflicht bzw das Recht, vor der Anrufung der eigentlichen Nachprüfungsbehörde ein Vorverfahren durchzuführen. Teils wird dies von der Nachprüfungsbehörde selbst durchgeführt, teils wurden eigene Institutionen geschaffen und damit betraut.

Ziel des Vorverfahrens ist es in allen Fällen, den Streit so rasch als möglich beizulegen und so Zeit und Kosten für beide Seiten zu sparen. Eine verbindliche Entscheidung ist in diesem Fall allerdings nicht möglich, es handelt sich vielmehr um einen Vermittlungsversuch.

Das Beispiel der B-VKK soll in den wesentlichen Punkten dargestellt werden; für jene Länder, die ebenfalls ein Vorverfahren haben, erfolgt eine Auflistung der Institutionen, die damit betraut sind.

5,3.1.1 Bundes-Vergabekontrollkommission

Die B-VKK ist bis zur Zuschlagsentscheidung bzw bis zur Beendigung des Vergabeverfahrens durch Widerruf zur Schlichtung von Meinungsverschiedenheiten zuständig, die sich zwischen der vergebenden Stelle und einem oder mehreren Bewerbern oder Bietern im Zuge eines Vergabeverfahrens ergeben.

Sie wird auf Ersuchen der vergebenden Stelle, eines Bewerbers oder Bieters oder der jeweils in Betracht kommenden Interessenvertretung tätig.

Es steht den Beteiligten jedoch frei, sich auch ohne Einschaltung der B-VKK direkt an das BVA zu wenden.

Achtung! *Durch die Anrufung der B-VKK wird das Vergabeverfahren nicht gehemmt; es kann ohne weiteres fortgeführt werden.*

Die Anrufung ist unzulässig:

- Bei Durchführung eines beschleunigten Verfahrens bei Dringlichkeit.
- Bei den Vergabeverfahren im Unterschwellenbereich gem § 26 Abs 1 und 3 sowie § 27 BVergG.
- Wenn die streitgegenständliche Entscheidung des Auftraggebers nicht mehr vor dem BVA angefochten werden könnte.

Bei allen anderen Vergabeverfahren im Unterschwellenbereich ist eine Schlichtung nur auf beiderseitiges Ersuchen zulässig.

Das Verfahren wird mit einem „Antrag auf Schlichtung einer Meinungsverschiedenheit“ eingeleitet.

Die B-VKK hat unmittelbar nach Einlangen des Schlichtungsantrages diesen an den Auftraggeber weiterzuleiten.

In der Folge hat sie die Streitteile zu hören und den der Meinungsverschiedenheit zu Grunde liegenden Sachverhalt zu ermitteln.

Der Schlichtungssenat muss so rasch wie möglich, spätestens binnen zwei Wochen vermitteln, Vorschläge zur Bereinigung der Streitfragen erstatten und auf eine gütliche Einigung der Streitteile hinwirken. Wenn sich ein Streitteil in die Verhandlung nicht einlässt, dann ist in der Niederschrift festzuhalten, dass keine gütliche Einigung zustande gekommen ist. Die Schlichtung selbst ist formlos und nicht an bestimmte Verfahrensvorschriften gebunden.

Sollten Dritte von der Meinungsverschiedenheit betroffen sein, hat die B-VKK auch diese zu laden.

Nach der Anhörung der Streitteile erstattet der Schlichtungssenat einen Schlichtungsvorschlag darüber, wie die der Meinungsverschiedenheit zu Grunde liegende Rechtsvorschrift angewendet werden soll. Nimmt einer der beiden Streitteile den Vorschlag nicht an, so hat der Senat innerhalb von acht Tagen die Streitteile davon zu verständigen. Ist das Schlichtungsverfahren jedoch nach Ansicht der B-VKK von grundsätzlicher Bedeutung, so kann sie gleichzeitig mit der Verständigung eine begründete Empfehlung abgeben, wie die betreffende Rechtsvorschrift angewendet werden soll.

5,3.1.2 Vorverfahren in den Ländern

In folgenden Ländern ist ein Vorverfahren gesetzlich vorgesehen:

- **Niederösterreich**
  Die **NÖ Schlichtungsstelle für öffentliche Aufträge** besteht aus zwei Mitgliedern. Den Verhandlungen ist je ein Beisitzer mit beratender Stimme aus dem Kreis der Auftragnehmer und aus dem Kreis der Gemeinden beizuziehen.
  Die Anrufung der Schlichtungsstelle löst eine automatische Sperrwirkung aus; der Auftraggeber darf innerhalb von vier Wochen ab der Verständigung bei sonstiger Nichtigkeit den Zuschlag nicht erteilen oder die Angebote öffnen (Ausnahme für Verfahren aus Dringlichkeit).
  Die Befassung der Schlichtungsstelle stellt eine Voraussetzung für die Zulässigkeit des Nachprüfungsverfahrens dar und kann die Nachprüfung einer gesondert anfechtbaren Entscheidung, der Zuschlagserteilung oder des Widerrufs betreffen.
  Die Schlichtungsstelle ist nicht an ein förmliches Verfahren gebunden und hat auf eine gütliche Einigung hinzuwirken und gegebenenfalls Vorschläge zur Streitbeilegung zu erstatten. Das Ergebnis wird in einer Niederschrift festgehalten.

- **Salzburg**
  Bis zur Zuschlagsentscheidung hat der **Vergabekontrollsenat** zunächst einen Schlichtungsversuch zwischen dem Antragsteller und dem Auftraggeber zu unternehmen. Über den Schlichtungsversuch ist eine Niederschrift aufzunehmen. Besteht keine Bereitschaft zu einem Schlichtungsversuch ist dies ausdrücklich in einem Aktenvermerk festzuhalten. Der Schlichtungsversuch ist vom Kammervorsitzenden oder einem beauftragten Mitglied vorzunehmen.

- **Vorarlberg**
  Zuständig ist hier eine **Schlichtungskommission**, die aus einem Vorsitzenden und zwei Beisitzern besteht, die für die Dauer von fünf Jahren bestellt werden. Sie wird auf Ersuchen des Auftraggebers, eines Bewerbers oder Bieters tätig.
  Das Verfahren ist – wie im BVergG – freiwillig und abgabenfrei und löst keine Sperrwirkung aus.
  Im Unterschied zum BVergG ist die Zuständigkeit der Schlichtungskommission jedoch weder auf bestimmte zeitliche Abschnitte der Auftragsvergaben noch in sonstiger Weise eingeschränkt, noch im Ober- und Unterschwellenbereich unterschiedlich geregelt.
  Die Schlichtungsstelle hat auf eine gütliche Einigung der Streitteile hinzuwirken und gegebenenfalls Vorschläge zu erstatten, die in einer Niederschrift festzuhalten sind.

- **Kärnten**
  Zuständig für das Vorverfahren ist ein/e **Ombudsmann/Ombudsfrau**, der/die für fünf Jahre bestellt ist und weisungsfrei und unabhängig ist. Die Ombudsstelle kann nicht nur von Bewerbern, Bietern und Auftraggebern angerufen werden, sondern auch von Interessenvertretungen.
  Aufgabe ist die Nachprüfung von Entscheidungen und Abgabe von nicht verbindlichen Empfehlungen. Die Empfehlung ist unverzüglich abzugeben; längstens binnen zwei Wochen ist eine begründete Stellungnahme abzugeben.
  Fristen werden für die Dauer des Vorverfahrens gehemmt.
  Unzulässig ist ein Antrag an die Ombudsstelle in jenen Verfahren, die aus öffentlichem Interesse besonders rasch durchzuführen sind, sowie bei Bagatellaufträgen, weiters nach Zuschlagserteilung oder Widerruf.

- **Tirol**
  Hier ist vom **Unabhängigen Verwaltungssenat** zunächst ein Schlichtungsversuch zu unternehmen. Entsprechend der Regelung in Salzburg, wird der Schlichtungsversuch vom Kammervorsitzenden oder einem ersuchten Mitglied vorgenommen und ist in einer Niederschrift zu dokumentieren. Im Unterschwellenbereich ist ein Schlichtungsversuch allerdings

nur auf beiderseitiges Ersuchen vorzunehmen; in einigen Fällen – insbesondere bei Dringlichkeit oder bei vereinfachten Vergabeverfahren – ist ein Schlichtungsversuch gar nicht vorzunehmen.

5,3.2 Das Nachprüfungsverfahren vor Zuschlagserteilung oder Widerruf

5,3.2.1 Zuständigkeit

Das Nachprüfungsverfahren vor Zuschlagserteilung oder Widerruf soll anhand des Verfahrens vor dem BVA dargestellt werden. In den Ländern ist das Verfahren praktisch identisch, auf Unterschiede wird gesondert hingewiesen.

Bis zur Zuschlagserteilung ist das BVA zuständig zur

- Nichtigerklärung rechtswidriger Entscheidungen des Auftraggebers und
- zur Erlassung einstweiliger Verfügungen.

Ein Unternehmer, der ein Interesse am Abschluss eines dem BVergG unterliegenden Vertrages behauptet, kann daher die Nachprüfung einer Entscheidung des Auftraggebers beantragen, sofern ihm durch die Entscheidung ein Schaden entstanden ist oder zu entstehen droht.

Die Nachprüfungsbehörden entscheiden durch Bescheid. Gegen diese Bescheide ist Beschwerde an die Gerichtshöfe des öffentlichen Rechts zulässig.

Allerdings ist nach dem System des BVergG nicht mehr jede Entscheidung des Auftraggebers anfechtbar, sondern nur mehr taxativ aufgezählte sogenannte gesondert anfechtbare Entscheidungen. Nicht gesondert anfechtbare Entscheidungen können nur mehr gemeinsam mit der ihnen nächstfolgenden gesondert anfechtbaren Entscheidung angefochten werden.

Anmerkung *Das BVA geht davon aus, dass nur die Erklärung der Nichtigkeit gesondert anfechtbarer Entscheidungen beim BVA beantragt werden kann und nur diese für nichtig erklärt werden können.*

Im Übrigen können nur solche Rechtswidrigkeiten für nichtig erklärt werden, bei denen bei deren Vermeidung ein anderer Verfahrensausgang möglich ist. Es wird daher eine Wesentlichkeitsprüfung durchgeführt.

Das BVA ist bei seiner Prüfung an die geltend gemachten Beschwerdepunkte gebunden.

5,3.2.2 System von Verständigungspflichten

Das BVergG und die Landesgesetze sehen ein System von Verständigungspflichten vor.

Zunächst hat der Bieter oder Bewerber den Auftraggeber unverzüglich elektronisch oder mittels Telefax von der beabsichtigten Einleitung eines Nachprüfungsverfahrens nachweislich zu verständigen. Die Verständigung muss spätestens gleichzeitig mit der Einbringung des Nachprüfungsantrages erfolgen.

Anmerkung *Es reicht jedoch, wenn die Verständigung in unmittelbarem zeitlichen und kausalen Zusammenhang mit der Einleitung des Nachprüfungsverfahrens erfolgt. Es schadet daher nach der Judikatur des VwGH (GZ: 2003/04/0129-6) nicht, wenn die Anträge – zB durch ein Versehen des Mitarbeiters – in umgekehrter Reihenfolge in das Faxgerät gesteckt werden und somit der Auftraggeber wenige Minuten nach der Einleitung des Nachprüfungsverfahrens davon erfährt.*

Bei Nachprüfungsanträgen betreffend die Zuschlagsentscheidung, hat der Auftraggeber unverzüglich, jedoch spätestens am nächsten Arbeitstag, und nachweislich elektronisch oder mittels Telefax alle Bieter, denen die Zuschlagsentscheidung gem § 100 Abs 1 BVergG mitgeteilt wurde, von der Einleitung des Nachprüfungsverfahrens zu verständigen.

Anmerkung *Auch aus dieser Bestimmung ergibt sich die – für manche Auftraggeber noch ungewohnte – Verpflichtung des Auftraggebers nach § 100 Abs 1 BVergG auch den Bestbieter von der Zuschlagsentscheidung zu informieren.*

5,3.2.3 Wer ist Partei im Nachprüfungsverfahren?

Parteien im Verfahren sind jedenfalls der Antragsteller und der Auftraggeber.

Im Verfahren betreffend die Nichtigerklärung der Zuschlagsentscheidung sind jedoch auch jene Bieter Parteien des Nachprüfungsverfahrens, deren rechtliche Interessen durch die Entscheidung des BVA unmittelbar berührt werden könnten, dh jedenfalls der ermittelte Bestbieter. Die Einschränkung des Parteibegriffs im Vergleich zum AVG soll verhindern, dass auch diejenigen Teilnehmer am Vergabeverfahren beizuziehen wären, die zwar ein rechtliches Interesse hätten, auf deren Position sich die Entscheidung aber nicht oder nicht wesentlich auswirkt.

Allerdings müssen diese Parteien binnen einer Frist von einer Woche nach der Verständigung durch den Auftraggeber von der Einleitung eines Nachprüfungsverfahrens oder spätestens in der mündlichen Verhandlung mündlich einen Antrag auf Teilnahme am Nachprüfungsverfahren stellen, ansonsten geht die Parteistellung verloren.

Anmerkung *Ausdrücklich ausgeschlossen wurde vom BVA (30.9.2003, 05N-85/03-25), dass die umfassenden Parteirechte auch bei anderen Entscheidungen des Auftraggebers einem erweiterten Personenkreis zustehen. Dies ist nur bei der Zuschlagsentscheidung der Fall.*

Nach herrschender Auffassung kann ein Subunternehmer nicht Partei des Verfahrens sein, da er idR selbst kein Interesse am Abschluss eines Vertrages und damit am Vergabeverfahren hat.

Was Bietergemeinschaften betrifft, so ist nach nunmehriger Auffassung des BVA (BVA 20.4.2001, N-43/01-20, N-46/01-18) auch ein einzelnes Mitglied der Bietergemeinschaft legitimiert, einen Nachprüfungsantrag zu stellen. Das Gemeinschaftsrecht belasse dem innerstaatlichen Gesetzgeber keinen Raum, die Antragslegitimation von weiteren Umständen, wie etwa dem gemeinsamen Auftreten einer Bietergemeinschaft abhängig zu machen.

Anmerkung *Nach einer Entscheidung des BVA (30.9.2002, N-47/02-7) ist ein Bieter nicht antragsberechtigt, wenn am Vergabeverfahren gar nicht teilgenommen hat. Mangels konkreter Möglichkeit der Zuschlagserteilung an ihn, kann kein Schaden entstanden sein.*

Dies ist allerdings differenziert zu sehen, wenn der Bieter ausdrücklich signalisiert ein Angebot legen zu wollen und das von Seiten des Auftraggebers verhindert wird. Insbesondere dann, wenn durch diskriminierende Spezifikationen in der Ausschreibung von vornherein eine Teilnahme am Ausschreibungsverfahren ausgeschlossen wird (EuGH 16.10.2003, Rs C-230/02). In diesem Fall ist es nach Ansicht des EuGH dem Interessenten nicht zumutbar, ein Angebot mit allen damit verbundenen Aufwändungen nur zu dem Zweck abzugeben, um das Recht auf Nachprüfung der diskriminierenden Ausschreibungsbedingungen zu erhalten.

5,3.2.4 Was muss im Nachprüfungsantrag enthalten sein?

Der Nachprüfungsantrag muss gem § 166 Abs 1 BVergG zwingend gewisse Angaben enthalten, ansonsten wird er als unzulässig zurückgewiesen.

Folgende Punkte sind anzugeben:

- die genaue Bezeichnung des betreffenden Vergabeverfahrens sowie der angefochtenen Entscheidung,
- die genaue Bezeichnung des Auftraggebers,
- eine Darstellung des maßgeblichen Sachverhaltes einschließlich des Interesses am Vertragsabschluss,
- Angaben über den behaupteten drohenden oder bereits eingetretenen Schaden für den Antragsteller,
- die bestimmte Bezeichnung des Rechts, in dem sich der Antragsteller als verletzt erachtet,
- die Gründe, auf die sich die Behauptung der Rechtswidrigkeit stützt,
- ein bestimmtes Begehren und
- die Angaben, die erforderlich sind, um zu beurteilen, ob der Antrag rechtzeitig eingebracht wurde.

Tipp *Achten Sie beim Formulieren des Nachprüfungsantrages auch sehr genau auf ihre Wortwahl! Der stmk UVS (Erkenntnis vom 2.2.2004, GZ 443.20.7-1/2004) hat beispielsweise einen Antrag, der „die Rechtswidrigerklärung" einer Entscheidung des Auftraggebers begehrte wegen Unzulässigkeit zurückgewiesen. Korrekterweise hätte es „Nichtigerklärung" heißen müssen.*

5,3.2.5 Wer kann einen Teilnahmeantrag stellen und was muss dieser enthalten?

Wie unter *Tz 5,3.2.3* ausgeführt, werden im Fall der Bekämpfung der Zuschlagsentscheidung alle Bieter von der Einleitung eines Nachprüfungsverfahrens informiert, denen die Zuschlagsentscheidung mitgeteilt wurde.

Diese Bieter, sofern sie durch die Entscheidung unmittelbar in ihrem rechtlichen Interessen berührt sind, müssen einen Antrag auf Teilnahme am Vergabeverfahren stellen, andernfalls verlieren sie ihre Parteistellung im Verfahren. Für den Teilnahmeantrag fällt nur die Hälfte der zu entrichtenden Pauschalgebühren an. Es stellt sich allerdings die Frage, welche Folgen das Unterlassen des Teilnahmeantrages nach sich zieht. Es dürfte wohl das Recht zur Stellung eines eigenen Nachprüfungsantrages – zu den vollen Gebühren – nicht verloren gehen.

Folgenden Inhalt muss der Teilnahmeantrag zwingend gem § 167 BVergG aufweisen:

- eine Darstellung des Interesses am Vertragsabschluss,
- Angaben über den behaupteten drohenden oder bereits eingetretenen Schaden für den Antragsteller,
- die bestimmte Bezeichnung des Rechts, in dem sich der Antragsteller als verletzt erachtet,
- die Gründe, auf die sich die Behauptung der Rechtswidrigkeit stützt,
- ein bestimmtes Begehren und
- die Angaben, die erforderlich sind, um zu beurteilen, ob der Antrag rechtzeitig eingebracht wurde.

5,3.2.6 Wann ist ein Nachprüfungsantrag bzw ein Teilnahmeantrag unzulässig?

In folgenden Fällen ist ein **Nachprüfungsantrag** nach dem BVergG unzulässig:

- wenn er sich nicht gegen eine gesondert anfechtbare Entscheidung richtet,
- wenn er nicht innerhalb der im Gesetz vorgesehenen Fristen gestellt wird,
- wenn keine Verständigung des Auftraggebers erfolgt ist,
- wenn in derselben Sache in einem Schlichtungsverfahren eine gütliche Einigung erzielt wurde, es sei denn, ein Streitteil macht glaubhaft, dass der andere Streitteil sich nicht an das Ergebnis der gütlichen Einigung hält oder gehalten hat, oder
- trotz Aufforderung zur Verbesserung der Antrag nicht ordnungsgemäß vergebührt wurde.

Ein **Teilnahmenantrag** ist – sowohl im Nachprüfungsverfahren als auch im Feststellungsverfahren – in folgenden Fällen unzulässig:

- wenn er sich nicht gegen eine gesondert anfechtbare Entscheidung richtet,
- wenn er nicht innerhalb der im Gesetz genannten Fristen oder in der mündlichen Verhandlung gestellt wird,
- wenn in derselben Sache in einem Schlichtungsverfahren eine gütliche Einigung erzielt wurde, es sei denn, ein Streitteil macht glaubhaft, dass der andere Streitteil sich nicht an das Ergebnis der gütlichen Einigung hält oder gehalten hat, oder
- trotz Aufforderung zur Verbesserung der Antrag nicht ordnungsgemäß vergebührt wurde.

5,3.2.7 Gibt es Fristen für die Anfechtung einer Auftraggeber-Entscheidung?

Zur Beschleunigung und Straffung der Vergabeverfahren wurde – wie erwähnt – die Unterscheidung in gesondert und nicht gesondert anfechtbare Entscheidungen eingeführt.

Weiters soll diesem Ziel ein System von Anfechtungsfristen dienen, binnen denen die Bewerber oder Bieter die gesondert anfechtbaren Entscheidungen bekämpfen müssen. Wird die Frist versäumt, ist das Recht präkludiert und der Antrag wird von der Nachprüfungsbehörde zurückgewiesen.

Die Fristen des BVergG sind sehr kasuistisch, dh sehr fallspezifisch und finden sich in einer Auflistung in § 169 BVergG. Die Ländergesetze mussten auf die getroffene Unterscheidung abgestimmt werden und haben Wert auf die Identität der Fristen gelegt. Dies entspricht auch den Bedürfnissen der beteiligten Wirtschaftskreise nach möglichst einheitlichen Regelungen. Aus Gründen der leichteren Lesbarkeit und Übersichtlichkeit haben die Länder die Fristen zum Teil aber in einem Anhang zum Gesetz in Form einer Tabelle dargestellt.

Die Dauer der Fristen betragen im Oberschwellenbereich grundsätzlich 14 Tage und verkürzen sich in beschleunigten Verfahren in der Regel auf sieben Tage. Im Unterschwellenbereich betragen die Fristen regelmäßig zehn Tage und verkürzen sich in beschleunigten Verfahren teilweise auf drei Tage. Im einzelnen werden die Entscheidungen und die jeweiligen Fristen im Anhang dargestellt.

Achtung! *Die Fristen sind sehr kurz! Es kommt daher immer wieder zur Versäumung der Fristen, wenn Bewerber oder Bieter zunächst den Auftraggeber anschreiben und um dessen Reaktion ersuchen.*

Die Fristen für die Einleitung des Nachprüfungsverfahrens sind als verfahrensrechtliche Fristen zu qualifizieren. Dies hat insbesondere zur Folge, dass sie unter den Voraussetzungen der §§ 71ff AVG zur Wiedereinsetzung führen können. Dh, ist der Bieter durch ein unvorhergesehenes, unabwendbares

Ereignis an der rechtzeitigen Einbringung des Nachprüfungsantrages gehindert, kann er durch einen Antrag auf Wiedereinsetzung in den vorigen Stand seine Chance auf Nachprüfung waren.

5,3.2.8 Entscheidungsfristen für die Nachprüfungsbehörde

Für die Entscheidung über einen Antrag auf einstweilige Verfügung haben die Nachprüfungsbehörden einheitlich unverzüglich, längstens binnen einer Woche zu entscheiden.

Für Nachprüfungsanträge ist die Regelung differenziert:

- Auf Bundesebene und in der Mehrzahl der Länder hat die Nachprüfungsbehörde über Anträge auf Nachprüfung einer Entscheidung spätestens zwei Monate, im Unterschwellenbereich spätestens ein Monat nach Einlangen des Antrages zu entscheiden.
- In Niederösterreich und der Steiermark beträgt die Entscheidungsfrist einheitlich im Unter- und Oberschwellenbereich zwei Monate; im Verhandlungsverfahren ohne Bekanntmachung aus dringlichen zwingenden Gründen oder im Falle eines beschleunigten Verfahrens aus Dringlichkeit ist sie verkürzt auf sechs Wochen.

5,3.2.9 Die Einstweilige Verfügung

Damit Bewerber und Bieter nicht vor „vollendete Tatsachen" gestellt werden, können sie die Erlassung einer einstweiligen Verfügung beantragen.

Auf diesen Antrag hin kann die Nachprüfungsbehörde unverzüglich vorläufige Maßnahmen ergreifen, die nötig und geeignet erscheinen, um eine unmittelbar drohende Schädigung von Interessen des Antragstellers zu verhindern oder zu beseitigen.

Der Antragsteller muss

- die begehrte Maßnahme,
- die Zeit, für die er sie beantragt,
- die behauptete Rechtswidrigkeit und
- die unmittelbar drohende Schädigung seiner Interessen genau bezeichnen.

Achtung! *Entgegen der alten Rechtslage kann eine einstweilige Verfügung nur mehr auf Antrag erlassen werden. Es kommt immer wieder vor, dass der Antrag vergessen wird und der Auftraggeber dies nützt um den Zuschlag zu erteilen.*

Mit der einstweiligen Verfügung können das Verfahren oder einzelne Entscheidungen vorübergehend ausgesetzt werden.

Sie tritt nach Ablauf der Zeit für die sie erlassen wurde oder spätestens nach zwei Monaten außer Kraft.

Entgegen dem Wortlaut des Gesetzes, ist der Antrag – nach der Judikatur des EuGH (15.5.2003, Rs C-214/00, Kommission/Spanien) – auch unabhängig vom Einbringen eines Nachprüfungsantrages zulässig. Dem Antrag kommt – um auch hier ein „fait accompli" zu vermeiden – bereits ab Zugang der Verständigung an den Auftraggeber vom Einlangen des Antrages bis zur Entscheidung über den Antrag aufschiebende Wirkung zu. Ein entgegen dieser Vorschrift erteilter Zuschlag wäre nichtig! Die Nachprüfungsbehörde hat daher den Auftraggeber unverzüglich vom Antrag zu verständigen.

Die einstweilige Verfügung wird in der überwiegenden Mehrzahl der Fälle auf den Antrag hin erlassen; die Nachprüfungsbehörde hat jedoch zuvor die voraussehbaren Folgen der zu treffenden Maßnahme sowie ein allfälliges besonderes öffentliches Interesse an der Fortführung des Vergabeverfahrens gegeneinander abzuwägen.

5,3.3 Das Nachprüfungsverfahren nach Zuschlagserteilung oder Widerruf (Feststellungsverfahren)

Die Nachprüfungsbehörde ist in diesem subsidiären Verfahren zuständig zur Feststellung, ob

- die Wahl der Direktvergabe zu Recht erfolgte, oder
- wegen eines Verstoßes gegen das BVergG oder die hierzu ergangenen Verordnungen der Zuschlag nicht gemäß den Angaben in der Ausschreibung dem Angebot mit dem niedrigsten Preis oder dem technisch oder wirtschaftlich günstigsten Angebot erteilt wurde, oder
- der Widerruf einer Ausschreibung wegen eines Verstoßes gegen das BVergG rechtswidrig war.

Auf Antrag des Auftraggebers (in Kärnten auch auf Antrag des Zuschlagsempfängers) stellt die Nachprüfungsbehörde auch fest, ob der Antragsteller auch bei Einhaltung der Vorschriften keine echte Chance auf Erteilung des Zuschlages gehabt hätte.

Die Nachprüfungsbehörde kann in diesem Verfahrensabschnitt keine Entscheidungen mehr für nichtig erklären, sondern ist auf die Feststellung von Verstößen beschränkt.

Anmerkung *Die Terminologie in diesem Zusammenhang ist unterschiedlich: Auf Bundesebene und in einigen Ländern wird von „Feststellungsverfahren" gesprochen; in anderen Ländern von „Nachprüfungsverfahren nach Zuschlagserteilung oder Widerruf". Inhaltlich sind die Verfahren jedoch identisch.*

5,3.3.1 Wer ist Partei im Feststellungsverfahren?

Wie auch im Nachprüfungsverfahren vor Zuschlagserteilung oder Widerruf sind jedenfalls der Antragsteller und der Auftraggeber Parteien des Verfahrens.

Weiters aber auch alle Bewerber und Bieter, deren rechtliche Interessen durch die Entscheidung der Nachprüfungsbehörde unmittelbar berührt werden.

Um ihre Parteistellung zu wahren, müssen sie spätestens binnen einer Frist von einer Woche nach der Verständigung durch den Auftraggeber schriftlich oder in der mündlichen Verhandlung mündlich einen Antrag auf Teilnahme am Nachprüfungsverfahren stellen.

5,3.3.2 Verständigungspflichten

Wurde ein Antrag eingebracht, hat der Auftraggeber unverzüglich, spätestens jedoch am nächsten Arbeitstag und nachweislich elektronisch oder mittels Telefax

- im Fall einer Direktvergabe den Auftragnehmer, an den der Auftrag direkt vergeben wurde,
- ansonsten alle Bieter, denen die Zuschlagsentscheidung gemäß § 100 Abs 1 BVergG mitgeteilt wurde,
- im Fall eines Widerrufes alle Bewerber oder Bieter

von der Einleitung des Verfahrens zu verständigen.

5,3.3.3 Was hat der Feststellungsantrag zu enthalten?

Der Antrag muss zwingend folgende Angaben enthalten:

- Eine Darstellung des Interesses am Vertragsabschluss,
- Angaben über den behaupteten eingetretenen Schaden für den Antragsteller,
- Die bestimmte Bezeichnung des Rechts, in dem sich der Antragsteller als verletzt erachtet,
- Die Gründe auf die sich die Behauptung der Rechtswidrigkeit stützt,
- Ein bestimmtes Begehren,
- Die Angaben, die erforderlich sind, um zu beurteilen, ob der Antrag rechtzeitig eingebracht wurde.

5,3.3.4 Wann ist ein Feststellungsantrag unzulässig?

Wie bereits erwähnt ist ein Nachprüfungsantrag nach Zuschlagserteilung oder Widerruf nur subsidiär zulässig. Hätte der behauptete Verstoß gegen das BVergG auch in einem Nachprüfungsverfahren vor Zuschlagserteilung oder Widerruf geltend gemacht werden können, ist der Antrag unzulässig.

Weiters ist der Antrag unzulässig, wenn er nicht

- spätestens sechs Wochen ab dem Zeitpunkt der Kenntnis des Zuschlages,
- spätestens sechs Wochen ab Kenntnis des Widerrufes der Ausschreibung oder
- spätestens sechs Wochen ab dem Zeitpunkt, ab dem der Bewerber oder Bieter davon Kenntnis hätte haben können,
- längstens innerhalb eines Zeitraumes von sechs Monaten, nachdem der Zuschlag erteilt, das Vergabeverfahren widerrufen wurde oder als widerrufen gilt,

gestellt wird.

Mit der Unzulässigkeit des Feststellungsverfahrens verliert der Bieter allerdings auch die Möglichkeit Schadenersatz geltend zu machen. Taktieren zahlt sich somit nicht mehr aus.

5,4 Was kostet ein Nachprüfungsantrag?

Neu vorgesehen wurde im BVergG und auch in den Ländern, dass für Anträge auf Nachprüfung (sowohl im Nachprüfungs-, als auch im Feststellungsverfahren) und für Anträge auf Erlassung einer einstweiligen Verfügung eine Pauschalgebühr vom Antragsteller zu entrichten ist.

Damit sollen die Mehrkosten, die durch die Erstreckung des Rechtsschutzes auf den Unterschwellenbereich entstehen, abgedeckt werden.

Für Anträge auf Teilnahme am Nachprüfungsverfahren fallen nur 50% der Gebühr an.

Die Höhe der Gebühren für den jeweiligen Vollziehungsbereich wurden durch Verordnungen des Bundes und der Länder festgelegt; sie sind aber im Interesse der Einheitlichkeit identisch festgelegt worden. Die Höhe der Gebühr hängt von der Auftragsart und dem Auftragswert (Oberschwellenbereich oder Unterschwellenbereich) ab.

Die Pauschalgebühr ist durch Barzahlung, durch Einzahlung mittels Erlagschein, mittels Bankomatkarte oder Kreditkarte zu entrichten. Wird die Gebühr trotz Aufforderung zur Verbesserung nicht bezahlt, wird der Antrag auf Nachprüfung oder einstweilige Verfügung zurückgewiesen.

Bei Zurückziehung des Antrages kann die Gebühr nicht refundiert werden.

Der vor den Nachprüfungsbehörden wenn auch nur teilweise obsiegende Antragsteller hat Anspruch auf Ersatz seiner entrichteten Gebühren. Die Steiermark sieht hier vor, dass er nur im Ausmaß seines Obsiegens diesen Anspruch haben soll. Beide Regelungen stoßen in der Praxis jedoch auf große Anwendungsschwierigkeiten.

Die Gebühr ist nach der Rechtsprechung als zivilrechtlicher Ersatzanspruch mit Mahnklage bei den ordentlichen Gerichten einzuklagen.

Zu den einzelnen Gebührensätzen verweisen wir auf den *Anhang Kapitel 7*.

Kapitel 6 Sonstige Sanktionsmöglichkeiten

6,1 Wettbewerbsrechtlicher Rechtsschutz

6,1.1 Allgemeines

Grundsätzlich sind Vergaberechtsverstöße auch nach den Regeln des allgemeinen Wettbewerbsrechtes zu beurteilen. Dem allgemeinen Wettbewerbsrecht ist unterworfen, wer im geschäftlichen Verkehr und zu Zwecken des Wettbewerbs tätig wird. Es sind damit jedenfalls alle Bieter und somit Mitbewerber eines Vergabeverfahrens erfasst. Auch Handlungen des Auftraggebers selbst unterstehen den Regelungen des UWG. Unzweifelhaft ist auch, dass der Staat in seiner privatwirtschaftlich entfalteten Tätigkeit ebenfalls dem UWG unterliegt.

Fraglich war jedoch, ob die Regelungen des Vergaberechtes gegenüber jenen des Wettbewerbsrechtes spezieller sind, sodass bei Inanspruchnahme eines Rechtsschutzes nach den Bestimmungen des UWG Unzulässigkeit des ordentlichen Rechtsweges vorliegen würde.

Beispiel:
Ein öffentlicher Auftraggeber schrieb in Salzburg die Leistung der Planung der Errichtung einer Hallen- und Freibadeanlage aus. Den Zuschlag erhielt der später beklagte Bieter, wobei dessen Prokurist bereits an der Vorbereitung und Erstellung der Ausschreibungsunterlagen beteiligt war. Dieser wusste um bestimmte Anforderungen des Auftraggebers an den Leistungsgegenstand und erlangte dieser Bieter dadurch einen Wettbewerbsvorteil. Die Klägerin klagte den beklagten Bieter auf Grundlage des § 1 UWG auf Unterlassung und beantragte die Erlassung einer einstweiligen Verfügung. Eine wesentliche Frage war unter anderem, ob die Regeln des UWG überhaupt zur Anwendung gelangen oder durch die Bestimmungen des Vergaberechtes ausgeschlossen werden. Der OGH hielt hierzu ausdrücklich wie folgt fest: Die Bestimmungen des Vergaberechtes regeln primär das Verhältnis zwischen Auftraggeber und Bieter, sie enthalten jedoch keine Bestimmungen, die den einzelnen Bietern Ansprüche gegen einen Mitbewerber wegen Verletzung von Vergabestimmungen einräumen. Aus diesem Grund werden die in Betracht kommenden Bestimmungen des Wettbewerbsrechtes nicht durch jene des Vergaberechtes verdrängt. (OGH 13.9.1999, 4 Ob 155/99v, Wasserwelt Amade)

Es ist daher möglich, Vergaberechtsverstöße auch mit den Rechtsschutzmöglichkeiten der Bestimmungen des UWG zu bekämpfen.

6,1.2 Wer kann klagen?

Bewerber und Bieter eines Vergabeverfahrens sind jedenfalls als „Mitbewerber" im Sinne des § 14 UWG anzusehen und damit zur Geltendmachung von Ansprüchen nach dem UWG aktiv legitimiert. § 14 UWG zieht den Kreis der Anspruchsberechtigten aber noch größer. Es können demgemäß auch solche Mitbewerber Klage erheben, welche am konkreten Vergabeverfahren selbst gar nicht teilgenommen haben.

6,1.3 Wer kann geklagt werden?

Unter dem Begriff des „Störers" im Wettbewerbsrecht ist nicht nur der unmittelbare Täter zu subsumieren, sondern jeder, der durch eigenes Verhalten den Wettbewerbsverstoß eines anderen fördert oder überhaupt erst möglich macht. Ansprüche nach dem UWG richten sich demnach auch gegen denjenigen, der einen anderen zu einem wettbewerbswidrigen Verhalten veranlasst, dieses fördert oder für sich ausnützt. Demgemäß können alle Mitbewerber, insbesondere Bieter, welche sich an einem Vergaberechtsverstoß beteiligt haben, in Anspruch genommen werden.

Darüber hinaus wurde höchstgerichtlich weiters klargestellt, dass nach den Bestimmungen des Wettbewerbsrechtes direkt auch Ansprüche gegen den öffentlichen Auftraggeber geltend gemacht werden können.

6,1.4 Ansprüche nach UWG

Gemäß § 1 UWG stehen dem Anspruchswerber gegenüber Mitbewerbern, die sittenwidrig in den Wettbewerb eingegriffen haben, Ansprüche auf **Unterlassung und Schadenersatz** zu.

§ 1 UWG sanktioniert jedoch im Gegensatz zu vergaberechtlichen Bestimmungen nicht schon jede objektive Rechtsverletzung, sondern solche Rechtsverletzungen, die zu einer sittenwidrigen Wettbewerbsverzerrung führen. Es muss daher zum objektiven Rechtsverstoß noch zusätzlich ein Unwertelement hinzukommen, welches den objektiven Rechtsverstoß im Hinblick auf die Wettbewerbsverzerrung zu einem sittenwidrigen macht.

Beispiel:

Bezüglich des Sachverhaltes wird auf die zu *Tz 6,1.1* zitierte Entscheidung *„Wasserwelt Amade“* verwiesen. In dieser Entscheidung bejahte der OGH, dass der beklagte Bieter sittenwidrig im Sinne des § 1 UWG gehandelt hat. Dadurch, dass der beklagte Bieter in Kenntnis der Vergabevorschriften, sowie in Anbetracht des Umstandes, dass dessen Prokurist an der Ausschreibung mitgewirkt hat, ein Angebot gelegt hat, kann dies nur als Aufforderung an die den Auftrag vergebende Stelle verstanden werden, sich über die Vorschriften des Vergaberechts hinwegzusetzen und hat damit einen Gesetzesverstoß begangen. Der beklagte Bieter nützte damit nicht bloß einen Gesetzesverstoß des Auftraggebers aus, sondern trug aktiv dazu bei, indem er den Auftraggeber bewusst zu einem den eigenen Wettbewerb fördernden gesetzwidrigen Handeln veranlasste. Diese willentliche Handlungsweise stellt sich als adäquat kausale Mitwirkung am Gesetzesverstoß dar.

(OGH 13.9.1999, 4 Ob 155/99 v – Wasserwelt Amade)

§ 15 UWG gewährt auch einen Anspruch auf **Beseitigung** der Folgen des sittenwidrigen Wettbewerbsverstoßes.

Darüber hinaus können gem § 24 UWG wettbewerbsrechtliche Unterlassungsansprüche, sowie Beseitigungsansprüche mit **einstweiligen Verfügungen** gesichert werden.

Folgenden Handlungen kann etwa mit Unterlassungsansprüchen entgegen gewirkt werden:

Unterlassung der Legung eines Angebotes, des Ausscheidens eines Bieters, die Erteilung eines Zuschlages, oder der Durchführung des Leistungsaustausches.

Tipp

Neben den vergaberechtlichen Rechtsschutzbestimmungen eröffnen vor allem die Bestimmungen des UWG den in ihren Rechten verletzten Mitbewerbern eine Reihe von weiteren Sanktionsmöglichkeiten. Insbesondere bietet § 1 UWG einen sehr großen Spielraum bei der Anspruchsdurchsetzung, dies noch dazu gesichert mit einstweiligen Verfügungen.

Achtung!

Die Ansprüche auf Unterlassung und Beseitigung sind jeweils verschuldensunabhängig und für keinen dieser Ansprüche ist vor Geltendmachung die Einholung einer die Rechtsverletzung feststellenden Entscheidung der Vergabekontrollbehörden erforderlich.

Im Gegensatz dazu sind Schadenersatzansprüche sowohl verschuldensunabhängig, als auch subsidiär von der Feststellung der Vergabekontrollbehörden abhängig.

6,2 § 168b StGB

Es stellte lange Zeit einen Missstand dar, dass gerade gröbste Vergaberechtsverstöße, wie etwa insbesondere das gänzliche Außerachtlassen der Vergabestimmungen bei einer Auftragsvergabe sowie offensichtliche Absprachen, weitgehend sanktionslos geblieben sind. Dem wurde zum Teil schon mit der Neufassung des BVergG 2002 entgegengetreten.

Besondere Aufmerksamkeit verdient in diesem Zusammenhang aber die mit BGBl I 62/2002 eingefügte neue Strafbestimmung des § 168b StGB. Nunmehr setzen sich Unternehmungen, die vergaberechtswidrig handeln, insbesondere rechtswidrige Absprachen tätigen, sogar einer strafrechtlichen Verfolgung mit erheblichen Strafdrohungen aus.

§ 168b Abs 1 StGB lautet:

„Wer bei einem Vergabeverfahren einen Teilnahmeantrag stellt, ein Angebot legt oder Verhandlungen führt, die auf einer rechtswidrigen Absprache beruhen, die darauf abzielt, den Auftraggeber zur Annahme eines bestimmten Angebots zu veranlassen, ist mit Freiheitsstrafe bis zu 3 Jahren zu bestrafen".

Dass der Auftraggeber einen Schaden erleidet ist für die Strafbarkeit keine Voraussetzung. Der Täter muss nur am Vergabeverfahren teilnehmen und seine Angebote oder Teilnahmeanträge müssen auf einer rechtswidrigen Absprache beruhen.

§ 168b Abs 2 StGB räumt dem Betroffenen, falls dieser tätige Reue begeht, einen Strafaufhebungsgrund ein. Demnach ist nicht zu bestrafen, wer freiwillig verhindert, dass der Auftraggeber das Angebot annimmt oder dieser seine Leistung erbringt. Wird ohne Zutun des Täters das Angebot nicht angenommen oder die Leistung des Auftraggebers nicht erbracht, so wird er dann straflos, wenn er sich freiwillig und ernsthaft bemüht, die Annahme des Angebots oder das Erbringen der Leistung zu verhindern.

Kapitel 7 Anhang

7,1 Angebotsfristen

7,1.1 Im Oberschwellenbereich

Offenes Verfahren	**Fristen**
a) **Normales Verfahren**	
klassischer Bereich: § 47 Abs 4	mindestens 52 Tage
Sektorenbereich: § 127 Abs 1	mindestens 52 Tage
Vergabe von Bauaufträgen von Baukonzessionär an Dritte: § 110 Abs 2 Z 1	nicht weniger als 40 Tage
b) **Beschleunigtes Verfahren**	
bei Vorinformation (im klassischen Bereich § 48)	22 Tage
bei regelmäßiger Bekanntmachung (im Sektorenbereich § 127 Abs 1)	22 Tage
Nicht offenes Verfahren	**Fristen**
a) **Normales Verfahren**	
klassischer Bereich: § 47 Abs 5	mindestens 40 Tage
Sektorenbereich: § 127 Abs 3	mindestens 24 Tage
Vergabe von Bauaufträgen von Baukonzessionär an Dritte: § 110 Abs 2 Z 1	nicht weniger als 40 Tage
b) **Beschleunigtes Verfahren bei Vorinformation (§ 48)**	26 Tage
c) **Beschleunigtes Verfahren bei Dringlichkeit**	
klassischer Bereich: § 49 Abs 1 Z 2	mindestens 10 Tage
Sektorenbereich: § 127 Abs 3	mindestens 10 Tage
Verhandlungsverfahren mit vorheriger Bekanntmachung	**Fristen**
a) **Normales Verfahren**	
klassischer Bereich:	keine gesetzl Regelung
Sektorenbereich: § 127 Abs 3	mindestens 24 Tage
Vergabe von Bauaufträgen von Baukonzessionär an Dritte: § 110 Abs 2 Z 1	nicht weniger als 40 Tage
b) **Beschleunigtes Verfahren bei Dringlichkeit**	
klassischer Bereich: § 49 Abs 1 Z 2	mindestens 10 Tage
Sektorenbereich: § 127 Abs 3	mindestens 10 Tage

7.1.2 Im Unterschwellenbereich

Offenes Verfahren	**Fristen**
a) Normales Verfahren klassischer Bereich: § 50 Abs 4 Vergabe von Bauaufträgen von Baukonzessionär an Dritte: § 110 Abs 2 Z 2	 mindestens 22 Tage nicht weniger als 22 Tage
b) Verkürzung der Frist in besonders begründeten Fällen, insbesondere bei Dringlichkeit (§ 50 Abs 4)	
Nicht offenes mit vorheriger Bekanntmachung	**Fristen**
a) Normales Verfahren klassischer Bereich: § 50 Abs 5 Vergabe von Bauaufträgen von Baukonzessionär an Dritte: § 10 Abs 2 Z 2	 mindestens 22 Tage nicht weniger als 22 Tage
b) Verkürzung der Frist in besonders begründeten Fällen, insbesondere bei Dringlichkeit (§ 50 Abs 4)	
Verhandlungsverfahren mit vorheriger Bekanntmachung	**Fristen**
a) Normales Verfahren klassischer Bereich: Sektorenbereich: § 127 Abs 3 Vergabe von Bauaufträgen von Baukonzessionär an Dritte: § 110 Abs 2 Z 2	 keine gesetzliche Regelung mindestens 22 Tage nicht weniger als 22 Tage

7,2 Gebührensätze

Nunmehr wurde eine Gebührenpflicht für jede einzelne Antragstellung in Vergabenachprüfungsverfahren gesetzlich festgelegt. Die Höhe der Gebühren differieren je nach Verfahrensart. Derzeit betragen die Gebühren wie folgt:

Direktvergaben	€ 200,—
Verhandlungsverfahren ohne vorherige Bekanntmachung betreffend Bauaufträge im Unterschwellenbereich	€ 400,—
Verhandlungsverfahren ohne vorherige Bekanntmachung betreffend Liefer- und Dienstleistungsaufträge im Unterschwellenbereich	€ 300,—
Verhandlungsverfahren ohne vorherige Bekanntmachung betreffend geistig-schöpferische Dienstleistungen im Unterschwellenbereich	€ 350,—
Nicht offene Verfahren ohne vorherige Bekanntmachung betreffend Bauaufträge im Unterschwellenbereich	€ 600,—
Nicht offene Verfahren ohne vorherige Bekanntmachung betreffend Liefer- und Dienstleistungsaufträge im Unterschwellenbereich	€ 350,—
Sonstige Verfahren im Unterschwellenbereich betreffend Bauaufträge	€ 2.500,—
Sonstige Verfahren im Unterschwellenbereich betreffend Liefer- und Dienstleistungsaufträge	€ 800,—
Verfahren im Oberschwellenbereich betreffend Bauaufträge	€ 5.000,—
Verfahren im Oberschwellenbereich betreffend Liefer- und Dienstleistungsaufträge	€ 1.600,—

Für bloße Teilnahmeanträge reduziert sich die Pauschalgebühr um 50%.

Achtung! *Eine wichtige Neuerung stellt das neu eingeführte **Obsiegensprinzip** dar. Dies bedeutet, dass auch nur der teilweise obsiegende Antragsteller Anspruch auf Ersatz sämtlicher entrichteter Gebühren hat.*

Die Kosten für eine Vertretung durch einen Rechtsanwalt sind jedoch davon nicht umfasst.

7,3 Fristen zur Einbringung von Nachprüfungsanträgen vor Zuschlagserteilung

7,3.1 Oberschwellenbereich

Verfahrensart	bekämpfte Entscheidung	Frist	Berechnung der Frist ab/vor/bis/nach
1. offenes Verfahren	Ausschreibung	spätestens 14 Tage, im beschleunigten Verfahren spätestens 7 Tage	vor Ablauf der Angebotsfrist
	sonstige Festlegungen des Auftraggebers während der Angebotsfrist	innerhalb von 14 Tagen, im beschleunigten Verfahren innerhalb von 7 Tagen	ab Kenntnis oder ab dem Zeitpunkt, ab dem Kenntnis erlangt hätte werden können
	Zuschlagsentscheidung	innerhalb der Stillhaltefrist nach Bekanntgabe der Zuschlagsentscheidung	
2. nicht offenes Verfahren mit vorheriger Bekanntmachung	Ausschreibung	spätestens 7 Tage, im beschleunigten Verfahren spätestens 3 Tage	vor Ende der Bewerbungsfrist
	Bewerberauswahl	innerhalb von 14 Tagen, im beschleunigten Verfahren innerhalb von 7 Tagen	nach Mitteilung der Bewerberauswahl
	Aufforderung zur Angebotsabgabe	innerhalb von 14 Tagen, im beschleunigten Verfahren bei Vorinformation innerhalb von 7 Tagen, im beschleunigten Verfahren bei Dringlichkeit innerhalb von 3 Tg	nach Zugang der Aufforderung

Verfahrensart	**bekämpfte Entscheidung**	**Frist**	**Berechnung der Frist ab/vor/bis/nach**
	sonstige Festlegungen während der Angebotsfrist	innerhalb von 14 Tagen, im beschleunigten Verfahren bei Vorinformation innerhalb von 7 Tagen, im beschleunigten Verfahren bei Dringlichkeit innerhalb von 3 Tagen	ab Kenntnis oder ab dem Zeitpunkt, ab dem Kenntnis erlangt hätte werden können
	Zuschlagsentscheidung	innerhalb der Stillhaltefrist nach Bekanntgabe der Zuschlagsentscheidung	
3. Verhandlungsverfahren mit vorheriger Bekanntmachung	Ausschreibung	spätestens 7 Tage, im beschleunigten Verfahren jedenfalls 3 Tage	vor Ende der Bewerbungsfrist
	Bewerberauswahl	innerhalb von 14 Tagen, im beschleunigten Verfahren innerhalb von 7 Tagen	nach Mitteilung der Bewerberauswahl
	Aufforderung zur Angebotsabgabe	spätestens 14 Tage, im beschleunigten Verfahren spätestens 7 Tage	nach Zugang der Aufforderung
	sonstige Festlegungen während der Verhandlungsphase bzw der Angebotsfrist	innerhalb von 14 Tagen, im beschleunigten Verfahren innerhalb von 7 Tagen	ab Kenntnis oder ab dem Zeitpunkt, ab dem Kenntnis erlangt hätte werden können
	Zuschlagsentscheidung	innerhalb der Stillhaltefrist nach Bekanntgabe der Zuschlagsentscheidung	

Verfahrensart	bekämpfte Entscheidung	Frist	Berechnung der Frist ab/vor/bis/nach
4. Verhandlungsverfahren ohne vorherige Bekanntmachung	Aufforderung zur Angebotsabgabe	innerhalb von 14 Tagen, im beschleunigten Verfahren innerhalb von 7 Tagen	nach Zugang der Aufforderung
	sonstige Festlegungen während der Verhandlungsphase bzw während der Angebotsfrist	innerhalb von 14 Tagen, im beschleunigten Verfahren innerhalb von 7 Tagen	ab Kenntnis oder ab dem Zeitpunkt, ab dem Kenntnis erlangt hätte werden können
	Zuschlagsentscheidung	innerhalb der Stillhaltefrist nach Bekanntgabe der Zuschlagsentscheidung	
5. offener Wettbewerb mit Verhandlungsverfahren	Ausschreibung	spätestens 14 Tage	vor Ablauf der Frist zur Vorlage der Wettbewerbsarbeiten
	Einladung des Wettbewerbsgewinners oder der Wettbewerbsgewinner	innerhalb von 14 Tagen	ab Zugang der Entscheidung des Auslobers, welcher oder welche Wettbewerbsgewinner zur Teilnahme am Verhandlungsverfahren aufgefordert wird bzw werden
	Zuschlagsentscheidung bei mehreren Wettbewerbsgewinnern	innerhalb der Stillhaltefrist nach Bekanntgabe der Zuschlagsentscheidung	
6. nicht offener Wettbewerb mit Verhandlungsverfahren	Ausschreibung	spätestens 14 Tage	vor Ablauf der Frist zur Vorlage der Wettbewerbsarbeiten
	Bewerberauswahl	innerhalb von 14 Tagen	ab Bekanntgabe der Auswahl

Verfahrensart	**bekämpfte Entscheidung**	**Frist**	**Berechnung der Frist ab/vor/bis/nach**
	Einladung des Wettbewerbsgewinners oder der Wettbewerbsgewinner	innerhalb von 14 Tagen	ab Zugang der Entscheidung des Auslobers, welcher oder welche Wettbewerbsgewinner zur Teilnahme am Verhandlungsverfahren aufgefordert wird bzw werden
	Zuschlagsentscheidung bei mehreren Wettbewerbsgewinnern	innerhalb der Stillhaltefrist nach Bekanntgabe der Zuschlagsentscheidung	
7. Prüfsystem	Ablehnung des Antrags auf Aufnahme sowie Aberkennung der Qualifikation	innerhalb von 14 Tagen	ab Bekanntgabe der Ablehnung bzw der Aberkennung
8. Aufruf zum Wettbewerb durch regelmäßige Bekanntmachung	Ausschreibung	innerhalb von 28 Tagen	nach Veröffentlichung
	Durchführung eines nicht offenen Verfahrens	innerhalb der Fristen gemäß Z 2	
	Durchführung eines Verhandlungsverfahrens ohne vorherige Bekanntmachung	innerhalb der Fristen gemäß Z 4	
9. alle Verfahrensarten	Unterlassung einer nach den Vorschriften im Bereich des öffentlichen Auftragswesens (Art 14b Abs 1 und 5 B-VG) erforderlichen Bekanntmachung	unverzüglich ab Kenntnis, jedoch längstens bis zur Zuschlagserteilung	

7,3.2 Unterschwellenbereich

Verfahrensart	bekämpfte Entscheidung	Frist	Berechnung der Frist ab/vor/bis/nach
1. offenes Verfahren	Ausschreibung	spätestens 10 Tage, im beschleunigten Verfahren 7 Tage	vor Ablauf der Angebotsfrist
	sonstige Festlegungen des Auftraggebers während der Angebotsfrist	innerhalb von 7 Tagen, im beschleunigten Verfahren innerhalb von 3 Tagen	ab Kenntnis oder ab dem Zeitpunkt, ab dem Kenntnis erlangt hätte werden können
	Zuschlagsentscheidung	innerhalb der Stillhaltefrist nach Bekanntgabe der Zuschlagsentscheidung	
2. nicht offenes Verfahren mit vorheriger Bekanntmachung	Ausschreibung	spätestens 7 Tage, im beschleunigten Verfahren 3 Tage	vor Ende der Bewerbungsfrist
	Bewerberauswahl	innerhalb von 7 Tagen, im beschleunigten Verfahren innerhalb von 3 Tagen	nach Mitteilung der Bewerberauswahl
	Aufforderung zur Angebotsabgabe	innerhalb von 10 Tagen, im beschleunigten Verfahren innerhalb von 3 Tagen	nach Zugang der Aufforderung
	sonstige Festlegungen während der Angebotsfrist	innerhalb von 10 Tagen, im beschleunigten Verfahren innerhalb von 3 Tagen	ab Kenntnis oder ab dem Zeitpunkt, ab dem Kenntnis erlangt hätte werden können
	Zuschlagsentscheidung	innerhalb der Stillhaltefrist nach Bekanntgabe der Zuschlagsentscheidung	

Verfahrensart	bekämpfte Entscheidung	Frist	Berechnung der Frist ab/vor/bis/nach
3. nicht offenes Verfahren ohne vorherige Bekanntmachung	Bewerberauswahl	innerhalb von 7 Tagen, im beschleunigten Verfahren innerhalb von 3 Tagen	nach Mitteilung der Bewerberauswahl
	Aufforderung zur Angebotsabgabe	innerhalb von 10 Tagen, im beschleunigten Verfahren innerhalb von 3 Tagen	nach Zugang der Aufforderung
	sonstige Festlegungen des Auftraggebers während der Angebotsfrist	innerhalb von 10 Tagen, im beschleunigten Verfahren innerhalb von 3 Tagen	ab Kenntnis oder ab dem Zeitpunkt, ab dem Kenntnis erlangt hätte werden können
	Zuschlagsentscheidung	innerhalb der Stillhaltefrist nach Bekanntgabe der Zuschlagsentscheidung	
4. Verhandlungsverfahren mit vorheriger Bekanntmachung	Ausschreibung	spätestens 7 Tage, im beschleunigten Verfahren 3 Tage	vor Ende der Bewerbungsfrist
	Bewerberauswahl	innerhalb von 7 Tagen, im beschleunigten Verfahren innerhalb von 3 Tagen	nach Mitteilung der Bewerberauswahl
	Aufforderung zur Angebotsabgabe	innerhalb von 10 Tagen, im beschleunigten Verfahren innerhalb von 3 Tagen	nach Zugang der Aufforderung
	sonstige Festlegungen während der Verhandlungsphase	innerhalb von 10 Tagen, im beschleunigten Verfahren innerhalb von 3 Tagen	ab Kenntnis oder ab dem Zeitpunkt, ab dem Kenntnis erlangt hätte werden können
	Zuschlagsentscheidung	innerhalb der Stillhaltefrist nach Bekanntgabe der Zuschlagsentscheidung	

Verfahrensart	bekämpfte Entscheidung	Frist	Berechnung der Frist ab/vor/bis/nach
5. Verhandlungsverfahren ohne vorherige Bekanntmachung	Bewerberauswahl	innerhalb von 7 Tagen, im beschleunigten Verfahren innerhalb von 3 Tagen	nach Mitteilung der Bewerberauswahl
	Aufforderung zur Angebotsabgabe	innerhalb von 10 Tagen, im beschleunigten Verfahren innerhalb von 3 Tagen	nach Zugang der Aufforderung
	sonstige Festlegungen des Auftraggebers während der Verhandlungsphase	innerhalb von 10 Tagen, im beschleunigten Verfahren innerhalb von 3 Tagen	ab Kenntnis oder ab dem Zeitpunkt, ab dem Kenntnis erlangt hätte werden können
	Zuschlagsentscheidung	innerhalb der Stillhaltefrist nach Bekanntgabe der Zuschlagsentscheidung	
6. offener Wettbewerb mit Verhandlungsverfahren	Ausschreibung	spätestens 10 Tage	vor Ablauf der Frist zur Vorlage der Wettbewerbsarbeiten
	Einladung des Wettbewerbsgewinners oder der Wettbewerbsgewinner	innerhalb von 10 Tagen	ab Zugang der Entscheidung des Auslobers, welcher oder welche Wettbewerbsgewinner zur Teilnahme am Verhandlungsverfahren aufgefordert wird bzw werden
	Zuschlagsentscheidung bei mehreren Wettbewerbsgewinnern	innerhalb der Stillhaltefrist nach Bekanntgabe der Zuschlagsentscheidung	

Verfahrensart	bekämpfte Entscheidung	Frist	Berechnung der Frist ab/vor/bis/nach
7. nicht offener Wettbewerb mit Verhandlungsverfahren	Ausschreibung	spätestens 10 Tage	vor Ablauf der Frist zur Vorlage der Wettbewerbsarbeiten
	Bewerberauswahl	innerhalb von 10 Tagen	ab Bekanntgabe der Auswahl
	Einladung des Wettbewerbsgewinners oder der Wettbewerbsgewinner	innerhalb von 10 Tagen	ab Zugang der Entscheidung des Auslobers, welcher oder welche Wettbewerbsgewinner zur Teilnahme am Verhandlungsverfahren aufgefordert wird bzw werden
	Zuschlagsentscheidung bei mehreren Wettbewerbsgewinnern	innerhalb der Stillhaltefrist nach Bekanntgabe der Zuschlagsentscheidung	
8. geladener Wettbewerb mit Verhandlungsverfahren	Bewerberauswahl	innerhalb von 10 Tagen	ab Bekanntgabe der Auswahl
	Einladung des Wettbewerbsgewinners oder der Wettbewerbsgewinner	innerhalb von 10 Tagen	ab Zugang der Entscheidung des Auslobers, welcher oder welche Wettbewerbsgewinner zur Teilnahme am Verhandlungsverfahren aufgefordert wird bzw werden
	Zuschlagsentscheidung bei mehreren Wettbewerbsgewinnern	innerhalb der Stillhaltefrist nach Bekanntgabe der Zuschlagsentscheidung	
9. elektronische Auktion	Ausschreibung	innerhalb von 7 Tagen	nach der Bekanntmachung
	Nichtzulassung zur Teilnahme	innerhalb von 3 Arbeitstagen	
	Bewerberauswahl bei nicht offenen Auktionen	innerhalb von 3 Tagen	nach Bekanntgabe der Auswahl
	Zuschlagsentscheidung	innerhalb der Stillhaltefrist nach Bekanntgabe der Zuschlagsentscheidung	

Verfahrensart	bekämpfte Entscheidung	Frist	Berechnung der Frist ab/vor/bis/nach
10. Rahmenvereinbarung	Entscheidungen innerhalb des zum Abschluss der Rahmenvereinbarung führenden Verfahrens	innerhalb der für das betreffende Verfahren genannten Fristen gemäß Z 1 und 2 (jeweils ohne Frist hinsichtlich der Zuschlagsentscheidung), Z 3, Z 4 (hinsichtlich Ausschreibung und Bewerberauswahl) sowie Z 8 (ohne Frist hinsichtlich Zuschlagsentscheidung)	
	Auswahl der Partei oder der Parteien, mit der bzw denen die Rahmenvereinbarung geschlossen werden soll	innerhalb von 14 Tagen	nach Bekanntgabe der Auswahl
	Zuschlagsentscheidung bei einer Rahmenvereinbarung, die mit mehreren Unternehmen abgeschlossen wurde, nach erneutem Aufruf zum Wettbewerb	innerhalb der Stillhaltefrist nach Bekanntgabe der Zuschlagsentscheidung	
11. Direktvergabe	Wahl des Vergabeverfahrens	unverzüglich ab Kenntnis, jedoch längstens bis zur Zuschlagserteilung	
12. alle Verfahrensarten	Unterlassung einer nach den Vorschriften im Bereich des öffentlichen Auftragswesens (Art 14b Abs 1 und 5 B-VG) erforderlichen Bekanntmachung	unverzüglich ab Kenntnis, jedoch längstens bis zur Zuschlagserteilung	

7,4 Eine Auswahl an nützlichen Internetadressen

7,4.1 Europa

http://europa.eu.int/eur-lex/de/index.html
EU-Recht

http://europa.eu.int/com/internation_market/de/index.htm
GD für Vergabe

http://www.curia.eu.int/
EuGH

http://ted.publications.eu.int
Supplement zum Amtsblatt EU

http://simap.eu.int/

7,4.2 Rechtsgrundlagen

http://www.ris.bka.gv.at/auswahl/
Sammlung des österreichischen Rechts

http://www.bva.gv.at/BVA/default.htm
Portal des Bundesvergabeamtes

http://www.vfgh.gv.at/
Verfassungsgerichtshof

http://www.vwgh.gv.at/
Verwaltungsgerichtshof

http://www.bmj.gv.at/justiz/gerichte/ogh.html
Oberster Gerichtshof

7,4.3 Österreich

http://www.auftrag.at/
Internetformat der Wiener Zeitung

http://www.ankoe.at
Portal des ANKÖ

https://bbg.portal.at/internet/startseite/_start.htm
Bundesbeschaffungsgesellschaft

http://www.wien.gv.at/mdbd/ava/
Vergabeportal der Stadt Wien

http://www.bundesimmobilien.at/
Bundesimmobiliengesellschaft

http://www.imb.co.at/imb/index/html
IMB Wien

http://www.oebb.at/
ÖBB

http://www.asfinag.at/
ASFINAG

7,4.4 Deutschland

http://www.vergabe.de/
Deutsche Vergabeentscheidungen

http://www.bundeskartellamt.de/
Entscheidungen der Vergabekammern des Kartellamtes

7,5 Dauer der Stillhaltefrist ab Bekanntgabe der Zuschlagsentscheidung

Bereich	Verfahrensart	Klassischer Bereich (§ 132 Abs 2 – 3)		Sektorenbereich (§ 100 Abs 2)	
		Regelverfahren	beschleunigtes Verfahren	Regelverfahren	beschleunigtes Verfahren
Oberschwelle (§§ 16, 18)	– offenes Verfahren – nicht offenes Verfahren mit Bekanntmachung – Verhandlungsverfahren mit Bekanntmachung – Verhandlungsverfahren ohne Bekanntmachung	14 Tage	7 Tage	2 Wochen	1 Woche

Bereich	**Verfahrensart**	**Klassischer Bereich (§ 132 Abs 2 – 3)**		**Sektorenbereich (§ 100 Abs 2)**	
		Regelverfahren	**beschleunigtes Verfahren**	**Regelverfahren**	**beschleunigtes Verfahren**
Unterschwelle (§§ 17, 19)	– offenes Verfahren – nicht offenes Verfahren mit Bekanntmachung – Verhandlungsverfahren mit Bekanntmachung	14 Tage	7 Tage	1 Woche	3 Arbeitstage
	– Verhandlungsverfahren ohne Bekanntmachung – nicht offenes Verfahren ohne Bekanntmachung – **Elektronische Auktion**	7 Tage **3 Arbeitstage**	— —	1 Woche **3 Arbeitstage**	3 Arbeitstage

Keine Stillhaltefrist ist in folgenden Verfahren einzuhalten:

- Direktvergabe (§ 27)
- Verhandlungsverfahren mit nur einem Unternehmer (§ 26 Abs 4)
- Verhandlungsverfahren ohne vorherige Bekanntgabe gemäß § 26 Abs 3 Z 4 – 6

Literaturverzeichnis

Aicher, Die Vergabekontrollkommission in ihrer Bedeutung für die österreichische Rechtsentwicklung und für die Angleichung an das Recht der EG, in: Korinek/Aicher, Vergabekontrollkommission (1991).

Aicher, Aspekte des Vergaberechtsschutzes vor den Zivilgerichten, JRP 1999, 253.

Arrowsmith, The Law of Public and Utilities Procurement (1996).

Benedict, „Vergabefremde Vergabekriterien" im Recht der Europäischen Gemeinschaft, in: *Rill/Griller,* Grundfragen der öffentlichen Auftragsvergabe (2000).

Benedict, Sekundärzwecke im Vergabeverfahren (2000).

Berger, Salzburger Landesvergabegesetz Vergaben unter den Schwellenwerten, ZVB 2001/34, 76.

Breitenfeld/Bock/Schmiedl, Welches Vergaberechtsregime gilt für Wiener Sektorenauftraggeber bei netzbasierten Vergabeverfahren im Unterschwellenbereich, RPA 2001/3, 125.

Breitenfeld/Edlinger/Pock, BVergG: Bundesvergabegesetz 2002, Stand 1.9.2002.

Brinker/Roniger/Punz/Vock, Österreichisches Vergaberecht mit europarechtlichen Grundlagen (1999).

Casati, Mergers& Acquisition in den Fängen des Vergaberechts, RPA 2001/2, 58.

Casati, Ökologische Gesichtspunkte im europäischen Vergaberecht, RdU 2000, 93.

Casati, Bietergemeinschaften am Gängelband des Gewerberechts?, RPA 2002/4, 200.

Casati, Grundsätze im Vergaberecht, ZVB 2002/11, 297.

Eilmansberger, Vergaberechtliche Schranken von Ausgliederung und Privatisierung, JBl 2001, 562.

Elsner, Eignungsprüfung - Angebotsprüfung – Zuschlagserteilung, ZVB 2001/50, 127.

Elsner, Vergaberecht (1999).

Elsner, Vorbereitung – Bekanntmachung – Ausschreibung, ZVB 2001/37, 85.

Erhart, Europarechtliche Rahmenbedingungen im Vergaberecht, in: Potacs, Beiträge zum Kärntner Vergaberecht (2000).

Fischer, Die Liberalisierung des öffentlichen Beschaffungswesens im neuen EG-Recht, ÖZW 1991, 1.

Fruhmann, Das BVergG 2002 – ein einheitliches Vergaberecht für Österreich, ZVB 2002/82, 206.

Fruhmann, Die Regierungsvorlage eines BVergG 2002, ZVB 2002/76, 188.

Fruhmann, Die inhaltlichen Schwerpunkte des Entwurfes eines BVergG 2002, ZVB 2002/22, 52.

Fruhmann, Berücksichtigung der von Umweltbelangen, ZVB 2001/26, 59.

Fruhmann, Neues aus Brüssel, ZVB 2001/13, 26.

Fruhmann, Bekämpfbarkeit des Widerrufs einer Ausschreibung, ZVB 2002/87, 228.

Fruhmann, Das Agreement on Government Procurement (GPA), ecolex 1996, 64.

Fruhmann, Die Rechtsprechung des EuGH im Vergabewesen, ÖZW 1998, 33.

Fruhmann/Gölles/Grussmann/Huber/Pachner, BVergG – Bundesvergabegesetz (1999).

Fruhmann, Formulierung von Vorlagen, Vergaberechtsschutz und Antragslegitimation, ZVB 2003/04, 104.

Funk, Sensible und defizitäre Bereiche des Rechtsschutzes in der öffentlichen Verwaltung, JBl 1987, 152.

Gast, Das österreichische Vergaberecht (2002).

Gölles, Auftragssperre unzuverlässiger Bieter, ecolex 1998, 907.

Gölles, Bundesvergabegesetz und ÖNORM A 2050, in: *Fruhmann/Gölles/Grussmann/Huber/Pachner,* BVergG – Bundesvergabegesetz (1999).

Gölles, Judikaturüberblick zum „angemessenen, plausibel zusammengesetzten Gesamtpreis, dessen Verhältnis zur Leistung nicht ungewöhnlich (niedrig) ist", ZVB 2002/49, 117.

Gölles, Eignungs-, Auswahl- und Zuschlagskriterien – aktuelle Praxisfälle, ZVB 2001/22, 51.

Gölles, Elektronische Vergabe bei öffentlichen Aufträgen, ZVB 2001/15, 29.

Gölles, Vergabe von Konzessions- und PPP-Modellen nach dem BVergG 2002, ZVB 2002/88, 232.

Gölles, Rechtssprechung zur Gewichtung von Zuschlagskriterien – welche Bandbreiten sind zulässig?, RPA2002/1, 25.

Gölles, Bauvergabe nach dem Bundesvergabegesetz, ecolex 1998, 302.

Gölles, Das Spannungsverhältnis von Aufklärungsgesprächen, Erörterungen und Verhandlungen bei Vergabeverfahren, ZVB 2002/11, 28.

Gölles, Die Neuregelung des Widerrufes im BVergG 2002, ZVB 2003/01, 10.
Gölles, Die Neugestaltung der „Vorarbeitenproblematik" durch das BVergG 2002, ZVB 2003/01, 14.
Gölles, Probleme der Eignungsprüfung bei „neuen" Unternehmen, ZVB 2003/02, 42.
Gölles, Prüfung von Alternativangeboten, ZVB 2003/05, 136.
Gölles, Alternativangebote, ZVB 2003/07/08, 205.
Gölles, Wann sind Rechenfehler behebbare, wann unbehebbare Angebotsmängel, ZVB 2003/04, 109.
Gölles, Mangelhafte Angebote – Verbesserbarkeit oder Ausscheiden?, ZVB 2003/10, 268.
Griller/Tremmel, Ausgegliederte Rechtsträger im Vergaberecht – alles oder nichts?, ecolex 1998, 369.
Gutknecht, Zuordnung eines in mehrere Teilleistungen unterteilten Dienstleistungsauftrags mit dem aber ein einheitlicher Zweck verfolgt wird, ZVB 2002/81, 201.
Gutknecht, Der ORF (k)ein öffentlicher Auftraggeber, ZVB 2002/28, 73.
Hahnl, BVergG Bundesvergabegesetz 2002 (2002).
Hailbronner/Weber, Die Neugestaltung des Vergabewesens durch die Europäische Gemeinschaft, EWS 1997, 78.
Haunold, Entscheidungen des Preisgerichts im Architekturwettbewerb als anfechtbare vergaberechtliche Entscheidungen? Zur Zulässigkeit der Bewerberauswahl für ein Verhandlungsverfahren durch Beurteilung von „Bewerbungsarbeiten". Parteistellung oder Beteiligtenstellung des erstgereihten Unternehmers im über Antrag eines anderen Unternehmers eingeleiteten Nachprüfungsverfahren?, ZVB 2001/46, 115.
Heid, Vergabeverstoß und Schadenersatz, ecolex 1996, 7.
Heid, Vergabeverstoß: Ersatz des Erfüllungsinteresses, ecolex 1995, 93.
Heid, Vergabefremde Kriterien im Bundesvergabegesetz, wbl 1998, 184.
Heid, Umgehungsgeschäfte im Vergaberecht, ecolex 2000, 640.
Heid/Hauck/Preslmayr, Handbuch des Vergaberechts (2002).
Heid/Schiefer, Geschätzter versus tatsächlicher Auftragswert, TCA-Newsletter 2001/2, 9.
Heid, Das neue Vergaberecht, Inklusive Mustervorlagen und Checklisten für Ausschreibung, Angebot und Vergabe, Loseblattsammlung.
Heiermann/Riedl/Rusam, Handkommentar zur VOB 9. Auflage (2002).
Hoffer/Gassner, Die neuen EU – Vergaberichtlinien, ecolex 2004240.
Hoffer/Kranebitter, Ausschluss von Subvergaben gemeinschaftsrechtswidrig, ecolex 2001, 578.
Höfler/Rosenkötter, Zulässigkeit der Beschaffung von „Ökostrom", ZVB 2002/21, 51.
Holoubek, Rechtsschutz und Kontrolle im Vergberecht unter dem Blickwinkel der Anforderungen des EG-Rechts, in: *Gutknecht/Korinek/Holoubek,* Das Vergaberecht der EG – Bestand und Anpassungsbedarf für Österreich (1991), 85.
Holoubek, Rechtsschutzpraxis in Vergabesachen, ecolex 1997, 200.
Holoubek, Vergaberechtsschutz durch Schadenersatz, ZfV 1998, 592.
Holoubek, Vergaberechtsschutz im Spiegel der Rechtsprechung des Verfassungsgerichtshofes, ÖZW 1998, 75.
Holoubek, Reformbedarf im Vergaberechtsschutz aus der Sicht der Bundes- Vergabekontrollkommission, Reform des Vergaberechtsschutzes, JRP 1999, 246.
Holoubek, Grundfragen des Vergaberechtsschutzes in Österreich, in: *Rill/Griller,* Grundfragen der öffentlichen Auftragsvergabe (2000).
Holoubek, Sektorenauftraggeber im Landesbereich – gilt für sie Bundes- oder Landesvergaberecht?, ZVB 2001/116, 31.
Hornbanger, Die Rechtsprechung des EuGH zum öffentlichen Auftragswesen, ecolex 1997, 220.
Hörmanseder, Oö Vergabenachprüfungsgesetz, ZVB 2003/01, 8.
Jaeger, Das Salzburger Vergabekontrollgesetz 2002, ZVB 2003/07/08, 196.
Jaeger, Richtlinienwidrigkeit obligatorischer Schlichtungsverfahren, ZVB 2003/10, 264.
Kaufmann, Die Haftung des geschädigten Bauherrn für fremdes Verhalten (2000).
Kodric, Das niederösterreichische Vergabe- Nachprüfungsgesetz, ZVB 2003/03, 79.
König, Vergaberecht in der Praxis (2000).
König/Reichel-Holzer, Bundesvergabegesetz 2002 Kurzkommentar und Leitfaden für die Praxis (2002).

Korman, Die Kommission als Hüterin des Vergaberechts, RPA 2002/3, 135.
Korinek, Zum Geltungsbereich des Bundesvergabegesetzes, ÖZW 1994, 15.
Korinek, Rechtsfragen der Anwendungsbereiche der Vergabegesetze, in: Rill/Griller, Grundfragen der öffentlichen Auftragsvergabe (2000).
Korinek, Der Stand des österreichischen Vergaberechts, ecolex 1996, 58.
Korinek, Vergaberecht, in: *Raschauer,* Grundriß des österreichischen Wirtschaftsrechts (1998).
Kraft, Vorarlberger Vergabenachprüfungsgesetz, ZVB 2003/04, 102.
Kropik, Mängel in Angeboten für Bauleistungen und ihre Behebbarkeit, 2. Auflage (2001).
Kropik, Rechenfehler in Angeboten – Vorreihungsverbot vs Bestbieterermittlung, ZVB 2002/50, 121.
Kropik, Die Wertung von kalkulatorischen Kosten im Rahmen der vertieften Angebotsprüfung von Bauleistungen, ZVB 2001/35, 79.
Kropik, Alternativangebote im Lichte des BVergG 2002, ZVB 2003/05, 132.
Latzenhofer, Die Reform des Rechtsschutzsystems des Bundesvergabegesetzes nach dem BVergG 2002, ZVB 2002/83, 210.
Latzenhofer, Aspekte des Vergabeverfahrens, in: *Potacs,* Beiträge zum Kärntner Vergaberecht (2000)
Latzenhofer, Irrelevanz von Unterpreisen in einzelnen Positionen, wenn sich nachträglich herausstellt, dass diese Positionen nicht zur Ausführung gelangen werden?, ZVB 2002/27, 11.
Latzenhofer, Bewerberauswahl im Verhandlungsverfahren, ZVB 2002/80, 200.
Latzenhofer, Prüfung der Gleichwertigkeit von Alternativangeboten, Vorabentscheidungsersuchen, ZVB 2002/43, 106.
Latzenhofer, BVergG 2002 – In-Kraft-Treten des Rechtsschutzsystems, ZVB 2002/97, 260.
Latzenhofer, Sind rechtswidrige Ausschreibungsbestandteile irrelevant?, ZVB 2003/06, 176.
Ley-Schabus, Öffentliche Auftraggeber, in: Potacs, Beiträge zum Kärntner Vergaberecht (2000).
Ley-Schabus, Das Kärntner Vergaberechtsschutzgesetz, ZVB 2003/06, 166.
Mayr, Eignungs- und Zuschlagskriterien im Vergaberecht (2002).
Mecenovic, Private Auftraggeber im Vergaberecht – Ein Beitrag zur Auslegung des Begriffes „Erbringung einer Bauleistung durch Dritte (§ 2 Abs. 1 Z 3 BVergG), wbl 2001, 258.
Mecenovic, Verstöße bei der öffentlichen Auftragsvergabe und Haftpflichtversicherung, RPA 2001/3, 119.
Mille/Kropik, Das Vergaberecht in Österreich (2000).
Mille/Kropik, Das Vergaberecht in Österreich (2002).
Nussgruber, Zu den Neuerungen des Wiener Vergaberechtsschutzes – Teil 1, ZVB 2003/04, 100.
Oder, Klassifizierung von Dienstleistungen nach der CPC – Nomenklatur – Anwendungsprobleme, ZVB 2003/02, 46.
Oder, EuGH- Zum Begriff der Einrichtung des öffentlichen Rechts, ZVB 2003/03, 82.
Ohler, Zum Begriff des Öffentlichen Auftraggebers im Europäischen Vergaberecht (2001).
Öhler, Rechtsschutz bei der Vergabe öffentlicher Aufträge im Europäischen Gemeinschaftsrecht (1997).
Öhler, Vergaberecht: Anfechtbarkeit der Zuschlagsentscheidung und Aufhebung bereits erteilter Aufträge, RdW 1999, 747.
Öhlinger, Vergaberecht und Verfassung, in: Potacs, Beiträge zum Kärntner Vergaberecht (2000).
Öhlinger/Potacs, Gemeinschaftsrecht und staatliches Recht 2. Auflage (2001).
Oberndorfer/Schwarz, Preisangemessenheit bei öffentlichen Bauaufträgen, ZVB 2001/60, 148.
Pachner, Abgrenzung Liefer-, Bau- und Dienstleistungsaufträge, in: *Fruhmann/Gölles/Grussmann/Huber/Pachner,* BVergG – Bundesvergabegesetz (1999).
Pachner, Leistungserbringung durch Subunternehmer, ZVB 2001/23, 53.
Pachner, Mögliche Abgrenzung von Bau- und Dienstleistungsaufträgen bei der Entsorgung von Müll und Abwasser – kritische Anmerkungen, RPA 2003/2-3, 117.
Pesendorfer, Die bisherige Judikatur des Verwaltungsgerichtshofes zum Vergaberecht, RPA 2002/1, 6.
Pesendorfer, Vergaberecht und der VwGH, RPA 2001/4, 209.
Platzer, Konzessionsmodelle als vergaberechtlicher Anknüpfungspunkt für PPP-Modelle, RPA 2001/1, 13.
Platzer/Öhlinger, EU-konforme Ausschreibung 2. Auflage (1997).

Pock, Der Verein als öffentlicher Auftraggeber, RPA 2001/1, 8.
Potacs, Einrichtungen öffentlichen Rechts im Sinne der Vergaberichtlinien: Unterliegt der Akt der Ausgliederung dem Vergaberecht?, in: *Potacs,* Beiträge zum Kärntner Vergaberecht (2000):
Potacs, Unterliegt der Akt des Ausgliederung dem Vergaberecht?, in: *Rill/Griller,* Grundfragen der öffentlichen Auftragsvergabe (2000), 35.
Prieß, Das öffentliche Auftragswesen in der Europäischen Union (1994).
Prieß, Das öffentliche Auftragswesen in den Jahren 1997 und 1998, EuZW 1999, 2003.
Prieß, Das Vergaberecht in den Jahren 1999 und 2000, EuZW 2001, 365.
Prieß, Handbuch des europäischen Vergaberechts 2. Auflage (2001).
Raschauer, Grundriß des österreichischen Wirtschaftsrechts (1998).
Reinbacher, Schadenersatz im Vergaberecht (2000).
Rill, Kolegialbehörden mit richterlichem Einschlag und oberste Organe, ZfV 2000, 558.
Rummel, Zivilrechtliche Probleme des Vergaberechts, ÖZW 1999, 1.
Rust, Soziale Kriterien im Vergaberecht der EG, EuZW 1999, 453.
Sachs, Das neue Bundesvergabeamt, RPA 2002/4, 198.
Sachs, BVA: Verstärkte Fehlentscheidungen? ZVB 2004/04, 113.
Sagmeister, Personelle Ressourcen des Bieters als Eignungs- oder Zuschlagskriterien, ZVB 2003/02, 40.
Sagmeister, Zu den Neuerungen des Wiener Vergaberechtsschutzes – Teil 1, ZVB
Sagmeister, Zu den Neuerungen des Wiener Vergaberechtsschutzes – Teil 2, ZVB 2003/06, 164.
Schiefer/Riedlsperger, Die Vergabe von Versicherungsleistungen, RPA 2002/1, 19.
Schima, Das Vergaberecht in der neuesten Judikatur des EuGH, in: *Rill/Griller,* Grundfragen der öffentlichen Auftragsvergabe (2000).
Schnabl, Zur Zulässigkeit der Berücksichtigung vergabefremder Kriterien am Beispiel der Förderung der Gleichstellung von Frauen, FS Funk (2003).
Schramm, Vergaberecht in der Praxis (2003).
Schramm/Aicher, Neue Judikatur zum Verhandlungsverfahren, ZVB 2002/55, 129.
Schramm/Öhler, Rechtliche Alternativangebote, RdW 2001/510, 472.
Schramm/Öhler, Quo vadis Schwellenwert?, RdW 2001, 269.
Schwarz, Prüfung der Eignung bei der Ausschreibung von Bauaufträgen (Teil I), RPA 2002/2, 79.
Schwarz, Prüfung der Eignung bei der Ausschreibung von Bauaufträgen (Teil II), RPA 2002/3, 148.
Schwarz, Der Sinn des Bestbieterprinzips, ZVB 2002/98, 266.
Schwarz, Bundesvergabegesetz Manz Kurzkommentar zum BVergG 2002 (2003).
Schwarze, Die Vergabe öffentlicher Aufträge im Lichte des europäischen Wirtschaftsrechts, in: *Schwarze,* Die Vergabe öffentlicher Aufträge im Lichte des europäischen Wirtschaftsrechts (2000).
Schwarzenegger, Staatshaftung – Gemeinschaftsrechtliche Vorgaben und ihre Auswirkungen auf nationales Recht (2001).
Seidel, Öffentliches Auftragswesen, in: Dauses, Handbuch des EU-Wirtschaftsrechts (1999), BD II, H.IV.
Steiner, Rechtsanspruch auf Auftragserteilung für den Gewinner eines Architektenwettbewerbes?, RdW 1999, 513.
Steiner, Burgenländisches Vergabe-Nachprüfungsgesetz, ZVB 2003/07/08, 203.
Stempkowski, Berücksichtigung sozialer Belange bei der Vergabe öffentlicher Aufträge, RPA 2001/4, 193.
Straube/Aicher, Bauvertrags- und Bauhaftungsrecht II (2001).
Sturm, Zur „echten Chance" auf Zuschlagserteilung gemäß § 113 Abs 3 letzter Satz BVErgG bei von vornherein rechtswidrigen Ausschreibungen, ZVB 2001/38, 87.
Sturm/Fink, Die europäische Rechtsprechung zum Vergaberecht (2003).
Taborsky, Auftragnehmerkataster Österreich – ANKÖ, ZVB 2001/36, 82.
Thienel, Kontrolle privater Vergabeentscheidungen durch die UVS, ecolex 1998, 76.
Thienel, Anmerkungen zu VfGH 30.11.2000, G 110, 111/99, ÖZW 2001/1, 11.
Thienel, Das Nachprüfungsverfahren nach dem Bundesvergabegesetz, wbl 1993, 373.
Thienel, Bundesvergaberecht und Zivilrechtswesen, ÖJZ 1993, 609.

Thienel, Vergabekontrollämter verfassungswidrig?, ZfV 1999/3, 332.
Thienel, Grundfragen gesondert und verbunden anfechtbarer Entscheidungen nach dem BVergG 2002, ZVB 2003/03, 68.
Thienel/Bratrschovsky, Gebührenersatz nach § 177 Abs 5 BVergG – wirklich bei Gericht einzuklagen?, ZVB 2004/04, 102.
Vavrovsky, Spezielle Aspekte bei der Vergabe von geistig-schöpferischen Dienstleistungen, RPA 2002/2, 69.
Vavrovsky, Quantifizierungsmethoden zur Evaluierung von Auswahl- und Zuschlagskriterien bei Vergabeverfahren für geistig-schöpferische Dienstleistungen, RPA 2002/3, 141.
Welter, Der Staat als Kunde (1960).
Werschitz/Schnabl, Das Steiermärkische Vergabe-Nachprüfungsgesetz, ZVB 2003/06, 171.
Westphal, Vergaberecht ökonomisch betrachtet: Hat sich der juristische Aufwand gelohnt?, in: *Rill/Griller,* Grundfragen der öffentlichen Auftragsvergabe (2000).
Wilhelm, Wie bindend ist die Bekanntgabe der Zuschlagsentscheidung?, ecolex 2002, 49.
Wilhelm, Bestbieters Sieg im Vergabestreit (1999).
Wilhelm, Rechtsfortbildung im BVergG: Anspruch aufs Erfüllungsinteresse, ecolex 2000, 493.
Wilhelm, Das schale Salz der Vergabegesetze und wie das Salz gesalzen wird – Erzwingbarer Vertragsabschluss mit dem Bestbieter, ecolex 1998, 381.
Wurdinger, Tiroler Vergabenachprüfungsgesetz, ZVB 2003/07/08, 200.

Paragrafenverzeichnis

Stichwortverzeichnis

Schriftenreihe zur Kanzleiorganisation

Bereits erschienen:

Band I: Öffentliche Bücher und Datenbanken des Bundes
Band II: Der elektronische Rechtsverkehr
Band III: Qualitätssicherung in der Kanzleiorganisation
Band IV: Arbeitsrecht für Kanzleikräfte
Band V: Datenschutzrecht in der Praxis

In Vorbereitung sind Bände zu folgenden Themen:

- Insolvenzrecht
- Digitale Signaturen
- Controlling
- Treuhandbuch und Fremdgeldverwaltung
- Zivilprozessrecht

Preis für gesamte Reihe zur Fortsetzung*:

1 Stk je Band	à €15,–
ab 2 Stk je Band	à €13,–

Preis bei Bestellung einzelner Bände:

1 Stk	à €18,–
ab 2 Stk	à €15,–

Bestellungen an:

dbv-Verlag für die
Technische Universität Graz
Geidorfgürtel 20, 8010 Graz
e-mail: office@dbv.at
www.dbv.at

*Kündigung der Reihe: schriftlich ab dem 4. bezogenen Band
Preise zzgl 10% USt zzgl Versand